Belsa
A. N. Skrjabin

Reihe
Meister der russischen
und sowjetischen Musik

Igor Fjodorowitsch
Belsa

Alexander Nikolajewitsch
Skrjabin

Verlag Neue Musik
Berlin

Herausgeber: Dieter Lehmann

Übersetzung aus dem Russischen
von Christoph Hellmundt

ISBN 3-7333-0006-8

1. Auflage
Lizenz-Nr.: 111/A1/86
LSV 8380
Gesamtgestaltung: Hans-Joachim Schauß
Printed in the German Democratic Republic
Gesamtherstellung: Druckhaus Aufwärts, Leipzig
III/18/20-441/86
Bestell-Nr. NM 562 · 780 067 0
01250

INHALTSVERZEICHNIS

VORWORT

»Erweiset dem erhabnen Dichter Ehre!«[1]

Dante Alighieri
Die Göttliche Komödie
Hölle, 4. Gesang, 80

Der Weltanschauung Alexander Nikolajewitsch Skrjabins, eines der größten russischen Komponisten, lag der feste und unerschütterliche Glaube zugrunde, daß die Kunst imstande ist, die Menschen zu verändern, sie zu begeistertem Handeln und zu großen Leistungen anzuspornen. Skrjabin trachtete danach, den Menschen durch sein Schaffen Freude zu bereiten und zugleich den Glauben an ihre Kräfte zu stärken, mochte ihnen das Leben auch noch so schwere Prüfungen auferlegen. Mit elementarer Gewalt ertönt in seinen Werken der Aufruf zu Kampf und Sieg. Diese Werke sind zum festen Bestandteil der geistigen Kultur der Menschheit geworden, in der die Musik seit undenklichen Zeiten einen Ehrenplatz einnimmt.

Skrjabin war nicht nur ein genialer Musiker, der jene

Werke geschaffen hat, von denen in unserem Buch die Rede ist, sondern auch ein tiefgründiger Denker. Als Sohn seiner Zeit und echter Patriot, der zeit seines Lebens den hohen Idealen Puschkins treu blieb, setzte er würdig die Traditionen der russischen musikalischen Klassik fort und fügte ihnen neue Errungenschaften und Glanzpunkte hinzu.

Im Schaffen Puschkins verband sich die Idee von der patriotischen Pflicht in einmaliger Weise mit allgemeinmenschlichen ethischen Anschauungen, wie sie sich zum Beispiel in dem Gedicht *Der Prophet* äußerten, in dem das heilige Recht des Dichters verkündet wurde, »mit dem Wort die Herzen der Menschen zu entzünden«. Dieses Recht gebührte auch den Schöpfern der Musik.

Die größten russischen Musiker waren überzeugt von der edlen Macht der »wunderbaren Kunst«, die Menschen zu wandeln. Skrjabins Lehrer Sergej Tanejew sprach zum Beispiel davon, daß jeder Mensch, mögen seine Möglichkeiten auch begrenzt sein, verpflichtet sei, zur moralischen Vervollkommnung der Gesellschaft beizutragen. Betrachtet man die Biographien der größten schöpferischen Geister der russischen Kultur im Bereich der Künste, angefangen von Puschkin, so erstehen vor uns beispielsweise die Gestalten von Borodin und Rimski-Korsakow, Turgenjew und Tschechow im Glanz nicht nur ihres Weltruhms, sondern auch ihrer menschlichen Größe, die weitgehend die in ihren Werken zum Ausdruck kommende geistige Haltung bestimmte. In vollem Umfang gilt das auch für Tanejew, dessen Einfluß auf Skrjabin oft unterschätzt wird. Indes war es gerade Tanejews Grundauffassung – der Gedanke von der moralisch-ethischen Kraft der Kunst –, die auf die geistige Haltung in Skrjabins Schaffen einen sehr starken Einfluß ausübte.

Anatoli Lunatscharski schrieb in seinem Aufsatz *Ta-*

nejew und Skrjabin, der zum 10. Todestag beider Meister erschien: »Während Skrjabin mit ungewöhnlichem Glanz jenes Pathos, jene Ausbrüche der Leidenschaft ausdrückte, ohne die selbstverständlich keine Revolution möglich ist, deckte Tanejew eine andere Seite derselben auf, die uns heute, 1925, nicht weniger am Herzen liegt, nämlich die des Aufbaus, der Beseitigung von Widersprüchen, der Harmonisierung, der Vereinigung, der Errichtung einer höchsten Form von Ordnung . . . In Skrjabins Musik besitzen wir die höchste Gabe der musikalischen Romantik an die Revolution, in der Musik Tanejews ebenfalls eine höchste Gabe an die Revolution: den musikalischen Klassizismus.«

SKRJABINS KINDHEIT

Das Beste, was über Skrjabins Kindheit geschrieben wurde, sind die Erinnerungen der Schwester seines Vaters, Ljubow Alexandrowna Skrjabina (1852–1941), die 1940 in dem zum 25. Todestag des Komponisten erschienenen Sammelband *Alexander Nikolajewitsch Skrjabin* in Moskau in russischer Sprache veröffentlicht wurden. Diese Erinnerungen sind aus dem Gefühl hingebungsvoller Liebe zu dem Neffen, die auch nach seinem Tode nicht erlosch, geschrieben. In ihnen treten die Züge seiner Persönlichkeit, die sich bereits in den ersten Jahren seines kurzen Lebens zeigten, deutlich hervor.

Die musikalische Begabung hatte Skrjabin offenbar von der Mutter geerbt, obwohl auch sein Vater Nikolai Alexandrowitsch Skrjabin die Musik liebte und Klavier spielte, ohne sich allerdings über das Maß des Liebhabers zu erheben. Nikolai Skrjabin (1849–1914) hatte 1870 als Student der Moskauer Universität Ljubow Petrowna Schtschetinina (1849–1873), die Tochter des Direktors einer Porzellanfabrik und Schülerin des gefeierten Pianisten Theodor Leschetizky, bei dem sie 1869 mit Glanz das Petersburger Konservatorium absolviert hatte, geheiratet. Ihre überdurchschnittliche Begabung fand die Aufmerksamkeit von Anton Rubinstein (der sie hin und wieder unterrichtete) sowie von dessen Bruder Nikolai, von Borodin, der der jungen Pianistin auf dem Abschlußabend ein freundliches Wort mit auf den Weg gab, und von Tschaikowski, der sich übrigens in einem Gespräch mit Freunden bedauernd über die zerbrechliche Konstitution und das kränkliche Aussehen der Lieblingsschülerin Leschetizkys äußerte.

Bald nach Beendigung des Konservatoriums und den ersten Klavierabenden in Petersburg begann Ljubow Petrowna, nun schon unter dem Namen Skrjabina, auch in anderen Städten erfolgreich zu konzertieren. In ihrem Repertoire standen in der Regel die Romantiker im Mittelpunkt: Chopin, Schumann, Liszt. Manchmal spielte sie auch Werke von Rubinstein und Leschetizky sowie eigene Kompositionen, die leider nicht überliefert sind. Am 20. Dezember 1871 gab sie in Saratow ein Konzert, und anschließend fuhr sie mit ihrem Mann zu den Weihnachtsfeiertagen nach Moskau. »Sie fühlte sich so schlecht, daß sie fast nach oben getragen werden mußte, und zwei Stunden nach der Ankunft kam Schurinka[2] auf die Welt«, erinnerte sich Ljubow Alexandrowna. Die Krankheit der Mutter Skrjabins, die anfangs mit der Schwangerschaft und einer Erkältung erklärt wurde, erwies sich jedoch als tödlich. Auf Drängen der Ärzte wurde ihr bald eine Klimakur in Tirol verordnet. Einige Monate später starb sie an Tuberkulose in Arco unweit des Gardasees.

Alexander Nikolajewitsch Skrjabin wurde also am 25. Dezember 1871 (das ist der 6. Januar 1872 nach dem modernen Kalender)[3] in Moskau geboren. Sein Vater, der aus altem Adelsgeschlecht stammte, beschloß, die Familientradition fortzuführen, und ging nach Beendigung der Juristischen Fakultät der Moskauer Universität an eine ganz elitäre Lehranstalt, das Institut für Orientalische Sprachen (wobei ihm Fürst Alexander Michailowitsch Gortschakow, ein Schulkamerad Puschkins, persönlich behilflich war). Nach Absolvierung dieses Instituts war er im russischen Außenministerium tätig.

Vom Vater hatte der spätere Komponist den unersättlichen Wissensdurst, den Forschergeist und den starken Willen geerbt; doch am frühesten trat seine vielseitige künstlerische Begabung in Erscheinung. Der Knabe lernte sehr früh lesen und schreiben und begann bald, Gedichte und kleine dramatische Werke zu verfassen; er deklamierte mit Hingabe alle Rollen und wechselte dabei geschickt Klangfarbe und Höhe der Stimme.

Schurinka, wie er zu Hause genannt wurde, las viel, und aus einigen Gedichten und Erzählungen, die ihn besonders stark beeindruckten, gestaltete er Theaterstücke, zu denen er selbst die Dekorationen anfertigte. So dramatisierte er zum Beispiel Gogols Erzählung *Die Nase* und führte sie im häuslichen Kreise auf. Nicht weniger gern malte er mit Buntstiften, sägte und bastelte verschiedene Dinge und baute sich einmal sogar einen kleinen Flügel. Kurz, das Kind hatte ein für sein Alter ungewöhnlich reges geistiges Leben, in dem sich Wißbegierde und Tatendrang verbanden. Skrjabins angeborenes Künstlertum zeigte sich bis ans Ende seines Lebens in allem, was er in Angriff nahm, bis hin zu den Handschriften der kompliziertesten Partituren, die sich durch auffallende Schönheit des Notenbildes auszeichneten.

Eine wahre Leidenschaft für die Musik legte Schurinka schon mit drei Jahren an den Tag, indem er eifrig dem Spiel von Ljubow Alexandrowna lauschte, die mit Einverständnis ihrer Eltern seine Haupterzieherin geworden war und sich ganz der Sorge für das Kind, dessen Genialität sie bald erkannt hatte, widmete. Der Knabe versuchte zuerst mit einem und dann mit mehreren Fingerchen Melodien zu spielen, und in diesen Versuchen lag etwas die Aufmerksamkeit seiner teilnahmsvollen Erzieherin unwiderstehlich Anziehendes, besonders zu der Zeit, als er, noch ohne Notenkenntnis, zu improvisieren begann, wobei er schon beide Hände benutzte und nicht nur Melodien, sondern auch harmonische Verbindungen erfand. Nach und nach wurden diese Improvisationen immer häufiger und länger, und zugleich zeigte sich ein phänomenales musikalisches Gedächtnis bei dem Knaben, der ein beliebiges Stück nach einmaligem Hören fehlerfrei auswendig nachspielte.

Im Jahre 1882 spielten sich im Leben Skrjabins zwei wichtige Ereignisse ab. Im Sommer begann er, Klavierstunden bei Georgi Eduardowitsch Conus (1862–1933) zu nehmen, der einige Zeit vorher das Studium am Moskauer Konservatorium (bei Professor Paul Pabst) begonnen hatte und sich später einen Namen als Theoretiker machte. Im Herbst bestand der Knabe die Aufnahmeprüfung für das zweite Moskauer Kadettenkorps und errang dabei unter den Bewerbern den ersten Platz. Er wohnte allerdings nicht im Internat, wie es in dieser Lehranstalt üblich war, sondern in der im Gebäude der Kadettenanstalt gelegenen geräumigen Wohnung seines Onkels Wladimir, der dort als Erzieher wirkte.

Skrjabins musikalische Begabung zog häufig die Aufmerksamkeit der Umgebung auf sich. Einmal kam sein Vater, der sich bereits einige Jahre im diplomatischen Dienst in der Türkei befand, nach Moskau. Er heiratete damals zum zweitenmal (Olga Fernandez, 1862 bis 1959). Bei irgendeiner Gelegenheit spielte die junge Frau am Flügel im Beisein von Sascha[4] eine Gavotte von Bach und ein *Venetianisches Gondellied* von Mendelssohn. Darauf setzte sich der Knabe an das Instrument und wiederholte beide Stücke, die er sich beim Hören gemerkt hatte. Skrjabins Vater erzählte dies seinem Bruder Wladimir, und man schlug Sascha vor, diese Stücke in einem Konzert im Saal der Kadettenanstalt, wo regelmäßig musikalisch-literarische Abende veranstaltet wurden, zu spielen. Der junge Musiker spielte das *Gondellied* einwandfrei, bei der Gavotte kam er aber etwas aus dem Konzept, doch wußte er sich sofort zu helfen, indem er einen Schluß im bachschen Stil improvisierte. Hier zeigte sich ein weiterer Charakterzug des jungen Skrjabin: eine für dieses Alter seltene Selbstbeherrschung. Dieser Bericht über das erste öffentliche Auftreten des Komponisten, der in vielen Biographien steht, ist noch insofern besonders interessant, als wir aus ihm erfahren, daß der junge Musiker auch mehrere eigene kleine Stücke vortrug. Leider sind uns diese nicht überliefert, doch ist nicht ausgeschlossen, daß der Komponist in späteren Werken Themenmaterial aus einigen dieser Stücke verwendet hat.

Die Erinnerungen an Skrjabin, die vielfach nur bruchstückhaft vorliegen und außerdem zum Teil widersprüchlich sind, stimmen darin überein, daß er sich geistig sehr schnell entwickelte und daß der Knabe sich oft zurückzog, um zu komponieren, wobei er in eine Erregung geriet, die von äußerster Anspannung der schöpferischen Kräfte zeugte. Wir wissen auch, daß er sich bereits in jungen Jahren in verschiedenen Genres der Klaviermusik erprobte. Er lebte so sehr mit der Musik, daß er sogar, wenn er außerhalb der Stadt weilte, mit Notenpapier und Bleistift im Wald spazierenging.

Seine Ausbildung zum Pianisten verdankte Skrjabin zum großen Teil Nikolai Sergejewitsch Swerew (1832 bis 1893), der über eine außergewöhnliche pädagogische Begabung verfügte. Swerew war ein sehr guter Musiker und begabter Pianist, hatte aber vor allem einen guten Ruf als Pädagoge, der nicht nur der fachlichen Ausbildung seiner Schüler, sondern auch ihrer allgemeinen Bildung und Erziehung große Bedeutung beimaß. Besonders hervorstechend waren sein Einfühlungsvermögen und seine Selbstlosigkeit. Bei ihm wohnten viele Pianisten und genossen seinen Unterricht, darunter Sergej Rachmaninow, Alexander Siloti, Konstantin Igumnow sowie Matwej Presman, der freundschaftliche Erinnerungen an seinen Lehrer und dessen Zöglinge hinterlassen hat.

Sascha Skrjabin nahm seit 1885 bei Swerew Unterricht, doch im Unterschied zu den anderen Schülern wohnte er nicht bei seinem Lehrer, sondern fuhr jedesmal von der Kadettenanstalt zum Unterricht (»etwa dreimal in der Woche«, erinnert sich Ljubow Alexandrowna Skrjabina). Er spielte die geübten Stücke, hörte an, was die übrigen Schüler vortrugen, und bekam neue Aufgaben. Swerew erkannte sofort die geniale Begabung des jungen Musikers, die hinreißende Kraft und künstlerische Vollendung seines Spiels und das ungewöhnlich schnelle und tiefe Erfassen des Gehaltes und Stils der gespielten Werke. Hin und wieder, nachdem er alles, was Skrjabin für die betreffende Stunde geübt hatte, angehört und sich an dem hochstehenden Künstlertum seines Schülers erfreut hatte, rief er alle Zöglinge zusammen, damit auch sie das Spiel des »kleinen Kadetten« anhören konnten. Der redliche und biedere Swerew konnte wohl nicht ahnen, daß seine Begeisterung bei einigen seiner Schüler jenem unguten Gefühl Vorschub leistete, das Rimski-Korsakow treffend als »Salierismus«[5] bezeichnet hat. Dieses unwürdige Gefühl war es aber höchstwahrscheinlich, das später den überraschenden Schmähartikel von Leonid Maximow über Skrjabins 1. Sinfonie hervorrief.

Doch zurück zu den Jugendjahren des Komponisten. Den Unterricht bei Swerew hatte Skrjabin auf Anraten von Sergej Iwanowitsch Tanejew (1856–1915) aufgenommen, der schon damals eine anerkannte Autorität war. Tanejew, der von der enormen Begabung des Knaben überzeugt war, empfahl ihn Swerew und begann selbst, ihm regelmäßigen Kompositionsunterricht zu geben. Den Inhalt dieser Stunden können wir uns nur schwer vorstellen, denn Tanejew spricht in seinen Erinnerungen, die er Julius Engel, einem der ersten Biographen Skrjabins, mitteilte, in seiner typischen lakonischen Art lediglich von Harmonielehre und Formanalyse sowie davon, daß Skrjabin bald anfing, ihm seine Stücke zu zeigen, in denen, wie Tanejew bemerkte, »echtes Talent zu erkennen war«.

Aus Erinnerungen von Personen, die mit Tanejew gut bekannt oder seine Schüler waren, wissen wir indes, daß dieser sich nie auf rein fachliche Dinge beschränkte, sondern sich mit seinen Schülern über die verschiedensten Themen unterhielt und in reichem Maße seine umfassenden Kenntnisse und Gedanken vermittelte. »Viele erbaten sich von ihm Rat und Unterstützung für ihr Tun, und das nicht nur auf dem Gebiet der Kunst«, berichtete Alexander Gretschaninow, der zur gleichen Zeit wie Skrjabin bei Tanejew am Moskauer Konservatorium studierte, und einen »Lehrer von Weltrang« nannte Alexander Glasunow Tanejew in seinem Telegramm, das er aus Anlaß des Todes von Tanejew nach Moskau schickte, da er nicht persönlich an der Beerdigung teilnehmen konnte.

»Für uns alle, die wir ihn kannten und bei ihm anklopften«, schrieb Rachmaninow in einem Artikel, der wenige Tage nach Tanejews Tod erschien, »war er der höchste Richter, der als solcher Weisheit, Gerechtigkeit, Verständlichkeit und Einfachheit besaß. In allem, in jeder seiner Handlungen war er Vorbild, denn was er auch tat, es war gut. Durch sein persönliches Beispiel lehrte er uns, wie man lebt, denkt, arbeitet, sogar wie man spricht, denn er sprach in besonderer, ›Tanejewscher‹ Weise: kurz, treffend, klar. Er führte nur notwendige Worte auf den Lippen. Überflüssige Worte hat dieser Mann nie geäußert . . .

Und wir alle blickten gewissermaßen zu ihm auf! . . . Seine Ratschläge und Hinweise schätzten wir alle sehr. Wir schätzten sie deswegen, weil wir an sie glaubten. Und wir glaubten an sie, weil er, sich selbst treu, nur gute Ratschläge gab. Er erschien mir immer als jene ›Wahrheit auf der Erde‹[6], die Puschkins Salieri einst nicht angenommen hatte . . .«

Das war Tanejew, der Lehrer und Erzieher Skrjabins, der in vieler Hinsicht dessen Entwicklung als Musiker und Mensch mitbestimmt hat. Tanejew erkannte nicht nur die Begabung des Knaben, sondern liebte ihn auch aufrichtig. Ljubow Alexandrowna pflegte zu erzählen, daß Tanejew, damals schon Professor und Direktor des Moskauer Konservatoriums, Sascha nach jeder Unterrichtsstunde selbst nach Hause brachte. Des öfteren weilte er bei den Skrjabins, und jeder seiner Besuche wurde von der ganzen Familie freudig begrüßt. Nebenbei bemerkt, war Tanejew im Alter von 29 Jahren zum Direktor des Konservatoriums gewählt worden, im gleichen Jahr, als Skrjabin sein Schüler wurde. Seine Wahl zu diesem ehrenvollen Amt wird am besten durch Worte Tschaikowskis aus dem Jahre 1887 erklärt: »Ohne Übertreibung kann man sagen, daß diese Persönlichkeit in sittlicher Beziehung unbedingt vollkommen ist.« Die Erziehung junger Musiker hielt Tanejew ebenso für seine gesellschaftliche Pflicht (seine Biographen nennen die Namen von 135 Schülern!) wie das künstlerische Schaffen, das Wirken in der musikalischen Öffentlichkeit und die wissenschaftlich-theoretische Tätigkeit. Bereits im August 1880 hatte Tschaikowski seinem Lieblingsschüler[7] geschrieben: »... In der Tiefe meines Herzens habe ich keinen einzigen Augenblick daran gezweifelt, daß Sie bestimmt einmal in der einen oder anderen Weise eine bedeutende Persönlichkeit im Bereich der russischen Musik sein werden.«

Ein wahres Glück war es für Skrjabin, daß er nach dem Beginn seines Studiums am Moskauer Konservatorium Anfang 1888 weiterhin Schüler Tanejews blieb. Letzterer nahm ihn in seine Kontrapunktklasse auf und unterrichtete ihn mehr als zweieinhalb Jahre. Während dieser Zeit pflegte Tanejew weiterhin Beziehungen zu Skrjabins Familie. Skrjabin seinerseits besuchte seinen Lehrer zu Hause, brachte ihm immer häufiger neue Kompositionen mit und besprach mit ihm seine Vorhaben. Wie sich Skrjabin später in Gesprächen mit Reinhold Glière erinnerte, erfolgte der Unterricht bei Tanejew am Konservatorium streng systematisch und konzentrierte sich auf den strengen mehrstimmigen Satz, der den Schüler zum disziplinierten Denken anhielt und ihm half, die für einen Komponisten unerläßlichen Fertigkeiten zu erwerben. Bei den Begegnungen im häuslichen Kreise kam Tanejew auf die verschiedensten Themen zu sprechen: auf Werke großer Maler, besonders Leonardo da Vincis, dessen Genie er verehrte, und auf große Baumeister und Schriftsteller. Besonders begeisterte er sich für Turgenjew, der ihn in Paris, wo sie sich begegnet waren, bezaubert hatte.

In dem Jahr, als Skrjabin ans Konservatorium ging, wurde er, ebenso wie einige andere Schüler Swerews, in die Klavierklasse von Professor Wassili Iljitsch Safonow (1852–1918) aufgenommen. Dieser Pianist und Dirigent von Weltruf war aus dem Petersburger Konservatorium hervorgegangen und hatte 1885 auf Anregung Tschaikowskis am Moskauer Konservatorium seine Lehrtätigkeit aufgenommen. Safonow erkannte sogleich das Einmalige und Poetische des Skrjabinschen Klavierspiels. Swerews Schule hatte Skrjabin viel gegeben; den letzten Schliff als Pianist erhielt er jedoch erst in den Jahren, als er bei Safonow studierte, sich ein großes Repertoire aneignete, die pianistische Technik vollkommen beherrschen und sie gänzlich den künstlerischen Aufgaben dienstbar machen lernte. Ohne Zweifel trug der Unterricht bei Safonow auch zur Erweiterung der pianistischen Ausdrucksmittel bei, die Skrjabin in seinen Kompositionen in genialer Weise anwandte.

Sieht man von Skrjabins Auftritten auf den Abenden in der Kadettenanstalt ab, die er noch absolvierte, ehe er sich ganz der Musik widmete, so begann die regelmäßige Konzerttätigkeit des jungen Pianisten während seiner Studienzeit am Konservatorium. Die Anschlagarten, die Safonow ihm zeigte (besonders die von ihm erarbeitete Methode des »in der Tiefe erzeugten Tons«), halfen Skrjabin, solch schwierige Werke wie das 1. Klavierkonzert von Liszt, die späten Sonaten von Beethoven und die virtuosen Etüden Schumanns zu bewältigen, ganz zu schweigen von den Stücken Chopins, des Lieblingskomponisten Skrjabins. Man kann nicht behaupten, daß sich der junge Skrjabin hauptsächlich dem Klavierspiel widmen wollte, denn er machte eine stürmische Entwicklung auf kompositorischem Gebiet durch; doch unter dem Eindruck der Fortschritte, die er bei Safonow machte und die seinem anspruchsvollen Lehrer Freude bereiteten, beschloß er, die Gipfel des Virtuosentums zu erklimmen. Zu diesem Zweck begann er, ohne seine Absichten mit Safonow zu besprechen, Werke zu studieren, die eine außerordentliche Klangstärke erfordern: *Isla-*

mej von Balakirew und Liszts *Fantasie über Themen aus Mozarts »Don Giovanni«.* Beim Üben dieser virtuosen Meisterwerke geschah es, daß Skrjabin sich die rechte Hand »überspielte«. Nur durch beharrliches Bemühen und die Befolgung aller Anweisungen der ihn behandelnden Ärzte sowie Safonows gelang es ihm, die Folgen dieser Erkrankung, an der der junge Musiker psychisch schwer litt, allmählich zu überwinden. Leider blieben allerdings Spuren zurück.

Ebenso wie Swerew ließ Safonow Skrjabin manchmal vor seinen Schülern spielen, um ihnen ein Beispiel vorzuführen. Dabei machte er sie besonders auf dessen Pedalbehandlung, die zur Schönheit und Poesie des Klanges beitrug, aufmerksam (»Sehen Sie auf seine Füße!«). Unwillkürlich wird man hierbei an den Titel erinnert, den der namhafte englische Musikwissenschaftler Arthur Eaglefield Hull seiner bald nach dem Tode des Komponisten in London erschienenen Skrjabin-Monographie gab: *A Great Russian Tone-Poet Scriabin* (»Skrjabin, ein großer russischer Poet der Töne«).

Safonow hatte ein feines Gespür für das Besondere, das sein Schüler als Pianist und als Komponist an den Tag legte. Er unterrichtete ihn im Konservatorium und bei sich zu Hause. Die moralische Unterstützung dieses hervorragenden Mannes, der Tanejew im Amt des Konservatoriumsdirektors ablöste, half Skrjabin – obwohl er mitunter auch recht scharf und sogar grob sein konnte –, die Prüfung zu bestehen, die ihn Anfang der neunziger Jahre erwartete.

1892 beendete Alexander Skrjabin das Studium am Moskauer Konservatorium in der Klavierklasse von Wassili Safonow mit einer Goldmedaille. Auf die Fortsetzung der kompositorischen Ausbildung mußte er indes verzichten. Das hing damit zusammen, daß er aus der Klasse von Tanejew in die Klasse von Professor Anton

2*

Stepanowitsch Arenski (1861–1906) übergegangen war, der damals am Konservatorium »freie Komposition« unterrichtete. Weder Arenskis Werke, denen ausgesprochene Originalität abging, noch seine pädagogischen Methoden konnten den jungen Skrjabin für sich gewinnen; hinzu kam, wie Alexander Ossowski, ein hervorragender Kenner der russischen Musikgeschichte, in seinen Erinnerungen mit Bedauern bemerkt, daß Arenski »es nicht verstand, der Individualität seines Schülers Rechnung zu tragen, und daher nicht begriff, daß in Skrjabin ein großer Künstler heranreifte«. In Gesprächen mit dem Verfasser dieses Buches berichtete Ossowski ausführlich über die gespannten Beziehungen zwischen Arenski und Skrjabin, die damit endeten, daß Skrjabin Arenski verließ.

Es ist noch hinzuzufügen, daß zu Beginn des Studienjahres 1891/92 Rachmaninow und Skrjabin, die beide schon viel komponiert hatten, sich an Arenski wandten mit der Bitte um die Erlaubnis, im nächsten Herbst das Abschlußexamen abzulegen, zumal sie bereits mehrfach in Konservatoriums- und anderen Konzerten als Komponisten in Erscheinung getreten waren. Rachmaninow erhielt diese Erlaubnis mit Müh und Not, Skrjabin aber bekam von Arenski eine schroffe Absage. Daraufhin verließ der ehrgeizige Skrjabin Arenski und blieb auf diese Weise ohne Kompositionsdiplom. In diesem Entschluß äußerte sich das Gefühl seiner Menschenwürde, das Skrjabin von Jugend an auszeichnete. Der Pianist und Musiktheoretiker und -historiker Nikolai Dmitrijewitsch Kaschkin (1839–1920), der mit Tschaikowski befreundet war und Skrjabin in dessen Jugendjahren gut kannte, schrieb in seinen Erinnerungen an ihn, die er bald nach Skrjabins Tod in einer Sondernummer der Zeitschrift *Der musikalische Zeitgenosse* (1916, Heft 4–5) erscheinen ließ: »Skrjabin hatte damals auf den ersten Blick das

Aussehen eines Knaben, doch in seinen Augen lag bereits die ruhige Sicherheit des fast erwachsenen Mannes. Er hatte ein sympathisches Gesicht, das im Gespräch fast ständig von einem unbestimmten sanften, aber manchmal auch ironischen Lächeln belebt war. Alles, was er sagte, war von einer solch ernsthaften Nüchternheit der Urteile geprägt, daß sie mit seinem halbkindlichen Äußeren, seiner kleinen, fast kindlichen Gestalt gar nicht zusammenpaßte. Beim Sprechen blickte er seinem Gesprächspartner immer direkt in die Augen, und in diesem ruhigen und klaren Blick spürte man, daß er den Menschen, mit dem er gerade sprach, gleichsam innerlich abwog und sich keineswegs vor dem Alter oder irgendwelcher Autorität der betreffenden Person verneigte.«

Ljubow Alexandrowna schließt ihre Erinnerungen an den Neffen mit folgenden Worten: »Für A[lexander] N[ikolajewitsch] existierten keine hochgestellten Personen. Er liebte die Menschen überhaupt und beurteilte sie nach ihrem Wert und ihrer Begabung, ohne Rücksicht auf Titel und Herkunft.« Auch in seiner Beziehung zu Arenski kümmerte sich Skrjabin nicht darum, daß sein Lehrer der einzige Professor war, der damals »freie Komposition« am Moskauer Konservatorium lehrte, und dazu noch ein bekannter und maßgebender. Um die »Große Goldmedaille« zu erhalten, war der Abschluß des Konservatoriums in beiden Fächern, Klavier und Komposition, erforderlich. Skrjabin erhielt deshalb die »Kleine Goldmedaille«. Aber er blieb Skrjabin.

ERSTE PRÜFUNGEN UND SIEGE

Als Skrjabin das Konservatorium beendete, hatte er schon zahlreiche Werke komponiert. 1889 stellte er eine Werkliste zusammen, die heute in dem Moskauer Museum, das seinen Namen trägt, aufbewahrt wird. Die frühesten Stücke, die in der Kindheit entstanden waren und nicht in diese Liste aufgenommen wurden, sind nicht erhalten geblieben, da sie zusammen mit Schulheften, ersten Gedichten und anderen Familienandenken, die seine Tante Ljubow Alexandrowna in einer besonderen Schatulle aufbewahrt hatte, bei einer Überschwemmung vernichtet wurden. Im Museum befinden sich lediglich zwei Hefte mit flüchtig geschriebenen Skizzen aus den Jahren 1885–1890, welche die reiche künstlerische Phantasie des jungen Musikers bezeugen.

In der erwähnten Liste sind Werke verschiedener Art

angeführt, darunter ein Orchesterrondo, eine Fantasie für Klavier und Orchester, eine Suite für Streichorchester und eine Vielzahl von Klavierstücken, die zum Teil unvollendet sind (beispielsweise eine Sonate und eine Ballade) und vom Komponisten später zum Teil umgearbeitet wurden. Diese Liste, aber mehr noch die erhaltenen Werke geben uns das Recht, von der sehr früh ausgeprägten künstlerischen Individualität Skrjabins und von der Vielfalt der musikalischen Gattungen, mit denen er sich befaßte, zu sprechen. Seine bevorzugten Schaffensbereiche wurden im Laufe der Zeit die sinfonische und die Klaviermusik. In jungen Jahren widmete sich Skrjabin aber auch der Oper (außer der in der Kindheit geschriebenen Oper *Lisa* arbeitete er im letzten Studienjahr am Konservatorium an einer Oper *Kęstutis und Birutė* nach einem litauischen Epos), komponierte Kammermusik und schrieb ein Lied auf einen eigenen Text. Doch bereits in der frühen Schaffensperiode prägte sich Skrjabins Vorliebe für das Klavier aus, wozu seine beachtlichen Erfolge als Pianist nicht unwesentlich beitrugen. Schließlich sei erwähnt, daß der junge Komponist bald nach der Entstehung der ersten Klavierminiaturen begann, seine Kräfte auf dem Gebiet der großen Formen zu erproben (so komponierte er zum Beispiel 1889 eine Fantasie für Klavier und Orchester, wobei er sich jedoch auf die Ausführung für zwei Klaviere beschränkte). Seine ersten Versuche auf diesem Gebiet waren so bedeutend, daß sie durch weitere Ausarbeitung zu Werken wurden, die – wie übrigens auch einige seiner kleineren Stücke – das Signum des Skrjabinschen Genies tragen.

Von den frühesten Kompositionen Skrjabins ist ein Kanon für Klavier erhalten, der mit 1883 datiert ist, obwohl Ljubow Alexandrowna angibt, daß er »mit neun Jahren sehr viel schrieb«. Der Kanon ist zweistimmig. Im Baß erklingt ein Thema, das im Charakter einem russischen Volkslied ähnelt; es wird dann in der Oberstimme eine Oktave höher wiederholt, während in der Mittellage eine die Harmonie fixierende Begleitung hinzukommt. Interessant ist, daß in diesem ganz einfach angelegten Stück eine ausdrucksvolle melodische Figur auftaucht, die, weiterentwickelt und überdies durch Akzente hervorgehoben, in dem ersten erhalten gebliebenen Nocturne wiedererscheint, an dem Skrjabin offenbar Ende 1884 zu komponieren begonnen hatte und das er bis 1886 verschiedentlich überarbeitete. Im Unterschied zu dem Kanon ist dieses Stück pianistisch überaus abwechslungsreich angelegt. Skrjabin schreibt hier sowohl eine Melodie, die über gemessenen Figurationen in der linken Hand erklingt, als auch gesättigte Akkordfolgen und eine kleine choralartige Episode (mit dem Vermerk »quasi Orgel«) und verwendet rasche Übergänge von einer Höhenlage in die andere.

Aus dem Jahre 1886 stammen auch drei Walzer, von denen Skrjabin nur den in f-Moll veröffentlichte. Das war das erste Stück, das von ihm im Druck erschien, und er versah es mit der Opuszahl 1. Dieser »Erstling« erschien 1892 im Moskauer Verlag P. I. Jürgenson, der danach noch zwei Nocturnes, eine Etüde, ein Heft Mazurken sowie andere Werke von Skrjabin herausbrachte. Anfangs zahlte der Verlag dem jungen Komponisten dafür gar nichts, und erst im Dezember des folgenden Jahres schloß er mit ihm einen Vertrag, in dem er sich verpflichtete, 50 Rubel für vier Stücke zu zahlen, die er übrigens erst 1895 herausbrachte. Die 1887 (das heißt, bevor Skrjabin ans Konservatorium ging) geschriebene, aber erst sechs Jahre später erschienene Etüde fand indes gleich die Aufmerksamkeit der musikalischen Öffentlichkeit und gehört bis heute zum Repertoire vieler Pianisten der Welt, darunter von Swjatoslaw Richter und Vladimir Horowitz. Unvergeßlich bleibt, wie Heinrich Neuhaus und Wladimir Sofronizki diese Etüde vortrugen. Skrjabin selbst spielte sie oft und liebte sie zeit seines Lebens, und nach seinem Tode wurde das herrliche Stück mehrfach von Rachmaninow gespielt.

Fast gleichzeitig mit dem Walzer (op. 1) und der Etüde (op. 2 Nr. 1) erschienen im Druck zwei Nocturnes (op. 5) und zehn Mazurken (op. 3) von Skrjabin (von all diesen Stücken gibt es Schallplattenaufnahmen mit Sofronizki), die ebenfalls rasch beliebt wurden. Für den Musikforscher ist ein Vermerk interessant, den der junge Komponist auf der Skizze zu einer Mazurka machte: »Nr. 114«. Dieser Vermerk deutet auf die Intensität der künstlerischen Bemühungen des Komponisten hin, die uns bei weitem nicht gänzlich bekannt sind, sowie auf die hohen Ansprüche, die er an sich selbst stellte und die ihn vermutlich veranlaßten, einige Manuskripte zu vernichten.

Wie man sieht, waren die musikalischen Gattungen, denen sich Skrjabin in der Jugend zuwandte – Walzer, Mazurken, Etüden, Préludes, Nocturnes, Impromptus und Sonaten –, solche, die bereits im Schaffen von Chopin eine geniale Entfaltung gefunden hatten. Chopin seinerseits hatte sich mehr oder weniger auf die Erfahrungen seiner Vorgänger und älteren Zeitgenossen, die die Tanzgattungen pflegten, gestützt. So schuf Ende des 18. Jahrhunderts der bekannte Polonaisenkomponist Michał Kleofas Ogiński (1765–1833) Stücke, die – wie er selbst äußerte – »nicht zum Tanzen« bestimmt waren; einige davon wurden aufgrund ihres poetischen Charakters weltberühmt. Gerade das Poesievolle ist kennzeichnend für viele Stücke polnischer Komponisten des vorigen Jahrhunderts, Stücke, die dem Titel nach Polonaisen, Mazurken oder andere nationale Tänze, in Wirklichkeit aber nicht zum Tanzen gedacht waren.

Chopins Musik bezwang die Hörer durch ihre Schönheit, ihre bezaubernde Lyrik und ihr dramatisches Pathos sowie durch die Neuartigkeit und den Reichtum der Ausdrucksmittel, die aus der Volksmusik geschöpft waren. Die slawische Eigenart der letzteren bewirkte, daß Chopin den russischen Hörern, und zumal den Musikern, ganz vertraut vorkam.

Chopin wurde schon in Skrjabins Kindheit dessen Lieblingskomponist. Am Konservatorium spielte er mit Begeisterung viele seiner Stücke und nahm sie in seine Konzertprogramme auf; die 2. Ballade spielte er auf dem Abschlußabend des Konservatoriums. Ohne Zweifel zeichneten sich in Skrjabins Schaffen Berührungen mit Chopin ab, die zugleich aber auch einen Antrieb für die weitere, ganz selbständige künstlerische Entwicklung darstellen. Diese Beziehung war für die russischen Musiker natürlich und traditionell. Glinka hatte sich mehrfach mit polnischen Tanzgattungen befaßt, und Balakirew, der alle Werke von Chopin spielte, schrieb ein Impromptu für Klavier über Themen von Chopin.

Sehr interessant ist Rimski-Korsakows Verhältnis zu Chopin. Er widmete dem Andenken des großen polnischen Komponisten seine Oper *Der Wojewode.* In der *Chronik meines musikalischen Lebens* lesen wir: »Schon lange trug ich mich mit dem Gedanken, eine Oper über einen polnischen Stoff zu schreiben. Die polnischen Melodien, die ich als Kind von meiner Mutter gehört hatte und die schon meiner Mazurka für Violine und Orchester zugrunde liegen, verfolgten mich noch immer; zum anderen war ich in meinem kompositorischen Schaffen ohne Frage Chopin verpflichtet, sowohl was die Melodiebildung als auch was die harmonische Verarbeitung anlangt, worauf die scharfsinnigen Herren Rezensenten natürlich niemals aufmerksam geworden sind. Das nationale polnische Element in der Chopinschen Musik, die ich über alles liebe, begeisterte mich von jeher.

Mit meiner ›polnischen‹ Oper wollte ich nun dieser Begeisterung meinen Tribut zollen, und ich fühlte mich der Aufgabe, etwas Polnisches zu komponieren, durchaus gewachsen.«[8]

Rimski-Korsakows ironische Worte von den »scharfsinnigen Herren Rezensenten« erinnern an die kategorischen Urteile vieler Kritiker, die Skrjabin einfach als Epigonen Chopins betrachteten und weder für den Grad seiner Begabung, noch für die zuweilen geradezu kühne Neuartigkeit seiner Musik Verständnis aufbrachten.

In einem Walzer aus dem Jahre 1886 verwendete der Komponist vom ersten Takt an gewagte dissonante Harmonien in Verbindung mit »flugartig« aufwärtsstrebenden Figuren, zu denen das »ferne Getöse von Erdbeben«, das im Baß vernehmbar ist und wie Glockenläuten beginnt, scharf kontrastiert. Diese unheildrohenden Klänge brechen dreimal in den Strom aparter melodischer Figurationen ein, und die Gegenüberstellung der melodischen Klangbilder des Walzers empfindet man als ein »rhythmisches Flimmern von Bällen«, in das ein düsteres, vielleicht sogar tragisches Erlebnis gewaltsam einbricht. Ist es, da dieser Walzer im August 1886 komponiert ist, nicht denkbar, daß er unter dem Eindruck der traurigen Nachricht vom Tode des großen Franz Liszt geschrieben wurde? Diese Nachricht erschütterte, wie wir wissen, fast alle russischen Komponisten, die nicht nur die genialen Werke und das unvergleichliche Klavierspiel Liszts, sondern auch dessen stetiges Interesse für die slawischen Meister und dessen persönliche und künstlerische Freundschaft zu ihnen schätzten, wie es Borodin in seinen *Erinnerungen an Liszt* so schön beschrieben hat. Im August 1886 wurde ein silberner Kranz an Liszts Grab gesandt, auf dessen Blättern neben dem Namen von Ludmila Schestakowa (der Schwester Glinkas) die Namen von Balakirew, Borodin, Rimski-Korsakow, Glasunow, Ljadow, Cui, den Brüdern Stassow und dem heute vergessenen Komponisten Lodyshenski geschrieben standen. Dem Gedenken Liszts waren Konzerte gewidmet, die seine russischen Freunde und Verehrer veranstalteten. Repin schuf in dieser Zeit eines seiner besten Werke, das Porträt Liszts, das sich heute im Foyer des Großen Saals des Moskauer Konservatoriums befindet. Ist es da nicht denkbar, daß jener Walzer von Skrjabin, von dem die Rede war, unter dem Eindruck der Nachricht vom Tode Liszts, der das Schaffen vieler russischer Komponisten einschließlich des Schöpfers jenes Walzers beeinflußt hatte, entstanden ist?

Dieses bemerkenswerte Werk wurde erst 1947 im ersten Band der dreibändigen Gesamtausgabe der Klavierwerke Skrjabins, die der Staatliche Musikverlag Moskau unter der Editionsleitung von Professor Konstantin Igumnow herausbrachte, veröffentlicht. Vom August 1886 stammt auch die einsätzige *Fantasie-Sonate*, die zu Lebzeiten des Komponisten nicht erschien. Mit ihr wandte sich Skrjabin erstmals der großen Form zu, die ihn früh zu interessieren begann, denn schon im folgenden Jahr nahm er die Arbeit an einer großen dreisätzigen Sonate auf, und eine Gegenüberstellung dieser beiden Jugendsonaten läßt erkennen, wie rasch sich seine künstlerische Entwicklung vollzog. Einige Jahre später schuf Skrjabin eine neue Fassung des 1. Satzes der 1887 begonnenen Sonate und veröffentlichte sie als selbständiges Werk unter dem Titel *Allegro appassionato*, der sowohl das Tempo als auch den Charakter des Stückes bezeichnet. Das Stück zeichnet sich durch starke emotionale Spannung und gefühlstiefe Lyrik aus. Diese Verbindung ist auch in späteren Werken Skrjabins häufig anzutreffen und bestimmt in hohem Maße deren musikalische Gestaltung. Das Autograph des zweiten (langsamen) Satzes der genannten Sonate ist nicht vollständig erhalten, und das Finale wurde ebenso wie andere Frühwerke erst im ersten Band der oben erwähnten Gesamtausgabe der Klavierwerke Skrjabins veröffentlicht. Dieses in den Jahren 1888–1889 entstandene Finale ist besonders dadurch interessant, daß Skrjabin hier erstmals einen massiven, vollstimmigen Klaviersatz, der von wuchtigen oktavierten Bässen beherrscht wird, schrieb.

Bald nach Beendigung des Studiums und dem Erscheinen der ersten Werke hat Skrjabin eine neue schwere Prüfung zu bestehen. Der Zustand der »überspielten« rechten Hand verschlimmert sich. Obwohl mehrere Ärzte die Erkrankung für unheilbar halten und dies dem Komponisten nicht verhehlen, tut er alles, um seine Spielfähigkeit wiederzuerlangen: Im Juni 1893 fährt er nach Samara[9] und macht eine Kur mit Kumys, einem Getränk aus Stutenmilch; dann reist er nach der Krim in der Hoffnung, sich durch das Baden im Meer zu kräftigen, und stellt mit Freuden fest, daß alle diese Maßnahmen ihm Besserung bringen. Nach einiger Zeit schreibt er auf einem der Blätter, auf denen er seine Gedanken festzuhalten pflegte: »Um zum Optimisten im eigentlichen Sinne des Wortes zu werden, muß man die Verzweiflung durchmachen und sie besiegen.« Mit vollem Recht konnte Skrjabin, der nicht nur zum Komponieren, sondern auch zum Klavierspielen zurückfand, sagen, daß er die Verzweiflung wirklich besiegt hatte. Seine qualvollen Erlebnisse und heroischen Anstrengungen zur Stärkung seines Kampfeswillens schlugen sich in der 1893 entstandenen 1. Sonate nieder.

In Skrjabins Aufzeichnungen, die zweifellos mit seinen die religiösen Stimmungen der Kindheits- und Jugendjahre ablösenden Überlegungen zusammenhängen, tauchen allmählich auch Zeilen auf, die eine »Auflehnung gegen Gott« zum Ausdruck bringen. Sie helfen uns verstehen, welche Aufgaben er sich stellte:

»Wer Du auch seist, der Du mich verhöhnt hast, der Du mich in den Kerker geworfen hast, mich entzückt hast, um mich zu enttäuschen, mir gegeben hast, um mir zu nehmen, mich liebevoll behandelt hast, um mich zu foltern – ich vergebe Dir und grolle Dir nicht. Ich lebe trotzdem, ich liebe trotzdem das Leben, liebe die Menschen, liebe sie noch mehr, liebe sie deswegen, weil auch sie durch Dich leiden (Schaden genommen haben).

Ich will ihnen meinen Sieg über Dich und mich verkünden, ich will ihnen sagen, daß sie nicht auf Dich hoffen und nichts vom Leben erwarten sollen außer dem, was sie *sich selbst schaffen können.* Ich danke Dir für alle Schrecken Deiner Prüfungen, Du hast mich meine unendliche Stärke erkennen lassen, meine grenzenlose Macht, meine Unbesiegbarkeit, Du hast mir den *Triumph* geschenkt.

Ich will ihnen sagen, daß sie stark und mächtig sind, daß sie sich über nichts zu grämen brauchen, daß nichts verloren ist! Daß sie nicht die Verzweiflung fürchten sollen, die allein den wahren Triumph hervorbringen kann. Stark und mächtig ist, wer die Verzweiflung durchgemacht und sie besiegt hat.«

Das, was Skrjabin mit seiner Musik sagte, kündete schon am Ausgang des vorigen Jahrhunderts davon, daß in Rußland ein neuer großer Komponist erschienen war.

EIN »STERN ERSTER GRÖSSE«

1894 erfolgte in Skrjabins Leben eine Wende, die er dem Umstand zu verdanken hatte, daß sich Mitrofan Petrowitsch Beljajew (1836–1904), einer der größten russischen Holzindustriellen, für sein Schaffen zu interessieren und seine Werke zu publizieren und zu propagieren begann. Die vornehme Erscheinung dieses Mannes hat Repin in einem Porträt festgehalten, das er 1886, im gleichen Jahr wie das berühmte Porträt von Liszt, schuf. Beljajew besaß ein riesiges Vermögen, das er zu einem bedeutenden Teil für die Gründung eines Verlages und die Veranstaltung von Konzerten mit Werken russischer Komponisten verwendete. Dadurch spielte er im öffentlichen Musikleben Rußlands eine große Rolle. In der *Chronik meines musikalischen Lebens* berichtet Nikolai Rimski-Korsakow über seine Bekanntschaft mit dem »stattlichen, hübschen Herrn«, einem »hervorragenden Menschen, der später so große Bedeutung für die russische Musik bekommen sollte«. Beljajew hatte allwöchentlich befreundete Musiker zu Gast und spielte mit ihnen (er spielte recht gut Bratsche) Streichquartette von Haydn, Mozart, Beethoven und anderen Komponisten, wobei er seine Aufmerksamkeit allmählich immer mehr den Klassikern der russischen Quartettmusik zuwandte: Borodin, Tschaikowski, Rimski-Korsakow und Glasunow. Seit 1882 veranstaltete Beljajew Preisausschreiben um die Komposition von Kammermusikwerken und zahlte aus eigenen Mitteln Preise für die besten Werke; später zeichnete er russische Komponisten für Werke aller Genres mit dem »Glinka-Preis« aus, der alljährlich am 27. November (dem Tag der Uraufführung beider Opern Glinkas) vergeben wurde. 1885 gründete er den weltberühmten Musikverlag »M. P. Belaïeff, Leipzig«, der in mustergültiger Form Werke russischer Komponisten herausbrachte (sie wurden in der bekannten Leipziger Musikaliendruckerei C. G. Röder gestochen und gedruckt). Und schließlich rief Beljajew 1886 die »Russischen Sinfoniekonzerte« ins Leben, von denen Rimski-Korsakow das erste dirigierte.

Opern, Ballette, Sinfonien, sinfonische Dichtungen, Konzerte, Kammermusik, Klavierwerke und Lieder vieler Komponisten, von Glinka und den Meistern des »Mächtigen Häufleins« bis hin zu den jungen Komponisten des »Beljajew-Kreises«, fanden in Ausgaben von Belaïeff weltweite Verbreitung. Bei der Auswahl der Werke für den Druck oder für die Aufführung in den »Russischen Sinfoniekonzerten« und in Kammermusikveranstaltungen ließ er sich sowohl von den Urteilen Rimski-Korsakows und von dessen Lieblingsschülern Glasunow und Ljadow als auch von seinem eigenen Gespür leiten; doch auch den Meinungen anderer großer Musiker schenkte er Gehör.

Nikolai Skrjabin, der Vater des Komponisten

Ljubow P. Skrjabina, die Mutter des Komponisten

Alexander Skrjabin als Kind

Ljubow A. Skrjabina, die Tante und Erzieherin des Komponisten

Der künftige Komponist im Alter von sieben Jahren

Alexander Skrjabin mit seinem Vater

Alexander Skrjabin als Kadett

Nikolai Swerew mit seinen Schülern. Sitzend von links nach rechts: Alexander Skrjabin, Nikolai Swerew, K. M. Tschernjajew, Matwej Presman; stehend: Semjon Samuelson, Leonid Maximow, Sergej Rachmaninow, Fjodor Könemann

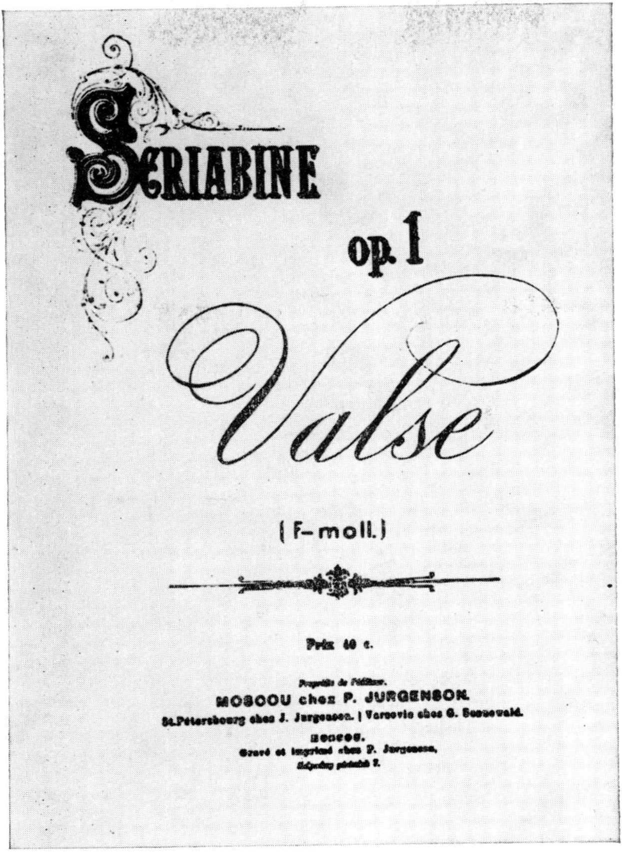

Umschlag des ersten gedruckten Werkes von Skrjabin

Erste Seite der Jugendetüde für Klavier

Sergej Tanejew, der Lehrer Skrjabins und Freund seiner Familie

Wassili Safonow, bei dem Skrjabin das Moskauer Konservatorium als Pianist absolvierte

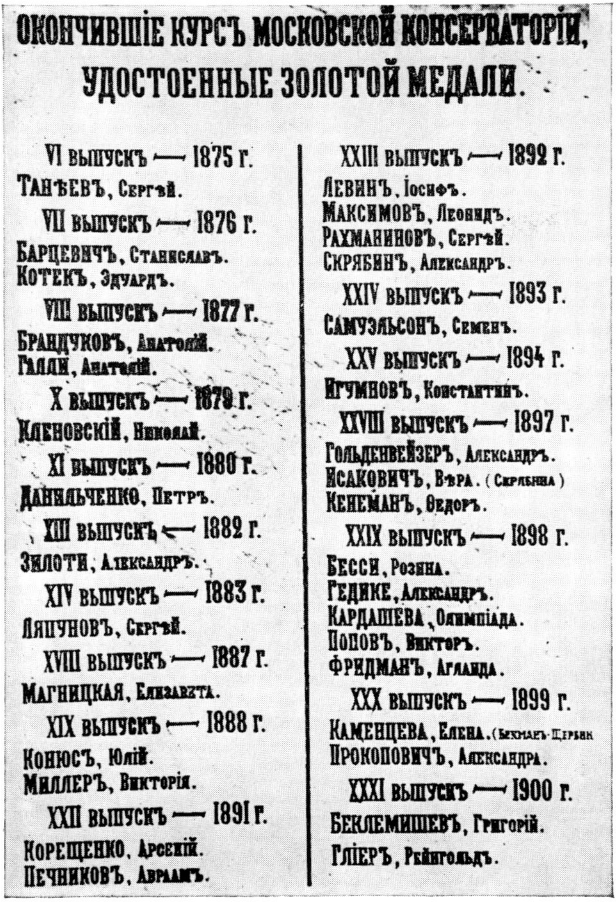

ОКОНЧИВШІЕ КУРСЪ МОСКОВСКОЙ КОНСЕРВАТОРІИ, УДОСТОЕННЫЕ ЗОЛОТОЙ МЕДАЛИ.

VI выпускъ — 1875 г.
ТАНѢЕВЪ, Сергѣй.
VII выпускъ — 1876 г.
БАРЦЕВИЧЪ, Станиславъ.
КОТЕКЪ, Эдуардъ.
VIII выпускъ — 1877 г.
БРАНДУКОВЪ, Анатолій.
ГАЛЛИ, Анатолій.
X выпускъ — 1879 г.
КЛЕНОВСКІЙ, Николай.
XI выпускъ — 1880 г.
ДАНИЛЬЧЕНКО, Петръ.
XIII выпускъ — 1882 г.
ЗИЛОТИ, Александръ.
XIV выпускъ — 1883 г.
ЛЯПУНОВЪ, Сергѣй.
XVIII выпускъ — 1887 г.
МАГНИЦКАЯ, Елизавета.
XIX выпускъ — 1888 г.
КОНЮСЪ, Юлій.
МИЛЛЕРЪ, Викторія.
XXII выпускъ — 1891 г.
КОРЕЩЕНКО, Арсеній.
ПЕЧНИКОВЪ, Авраамъ.

XXIII выпускъ — 1892 г.
ЛЕВИНЪ, Іосифъ.
МАКСИМОВЪ, Леонидъ.
РАХМАНИНОВЪ, Сергѣй.
СКРЯБИНЪ, Александръ.
XXIV выпускъ — 1893 г.
САМУЭЛЬСОНЪ, Семенъ.
XXV выпускъ — 1894 г.
ИГУМНОВЪ, Константинъ.
XXVIII выпускъ — 1897 г.
ГОЛЬДЕНВЕЙЗЕРЪ, Александръ.
ИСАКОВИЧЪ, Вѣра. (Скрябина)
КЕНЕМАНЪ, Өедоръ.
XXIX выпускъ — 1898 г.
БЕССИ, Розина.
ГЕДИКЕ, Александръ.
КАРДАШЕВА, Олимпіада.
ПОПОВЪ, Викторъ.
ФРИДМАНЪ, Аглаида.
XXX выпускъ — 1899 г.
КАМЕНЦЕВА, Елена. (Бекманъ-Щербин
ПРОКОПОВИЧЪ, Александра.
XXXI выпускъ — 1900 г.
БЕКЛЕМИШЕВЪ, Григорій.
ГЛІЕРЪ, Рейнгольдъ.

Die »Goldene Tafel« des Moskauer Konservatoriums. Auf ihr sind die Absolventen, die eine Goldmedaille erhielten, verzeichnet.

Alexander Skrjabin (1894)

Natalia Sekerina

Alexander Skrjabin und Josef Hofmann in jungen Jahren

In seinen Erinnerungen an die letzten Jahre des vorigen Jahrhunderts schrieb Rimski-Korsakow: »Der Kreis um Beljajew wuchs und wuchs. Nach Beendigung ihres Studiums waren meine Konservatoriumsschüler Solotarjow, Akimenko, Amani, Kryshanowski und Tscherepnin dazugekommen, außerdem der in Moskau aufgegangene Stern erster Größe – der etwas unnatürliche, affektierte und überhebliche A. N. Skrjabin. Der zweite Moskauer Stern, S. W. Rachmaninow, hielt sich abseits und publizierte bei Gutheil, obschon seine Werke auch in den ›Russischen Sinfoniekonzerten‹ aufgeführt wurden . . . Von Skrjabin wird später noch die Rede sein.«

Diese Äußerung Rimski-Korsakows wird von Skrjabins Biographen häufig zitiert, wobei sie mit Bedauern feststellen, daß der Verfasser der *Chronik* sich später nicht mehr über den Komponisten geäußert hat und daß er ihn zwar einen »Stern erster Größe« genannt, gleichzeitig aber mit nicht gerade schmeichelhaften Epitheta versehen hat. Ein Schüler Rimski-Korsakows, Alexander Ossowski, ein hervorragender Kenner des Lebens und Schaffens vieler russischer Meister, hebt indes in seinem lesenswerten Vorwort zu den von ihm in dem Sammelband »Orpheus« (1922) herausgegebenen Briefen Skrjabins an Ljadow einen Charakterzug hervor, der sie miteinander verband: »Schönheit und Eleganz in allem: im Denken und dessen Ausdrucksform, im Fühlen und im von ihm angeregten Tun, im Stil des Kunstwerkes und in der Gestaltung der persönlichen Lebensweise: in der Kleidung, der Wohnungseinrichtung und der Art und Weise des Auftretens.« Und einer der nächsten Freunde Rimski-Korsakows und Verfasser wertvoller Erinnerungen an diesen Komponisten, Wassili Jastrebzew, beschreibt, wie am 12. November 1894 Ljadow zu Rimski-Korsakow kam und Skrjabin mitbrachte: »Dieser junge und offenbar sehr nervöse Mann erwies sich in der Tat als vortrefflicher, zu den größten Hoffnungen berechtigender Komponist, mit einem Wort: als echte, große künstlerische Begabung. Und die Werke, die er nun vorspielte, die f-Moll-Sonate, das es-Moll-Allegro, eine Anzahl Mazurken und das Impromptu, sprachen erst recht mit aller Deutlichkeit für ihren Schöpfer durch ihre Schönheit, Lebendigkeit, Kraft, Energie und die solide Faktur, die einesteils an Chopin, dann aber auch wieder an Beethoven erinnerte und dabei eine Beimischung von etwas Eigenem hatte.«

Wie aus Ossowskis Erinnerungen hervorgeht, sprach Wassili Safonow mit Beljajew und empfahl ihm wärmstens, die frühen Werke Skrjabins zu publizieren. Beljajew hörte Skrjabin, der Anfang 1894 nach Petersburg kam, diese Stücke spielen, machte sich mit ihm bekannt und war von dessen Musik wie von dessen Person bezaubert. »Beljajew witterte Skrjabins Begabung vom ersten Moment an, das ›Komitee‹ des Verlages (Rimski-Korsakow, Ljadow und A. K. Glasunow), das Beljajew zum höchsten Richter in Fragen des künstlerischen Wertes der eingereichten Werke bestimmt hatte, war jedoch geteilter Meinung: Rimski-Korsakow und Glasunow stimmten gegen die Herausgabe dieser Jugendwerke Skrjabins. Nur Ljadow unterstützte Beljajew nachdrücklich, und dieser fällte persönlich die Entscheidung, die Stücke des neuen Komponisten, der ihm sofort und für immer gefiel, zu drucken.«

»Ich danke dem Schicksal, das mir Sie auf meinem Lebensweg gesandt hat«, schrieb Skrjabin im September 1894 an Beljajew, und etwas später gestand er ihm, daß ihm bei einem von dessen freundschaftlichen, von rührender Sorge erfüllten Briefen die Tränen gekommen seien. Was Rimski-Korsakow betrifft, so dirigierte er schon bald Werke von Skrjabin in einem der »Russischen Sinfoniekonzerte«. Am 12. September 1902 notierte

Jastrebzew, daß »Nikolai Andrejewitsch riet ..., die Zweite Sinfonie von Skrjabin zu kaufen. Nach Rimski-Korsakows Worten ist Srkrjabin ›eine große Begabung‹.« Rimski-Korsakow wünschte sogar, am Flügel fotografiert zu werden, auf dessen Notenständer die Partitur von Skrjabins Sinfonie lag. Dieses Foto sagt gewiß nicht weniger aus als jedwede Äußerung, die er irgendwann »später noch« hätte machen wollen. Im Hause Rimski-Korsakows war oft Musik von Skrjabin zu hören (viele Werke spielte der Pianist Nikolai Iwanowitsch Richter). Mehrfach bildete sie Anlaß zu Streitgesprächen. Rimski-Korsakow äußerte mitunter kritische Bemerkungen, sehr wichtig aber war seine Meinung von Skrjabins großem Können. Er bezeichnete ihn gelegentlich als einen »ausgezeichneten Harmoniker« und wies darauf hin, daß jegliches künstlerisches Streben nur bei abgeschlossener fachlicher Ausbildung möglich sei.

Wenn von der Anerkennung der Musik Skrjabins im »Beljajew-Kreis« die Rede ist, jenem berühmten Freundeskreis russischer Musiker, der sich um Rimski-Korsakow gruppierte, so muß unbedingt die nicht geringe Rolle erwähnt werden, die Nadeshda Nikolajewna Rimskaja-Korsakowa (1848–1919), die Frau des großen Komponisten, dabei spielte. Sie war Schülerin ihres Mannes und Alexander Dargomyshskis, eine gute Pianistin und an der Aufführung und Beurteilung neuer Werke russischer und ausländischer Komponisten beteiligt.

Allmählich fand Skrjabins Schaffen immer breitere Anerkennung, wozu nicht wenig die Veröffentlichung seiner Werke durch M. P. Belaïeff beitrug, der überdies hohe Honorare zahlte und für die Verbreitung der Noten sorgte. Seine Fürsorge erstreckte sich nicht nur auf Skrjabins Werke, sondern auch auf den Komponisten selbst. Nach dem *Allegro appassionato* brachte Belaïeff die 1. Sonate, die Zwölf Etüden sowie Prélude und *Noc-*

turne für die linke Hand heraus. In diesen Werken trat nicht nur die markante Eigenständigkeit Skrjabins in Erscheinung, sondern es zeichneten sich auch deutlich seine künstlerischen Bestrebungen ab, die oft in der Schaffung musikalischer Klangbilder von unvergleichlicher Schönheit gipfelten. Die 1. Sonate ist das wohl tragischste Werk Skrjabins. Sie steht in unmittelbarem Zusammenhang mit der Erkrankung der Hand, die in dem Komponisten eine schwere innere Krise auslöste und ihm zu qualvollen Reflexionen Anlaß gab. So enthält sie Abschnitte erregter Lyrik und konzentrierten Nachdenkens, die mit dramatischen Steigerungen wechseln, und gipfelt in einem Trauermarsch.

Mit Blick auf die Zeit der Arbeit an der Sonate, die er 1893 komponiert hatte, verfaßte Skrjabin eine kurze Notiz, in der es heißt: »Erster ernsthafter Mißerfolg im Leben. Erstes ernsthaftes Nachdenken: Beginn der Analyse. Zweifel an der Unmöglichkeit, gesund zu werden, aber düsterste Stimmung. Erstes Nachdenken über den Wert des Lebens ... Komposition der 1. Sonate mit dem Trauermarsch.« Schon diese kurzen Auszüge aus der Notiz zeugen von der Widersprüchlichkeit der Empfindungen, die zwischen Hoffnung auf Genesung und Verzweiflung schwankten, und der Gedanken, die der Komponist als »Beginn der Analyse« bezeichnete. Die folgenden Jahre brachten neue, noch intensivere Überlegungen, die, wie zu zeigen sein wird, gewisse Gemeinsamkeiten mit den ethischen und ästhetischen Anschauungen Mozarts aufweisen.

Gerade die emotionale Vielschichtigkeit der Musik Skrjabins, die sich ebenso wie ihr hohes intellektuelles Niveau bereits in der Frühzeit seines Schaffens ausprägte, bedingte in gewissem Grade die häufige Hinwendung des Komponisten zur Sonatenform. Mit der Analyse seiner in Sonatenform geschriebenen Werke befaßt sich das letzte Buch eines der bedeutendsten Skrjabinforscher, *Die Sonatenform in den Werken Skrjabins* von Sergej Erasmowitsch Pawtschinski (1909–1976).

Das Gestaltungsprinzip der Sonate besteht in der Entwicklung und Gegenüberstellung kontrastierender musikalischer Gedanken, deren Verarbeitung zu einem bestimmten ideelichen und emotionalen Ergebnis führt. Beschränkte sich diese konflikthafte Gegenüberstellung ursprünglich auf zwei Gedanken, das heißt zwei musikalische Themen, die auch Haupt- und Seitensatz genannt werden, so treten zum Beispiel bei Beethoven bereits das Thema der Introduktion, ein zweiter Seitensatz und ein selbständiger Bedeutung erlangender Schlußteil hinzu, deren Gesamtheit die Exposition bildet (nach dem lateinischen Wort, das »Aufstellung« bedeutet). Im Mittelteil der Sonatenform, der Durchführung, erfolgt gewissermaßen ein Kampf dieser Gedanken, der auf der konflikthaften Verarbeitung des Themenmaterials beruht und zum dritten und letzten Teil hinführt, der Reprise, in der die Themen der Exposition in veränderter Gestalt, je nach der Absicht des Komponisten, ablaufen (in den ersten Sätzen der beiden berühmten Sonaten von Chopin fehlt beispielsweise in der Reprise das erste Thema).

Es liegt auf der Hand, daß Skrjabin sich früh mit den Prinzipien der Sonate befaßte, die umfassende künstlerische Verallgemeinerungen ermöglichen. Die musikalische Gestaltung der 1. Sonate (op. 6) spiegelt sowohl entschlossenen Willen, den man im ersten Satz spürt, als auch dramatisches Aufbegehren wider, in dem sich das Bestreben zeigt, die Verzweiflung zu überwinden, die durch die Krankheit und das drohende Scheitern der Hoffnungen ausgelöst worden war und sich im Finale der Sonate, dem Trauermarsch, niederschlug. Bemerkenswert ist, daß die hohe emotionale Spannung in der

Sonate durch die Verwendung eines umfangreichen Arsenals von Ausdrucksmitteln einschließlich vielfältiger spieltechnischer Möglichkeiten erzielt wird: Stürmische Oktavgänge und volle Akkorde wechseln mit reizvoller lyrischer Kantilene über klangvollem Figurenwerk, und im Trauermarsch ertönt dröhnendes Glockengeläut.

Alle Sätze der Sonate zeigen eine sorgfältige Durchgestaltung jedes Details und mithin das, was Tanejew eine »solide Faktur« nannte. Hier ist nichts dem Zufall überlassen.

Diese Qualitäten, die für Skrjabins Stil charakteristisch wurden, zeichnen auch seine *Zwölf Etüden für Klavier* (op. 8) aus, die 1894 entstanden und bereits ein Jahr später bei Belaïeff erschienen.

Das schon zu Beginn des 19. Jahrhunderts weit verbreitete Genre der Etüde war durch Chopin radikal umgewandelt, genauer gesagt: neugeschaffen worden. Während vor ihm (und nicht selten auch noch nach seinem Tode) die Etüde als ein Stück behandelt wurde, das dem Spieler eine bestimmte *technische* Aufgabe stellte, die Übung (daher auch die lange Zeit existierende Bezeichnung Exercice für die Etüde) in diesem oder jenem technischen Detail verlangte, gab Chopin seinen Etüden einen deutlich ausgeprägten poetischen Gehalt, was dann eine Weiterentwicklung in den Programmetüden von Liszt, den *Sinfonischen Etüden* von Schumann und in anderen diesem Genre nahestehenden Werken erfuhr.

In Rußland schrieben kurz vor Skrjabin Anton Rubinstein, Anatoli Ljadow und Sergej Ljapunow Klavieretüden. Seine klassische Höhe erreichte das Genre der russischen Klavieretüde jedoch im Schaffen Skrjabins. Dazu ist zu bemerken, daß der endgültigen Fassung seiner *Zwölf Etüden* zahlreiche vorbereitende Skizzen vorangingen, die er seit der Mitte der achtziger Jahre angefertigt hatte, also zu einer Zeit, als er die großen Konzertetüden von Ljapunow noch nicht kennen konnte. Ähnlich wie Chopin verband Skrjabin in seinen Etüden poetischen Gehalt mit einer bestimmten technischen Aufgabe, wobei jeder Etüde nicht Prinzipien der Programmmusik oder des Bildhaften zugrunde lagen (bekanntlich hat später Rachmaninow seine Kompositionen in diesem Genre »Bilder« genannt), sondern solche der psychologischen Vertiefung. Alle zwölf Etüden, vom Komponisten im 23. und 24. Lebensjahr geschrieben, zeugen bereits von großer Spannweite des emotionalen Gehalts und von meisterhafter Gestaltung und Entwicklung der musikalischen Gedanken, die die komplizierte Welt menschlichen Fühlens und Erlebens ausdrücken.

In diesen Stücken herrschen dramatische, aufgewühlte Stimmungen vor. Charakteristisch sind Vortragsbezeichnungen wie tempestoso (stürmisch), presto, tenebroso, agitato (sehr schnell, düster, erregt) und so weiter. In der pathetisch (patetico) zu spielenden zwölften, der berühmtesten Skrjabin-Etüde überhaupt, erklingt eine sich ungestüm entwickelnde appellartige Melodie über erregt tosenden Baßfiguren.

Von dieser Etüde gibt es eine sehr unvollkommene Aufnahme mit dem Komponisten am Klavier, die in der UdSSR und in den USA auf Schallplatten vervielfältigt wurde (in der UdSSR in der Kassette »Schallplattenaufnahmen von Kostbarkeiten«). Skrjabin spielte die zwölfte Etüde besonders häufig, sowohl im Freundeskreis als auch in Konzerten, die er bis in seine letzten Lebensjahre in der Heimat und im Ausland gab. Dieses Meisterwerk wurde zum festen Bestandteil des Repertoires vieler Pianisten der Welt, unter anderem von Sofronizki und Horowitz, von denen es ebenfalls Einspielungen gibt.

Neben aufgewühlten Stimmungen und heroischen Aufrufen enthalten diese Etüden manche Episoden zutiefst empfundener Skrjabinscher Lyrik, wie zum Beispiel in der sechsten und besonders in der elften Etüde, die der Komponist in vielen Konzerten spielte, zuletzt in dem Konzert in Petrograd am 2. (15.) April 1915, das sein letzter öffentlicher Auftritt werden sollte. Von lyrischem Zauber erfüllt sind auch die 1894 entstandenen und gleichzeitig mit den Etüden und zwei Impromptus bei Belaïeff erschienenen beiden Stücke für die linke Hand: *Prélude* und *Nocturne*. Skrjabin spielte sie mehrfach in seinen Konzerten, besonders in den neunziger Jahren, als sich trotz merklicher Fortschritte bei der Heilung der rechten Hand die Erkrankung ab und zu wieder bemerkbar machte. Beide Stücke zeichnen sich nicht nur durch Schönheit, sondern auch durch Klangfülle aus und setzen die Hörer so in Begeisterung, daß sie mitunter vergessen, daß die rechte Hand am Spiel gar nicht beteiligt ist.

Da der Zustand der versehrten Hand Skrjabin weiterhin beunruhigte, zog Beljajew mehrere Ärzte zu Rate. Diese gelangten einstimmig zu der Auffassung, daß eine vollständige Heilung nur in Verbindung mit einer allgemeinen Kräftigung der Gesundheit des Komponisten zu erreichen sei. Daraufhin beschloß Beljajew, ihm zu diesem Zweck eine Auslandsreise zu finanzieren. Im Frühjahr 1895 fuhr Skrjabin zu einer ärztlichen Behandlung nach Deutschland. Das war seine erste Auslandsreise, und sie dauerte vier Monate.

ERSTE LIEBE UND KAMPF GEGEN DIE KRANKHEIT

Über die psychische Verfassung, in der sich Skrjabin vor der Abreise befand, kann man sich anhand einiger Zeilen aus einem Brief an Beljajew ein Bild machen: ».. . Ständig extrem entgegengesetzte Stimmungen: Einmal will mir plötzlich scheinen, ich hätte eine Unmenge Kräfte, alles hätte ich besiegt, alles sei mein; dann plötzlich wieder das Bewußtsein völliger Kraftlosigkeit, eine gewisse Müdigkeit und Apathie; keinerlei Gleichgewicht stellt sich ein. Ich sage immer, mein Herz verhält sich zum Verstand wie ein kluger Künstler zum Kritiker: er hört ihn an, doch dann geht er den einmal eingeschlagenen Weg weiter. Der Kritiker müht sich verzweifelt ab, eine Renzension nach der anderen, eine Belehrung nach der anderen, und alles vergebens. So groß ist die Unstimmigkeit zwischen ihnen.« Und obwohl der Komponist im folgenden Brief seinem treuen Freund mitteilt, daß er an der zweiten Sonate arbeite, bleibt bei ihm die seelische »Unstimmigkeit« bestehen. Doch hat die unternommene Reise ihm zweifellos nicht nur eine merkliche Kräftigung der Gesundheit, sondern auch eine Fülle neuer Eindrücke beschert, die der psychischen Entspannung förderlich waren.

Im Mai wandte sich Skrjabin an den berühmten Heidelberger Neuropathologen Professor Wilhelm Erb, der ihn, wie der Komponist an Beljajew schrieb, sehr aufmerksam anhörte und untersuchte. Er »gab eine Menge spezieller Ratschläge und schließlich eine grundsätzliche Verordnung, nämlich: eine hydrotherapeutische Kur in Schöneck am Vierwaldstätter See (4 Wochen), dann eine Reise durch die Schweiz und schließlich Baden im Meer (in Italien)«. Doch ehe sich Skrjabin nach Heidelberg begab, wollte er von Berlin aus erst einmal nach Dresden fahren, um die berühmte Gemäldegalerie zu besuchen. Chopin hatte über diese Galerie, als er sie im gleichen Alter wie Skrjabin besichtigt hatte, einmal seinen Angehörigen geschrieben: »Wenn ich hier lebte, ginge ich jede Woche hin, denn wenn ich mir einige Bilder ansehe, ist es, als höre ich Musik.«

In Dresden schuf Skrjabin eines seiner schönsten Stücke für Klavier, das dramatisch bewegte, von kraftvollen Höhepunkten geprägte 14. Prélude aus dem großen Zyklus (op. 11), an dem er bereits in Moskau zu arbeiten begonnen und den er während der Reise fortgeführt hatte. Möglicherweise schlugen sich Eindrücke von den Schätzen der Dresdner Galerie sowohl in der »Menge Skizzen«, die er anfertigte, als auch in den in Heidelberg komponierten Préludes nieder (Nr. 3, 19 und 24 des genannten Zyklus sowie zwei Préludes aus anderen Zyklen und Impromptus).

Nach Heidelberg fuhr Skrjabin zusammen mit seinem

Vater, der nach Deutschland gekommen war, um sich nach – wie immer – langer Trennung mit dem Sohn zu treffen. Doch war es ein kurzes Wiedersehen: der Vater wurde kurzfristig in die Türkei gerufen, wo er damals tätig war, und die vorgesehene gemeinsame Reise nach Italien fand nicht statt. Dafür kam eilends Mitrofan Beljajew in die Schweiz, wo Skrjabin am Ufer des Vierwaldstätter Sees seine vorgeschriebene Kur absolvierte – allerdings nicht in dem teuren Modekurort Schöneck, sondern in Vitznau. Beljajew war von dem Gesundheitszustand seines Schützlings, bei dem sich starke Kopfschmerzen eingestellt hatten, beunruhigt. Ihre gemeinsame Reise, während der Beljajew ständig rührend um Skrjabin besorgt war, hatte ihre erste Station in Genua. »Von hier aus wollen wir nach Nizza, dann nach Genf, Basel, Mannheim, Heidelberg, Frankfurt, Lüttich, Brüssel, dann nach Aachen«, lesen wir in einem Brief des Komponisten.

Im August kamen die Reisenden wieder nach Berlin, um an der Eröffnung des Internationalen Rubinstein-Wettbewerbs für Pianisten und Komponisten teilzunehmen. Sie hörten unter anderem das Spiel der ehemaligen Swerew-Schüler Josef Lhévinne (Lewin; er wurde Preisträger des Wettbewerbs), Konstantin Igumnow (der »großartig spielte«, wie Skrjabin schrieb, jedoch nur ein Ehrendiplom erhielt) und Fjodor (Theodor) Könemann. Von Berlin fuhren sie nach Petersburg. Hier verbrachte Skrjabin wie gewöhnlich einige Wochen bei Beljajew. Anschließend bedankte er sich brieflich »für die Freundlichkeit und Liebe«, »für die Gastfreundschaft und Herzensgüte« und gedachte wärmstens der gemeinsamen Reise. Kurz nach der Rückkehr nach Moskau erhielt er von Beljajew einen »ganz wunderbaren« Becker-Flügel zum Geschenk und dankte ihm erneut mit rührenden Worten: »Mein teurer, lieber, guter Mitrofan Petrowitsch, ich weiß nicht, wie ich Ihnen meine Dankbarkeit ausdrücken soll ... Diese Worte sagt Ihnen mein Herz.« Liest man die Korrespondenz zwischen Skrjabin und Beljajew und die dazu von Alexej Wladimirowitsch Kaschperow (1902–1970) verfaßten ausführlichen Kommentare,[10] so gewinnt man die Überzeugung, daß Beljajew wahrhaftig der gute Genius des großen Komponisten war.

Anfang 1896 war es wiederum Beljajew, der Skrjabin eine zweite Auslandsreise ermöglichte. Diese verschaffte dem Komponisten offenbar Ablenkung von neuen schweren Erlebnissen, die ihm das Schicksal auferlegt hatte. Diesmal hingen sie allerdings nicht mit einer Krankheit zusammen.

Ende 1891 und Anfang 1892 hatte Skrjabin Zuneigung und bald Liebe mit der ganzen Glut und allen Illusionen der ersten romantischen Jugendliebe zu Natalia Valerianowna Sekerina (1877–1962) gefaßt. Ljubow Alexandrowna beschreibt mit wenigen Worten, doch sehr plastisch, in welchem begeisterten Zustand sich der von ihr vergötterte Schurinka befand, und teilt einige Angaben über die reiche Gutsbesitzerfamilie mit, der Natascha Sekerina angehörte: »Diese Familie bestand aus der Mutter und zwei Töchtern. Die jüngere war etwa 15 Jahre alt, ein schönes, kluges und begabtes Mädchen.« Nach den überlieferten Fotografien zu urteilen, war sie wirklich schön und nach dem Bericht von Konstantin Igumnow, der ihr Klavierstunden gab, wirklich begabt. Die Zukunft sollte zeigen, daß sie auch klug war.

Nataschas ältere Schwester, Olga Valerianowna, berichtet in ihren 1940 erschienenen Memoiren, daß Skrjabin, als ihrer Mutter ein Brief von ihm in die Hände gefallen war und sie ihn bei einer Aussprache daran erinnerte, daß Natascha erst 15 Jahre alt sei, entschlossen erklärte: »... Zwischen uns steht es schon lange fest, daß wir

Braut und Bräutigam sind.« Maria Dmitrijewna (so hieß die Gutsbesitzerin) bat Skrjabin, »die kindliche Seele nicht in Unruhe zu versetzen, Natascha die Möglichkeit zu geben, in Ruhe zu lernen« und *vorläufig* auch die Familie nicht mehr zu besuchen.

Skrjabin war von diesem Gespräch furchtbar erregt und gekränkt; doch jeden Tag, wenn Natascha ins Gymnasium gebracht wurde, traf er sie, um sie stumm zu grüßen. ». . . Ich liebe sie mit jener reinen, idealen Liebe, mit der man nur einmal im Leben liebt und die nie vergeht«, – diese seine Worte gibt Olga Valerianowna in ihren Memoiren wieder; weiter berichtet sie, daß der Briefwechsel ihrer Schwester mit Skrjabin auf gewissen geheimen Wegen fortgesetzt wurde und daß sie sich später auch wieder trafen, nun aber außerhalb des Sekerinschen Hauses.

Natascha Sekerinas Briefe an Skrjabin sind nicht erhalten. Glücklicherweise sind jedoch Dutzende von Briefen Skrjabins an sie überliefert (wobei es außer Zweifel steht, daß ein Teil von ihnen verlorengegangen ist). Diese Briefe bilden eine wertvolle Quelle, die es weitgehend ermöglicht, Züge des romantisch-gehobenen, edlen Wesens des genialen Jünglings zu erfassen. In späteren Jahren bekannte Skrjabin seinen Freunden, daß er »einen grenzenlosen, unerklärlichen Widerwillen gegen Briefpapier« empfinde; in dieser Zeit freilich, als er an Natascha Sekerina schrieb, wurde seine Hand, um mit Dantes Worten zu sprechen, geführt von der »Liebe, die den Liebenden befiehlt zu lieben«.[11] Allerdings ist in den überlieferten Briefen von Liebe nicht die Rede, da er damit rechnen mußte, daß sie in fremde Hände fallen. Er nannte Natascha »sehr geehrte Natalia Valerianowna« und ließ Mutter und Schwester höflich grüßen. Doch man spürt in diesen Briefen seinen Wunsch, alle seine Eindrücke, Erlebnisse und Gedanken mitzuteilen, einen Wunsch, der nur gegenüber einem geliebten Menschen aufkommen konnte, mit dem er sich in Gedanken unterhält, dem er dabei ins Gesicht blickt und dessen Hand er in der seinen hält. Liest man diese Zeilen, empfindet man unwillkürlich, daß Skrjabin, so erregt er beim Schreiben auch gewesen sein mochte, dennoch Herr seiner Worte war und perfekt die Kunst beherrschte, etwas »zwischen den Zeilen« auszudrücken.

In Skrjabins Briefen gibt es Stellen von bezaubernder Poesie, besonders wenn er über seine Reisen schreibt, zu denen er schon in jungen Jahren eine unwiderstehliche Neigung zeigte. Mitunter ist in den Briefen der in Himmelsfernen gerichtete forschende Blick des künftigen Schöpfers des *Prometheus* zu erkennen. So berichtet er von einer Reise mit dem Dampfer »Konstantin« im Juli 1892 von Petersburg nach Reval[12]: »Am nächsten Tag erwachte ich vor Sonnenaufgang, das heißt etwa um 2 Uhr, und ging sogleich an Deck, wo mich viele wundervolle Eindrücke erwarteten. Die Luft war so still, daß der Rauch, der aus dem Schornstein kam, als dunkle Säule senkrecht in die Höhe stieg. Die spiegelglatte Wasseroberfläche reflektierte das Himmelsgewölbe, und an der einen Hälfte des Horizontes war nicht zu erkennen, wo dieses Gewölbe unten aufhört und sein Spiegelbild beginnt. Es war, als befänden wir uns im Mittelpunkt einer riesigen blauen Kugel, und diese ruhige, blasse blaue Ferne öffnete ihre Arme dem Gedanken, der auf den Strahlen des Blickes in die Unendlichkeit davoneilte. Lange traf dieser Blick nichts auf seinem Weg, und erst eine am Horizont auftauchende Wolke zerstörte die bezaubernde Einförmigkeit. Sie schwebte dahin, und ein rosiger Strahl der aufgehenden Sonne liebkoste sie. Doch von einem aufkommenden Wind getrieben, verflüchtigte sie sich im unermeßlichen Himmel. So entsteht manchmal ein Traum, und ein rosiger Strahl der Hoffnung liebkost ihn; doch da erhebt sich das Böse und zerstreut ihn im unermeßlichen Meer des Lebens. Verzeihen Sie, daß ich in diese trüben Gedanken verfallen bin, aber Sie brauchen bloß nach der gegenüberliegenden Seite zu blicken, und Sie werden sie wieder vergessen. Dort zeigte sich schon die Sonne in ihrer ganzen herrlichen Größe am Horizont und übergoß die Meeresoberfläche zuerst mit leuchtend purpurrotem, dann mit rosafarbenem und zuletzt mit silbernem Glanz. Der Wind hatte inzwischen Wellen hervorgerufen und das Meer belebt, wodurch es noch anziehender wurde. Das Grün des Wassers floß mit dem Blau des sich spiegelnden Himmels zusammen, und die Sonne streute goldene Strahlen über die Kämme der wogenden Wellen. Es war ein Spiel der Farben und Schatten, ein Bild des Sieges des Lichts, des Sieges der Wahrheit: Das Meer glitzerte, die Luft schimmerte, und die Welt erfüllte sich mit dem Zauber des Tages.«

Romantische Erinnerungen an Sagen des Mittelalters verbinden sich mit der Beschreibung eines kleinen Vergnügens »in Gestalt eines Feuerwerks anläßlich des Geburtstages der Frau des Kapitäns, die sich übrigens als eine ungewöhnlich schöne Frau zeigte und in ihrem Äußeren an eine Darstellung der schönen Nymphe Melusine, der Gemahlin des Grafen Raimondin de Poitou, erinnerte«. Skrjabin teilt Natascha seine Schaffenspläne mit, schreibt von den ersten Ausgaben und Korrekturen seiner Werke und beschreibt seine Begegnungen und seine Eindrücke von Menschen und der Natur.

Im Winter verschlechtert sich erneut der Zustand seiner rechten Hand, und in seine »schwarzen Gedanken« dringt die Sorge um sein Schicksal und das seiner Liebe. Ein Ausschnitt aus einem Brief, den er im Sommer 1893 an Natascha sandte, läßt viel von dem erkennen, was er in dieser Zeit durchmachte:

»Die Ärzte haben immer noch nicht ihr Urteil gesprochen. Noch nie war der Zustand der Ungewißheit für mich so quälend. Oh, wenn ich doch klar in die Zukunft blicken könnte, blind an diese Zukunft glauben könnte! Wie verlockend könnte sich dann dieser Lebensweg vor uns eröffnen, mit welch festen Schritten könnte der Mensch seinem geliebten Ziel entgegengehen! Zum Unglück tötet vieles im Leben den Glauben, und wie gern, oh, wie gern würde ich glauben. Ich will Ihnen zeigen, wie es um das Schicksal einiger Menschen bestellt ist. Stellen Sie sich vor, im Blau des Äthers leuchten helle Lichter auf; sie blinken und locken in einem fort, diese wunderbaren Lichter. Der Mensch erblickt sie und ist von einem von ihnen gefangen. Da ist mein Stern, sagt er, und auf den Flügeln des Gefühls und des Gedankens schickt er sich an, zu ihm zu eilen ... Am liebsten möchte ich in einem rasenden Wirbel vergehen, aber der Gedanke soll bestehen bleiben und triumphieren.«

Während der ersten Auslandsreise führte Skrjabin den Briefwechsel mit Natascha Sekerina fort, und im Mai 1895 erhielt er über eine uns nicht bekannte Person sogar eine Fotografie von ihr. Im Juni traf »nach einigen Wochen des Wartens« auch ein Brief ein, aus dem er erfuhr, daß seine Briefe, die er aus der Schweiz geschickt hatte, nicht in Nataschas, sondern in andere Hände gelangt waren. Nach seiner Rückkehr nach Petersburg Ende August (nach dem modernen Kalender Anfang September) sandte er einen kurzen Brief nach Moskau, der den Vorwurf enthielt: »Lange, lange haben Sie mir nicht geschrieben, Natalia Valerianowna ...« Wie ihre Wiederbegegnungen in Moskau, wohin Skrjabin im Oktober zurückkehrte, verliefen, wissen wir nicht, aber es ist anzunehmen, daß in diesem Herbst in der Familie Sekerin endgültig entschieden wurde, Skrjabin sei für Natascha »keine passende Partie«, und sie selbst fand sich mit diesem »Urteil« offenbar ab; allerdings konnte sie sich nicht entschließen, Skrjabin dies offen zu sagen. Das war zweifellos der Anlaß für den Brief, den er ihr im Dezember 1895 sandte:

»Ich wiederhole noch einmal, daß die Lüge für mich noch unerträglicher ist. Es gibt Dinge, die man ernst nehmen muß. Man muß offen und ehrlich handeln (wenn man einander achtet) und jedenfalls *erklären, warum eine Lüge notwendig ist,* wenn sie gesagt wird. Ich habe viel zuviel Achtung, um anders zu reden und zu handeln, und *kann* absolut *nicht* verstehen, wozu diese schreckliche, niemandem nützende und nichts als Unzufriedenheit bewirkende Atmosphäre der Lüge da ist.«

Unmittelbar vor seiner Abreise aus Petersburg schickte Skrjabin Natascha einen kurzen Brief mit einer Passage, die offensichtlich den Abschied bedeutete: »Ich wünsche Ihnen alles, was nur immer Ihrem Glück und Wohlergehen dienen kann.«

Zu dieser Trennung, die für Skrjabin ein weiterer Schicksalsschlag war, bemerkt Professor Asmus in seinem Vorwort zur Ausgabe der Briefe Skrjabins (siehe Anmerkung 10): »Der vielversprechende Briefwechsel mit N. V. Sekerina brach infolge von für beide aufgetretenen Hindernissen ab: Die Eltern von N. V. Sekerina waren mit einer Ehe ihrer Tochter mit dem nicht standesgemäßen und nicht vermögenden A. N. Skrjabin nicht einverstanden.« Eigentlich ging es hier aber gar nicht um Skrjabins »Stand«, denn er entstammte einem alten Adelsgeschlecht, und sein Stammbaum stand weder dem der Sekerins noch dem aller drei späteren Ehemänner Nataschas nach. Unwillkürlich wird man an Chopin erinnert, dessen beide Bräute schließlich Gutsbesitzer heirateten.

Weder der älteren Tochter der Sekerins, Olga, deren Memoiren 1940 veröffentlicht wurden, noch Natalia Valerianowna selbst, die an das Moskauer Skrjabin-Museum einen Brief mit äußerst verworrenen Erklärungen über ihre Trennung von Skrjabin sandte, gelang es, die einfache Wahrheit zu verdunkeln. (Natalia lebte seit 1925 in der Emigration, wo sie in letzter Ehe mit einem Kosakenhauptmann verheiratet war und 1962 – nicht 1958, wie verschiedentlich angegeben wird – mit 85 Jahren starb.) Diese einfache Wahrheit aber bestand darin, daß der Komponist ein etwas kränklicher junger Mann war, dessen Zukunft ungewiß schien, zumal er vor dem geliebten Mädchen weder seine Handverletzung noch sein häufiges Unwohlsein verborgen hatte. Und die ganze Gutsbesitzerfamilie war der Meinung, Natascha müsse »eine gute Partie« machen. Als Natalia Valerianowna in den letzten zehn Jahren ihres langen Lebens in den USA lebte, wohin sie nach dem Tod ihres Mannes von Paraguay aus übergesiedelt war, hatte sie möglicherweise Gelegenheit, Werke desjenigen zu hören, den sie einst geliebt hatte: Vladimir Horowitz spielte sowohl die letzten Sonaten des großen Komponisten als auch dessen frühe Etüden, die Skrjabin ihr seinerzeit selbst vorgespielt hatte.

Die Jahre, in denen Natascha Sekerina für Skrjabin die »blaue Blume« seines Lebens und Strebens war, brachten ihm zweifellos romantische Hochstimmungen, die sich in seiner von edler Gesinnung und hoher Menschlichkeit erfüllten Musik niederschlugen. Und man kann sich vorstellen, was für ein schwerer Schlag für ihn die Enttäuschung von dem Mädchen war, das er jahrelang als seine Braut angesehen hatte. Nachdem er sich überzeugt hatte, wie illusorisch seine Hoffnungen auf Glück waren, beschloß er, Moskau für einige Zeit zu verlassen, und schrieb wahrscheinlich deshalb im Oktober 1895 an Beljajew: »Immer stärker spüre ich den Wunsch, in Paris zu spielen.« Und Beljajew war so feinfühlig, zu verstehen, welche Verwirrung der Gefühle seinen Schützling bestürmte, und entschloß sich deshalb, mit ihm auf die Reise zu gehen.

Im Herbst 1895 arbeitete Skrjabin eifrig an einem großen Zyklus von Préludes für Klavier (allein im November schrieb er neun Préludes, die in op. 11 Eingang fanden), wodurch er von der Arbeit an der 2. Sonate abgehalten wurde. Über diese hatte er an Beljajew schon im Oktober geschrieben, Safonow finde sie besser als die 1. und »bald, glaube ich, wird sie fertig sein« – demnach war schon viel davon komponiert. Es kam manchmal vor, daß Skrjabin tagelang »wie ein Wahnsinniger arbeitete« (aus einem Brief an Beljajew).

Es war dies die Zeit, da Skrjabins Musik nach und nach Anerkennung fand und immer häufiger bei Konzertveranstaltungen erklang. So spielte Fjodor Könemann auf einem Festabend von Absolventen des Moskauer Konservatoriums (erstmalig in Moskau) die 1. Sonate, und im Dezember wirkte der Komponist selbst in einem Konzert in Moskau mit, wo er eigene Werke vortrug, darunter die berühmt gewordene zwölfte Etüde sowie (als Zugabe) das *Nocturne* für die linke Hand. In den Herbstmonaten bereitete sich Igumnow auf seinen Auftritt in einem der regelmäßig stattfindenden »Russischen Sinfoniekonzerte« vor, dessen Programm zwei Etüden von Skrjabin aufwies: die achte und natürlich die zwölfte. Bei dem Konzert, das im Januar 1896 stattfand, war Skrjabin nicht zugegen, denn am 1. Januar (nach dem alten Kalender am 20. Dezember 1895), wenige Tage vor seinem 24. Geburtstag, hatte er gemeinsam mit Beljajew seine erste Konzertreise durch mehrere europäische Länder angetreten.

ANERKENNUNG IM AUSLAND

Am 15. Januar 1896 fand im Erard-Saal in Paris, der schon viele berühmte Musiker gesehen hatte, der erste eigene Klavierabend Skrjabins statt (diese Auslandsreise wird übrigens in mehreren Biographien des Komponisten als seine zweite Konzerttournee bezeichnet, doch war er auf seiner ersten Reise gar nicht öffentlich aufgetreten, da er sie, wie gesagt, zu ganz anderen Zwecken unternommen hatte).

Am 18. Januar gab er ein Konzert in Brüssel und am 25. eins in Berlin. Er spielte seine Etüden, Mazurken, Impromptus, zwölf Préludes aus dem Zyklus, an dem er im Ausland weiterarbeitete, sowie das *Allegro de concert* (als Uraufführung) und das Finale (den 2. Satz) der damals noch nicht vollendeten 2. Sonate *(Fantasie-Sonate)*. Nach diesen Konzerten kehrte Beljajew nach Petersburg zurück, da er sich überzeugt hatte, daß die Auftritte seines Schützlings riesigen Erfolg hatten und er die großen europäischen Konzertsäle völlig souverän beherrschte. Skrjabin setzte seine Konzerttournee nach dem von seinem fürsorglichen Mäzen gebilligten Plan fort und trat in Amsterdam, den Haag und Köln auf. Dann kehrte er nach Paris zurück, wo er noch mehrmals spielte, und zwar sowohl in öffentlichen Konzerten als auch in Salons von Musikliebhabern.

Den (offenbar nicht vollständig) überlieferten Pressestimmen nach zu urteilen, fand Skrjabins erste Konzertreise in der europäischen Öffentlichkeit starke Beachtung. Einige Rezensionen enthalten interessante und treffende Wertungen seiner Kompositionen und seines Klavierspiels. »So, wie er sich uns zeigte, kann er als einer der besten Klavierkomponisten der heutigen russischen Schule gelten, und wir möchten, daß seine Werke bei uns populär werden«, lesen wir in dem Pariser *Echo musical*. Der Berichterstatter der *Critique libre*, Eugène George, schrieb damals über das erste Pariser Konzert, Skrjabin habe im Erard-Saal »eins der bemerkenswertesten Konzerte, die wir in letzter Zeit zu hören Gelegenheit hatten«, gegeben. »Er ist eine außergewöhnliche Persönlichkeit, ein ebenso vorzüglicher Komponist wie Pianist, ein ebenso geistvoller Mensch wie Philosoph; er ist ganz Begeisterung und heilige Flamme ... Nach dem Konzert machte er liebenswürdigerweise auf Bitten des Publikums Zugaben.«

Diese Rezension ist besonders dadurch interessant, daß in ihr erstmals von den philosophischen Bestrebungen Skrjabins die Rede ist. Der Pariser Kritiker war von Skrjabins Musik so hingerissen, daß er nach Brüssel fuhr, um ihn noch einmal zu hören. Von dort schrieb er: »Zwischen seinen Konzerten in Paris und Berlin trat ein junger Pianist – der russische Komponist Skrjabin –

vergangenen Sonnabend im Erard-Saal in Brüssel auf und hielt im Verlauf von zwei Stunden das ihn anhörende erlesene Publikum im Bann seines sauberen, klaren, sensiblen und farbenreichen Spiels. Die klangstarken Partien klingen bei Herrn Skrjabin ungewöhnlich machtvoll. Seine linke Hand ist phänomenal, und die schwierigsten Stellen spielt er mit seltener Leichtigkeit.« Nicht alle Rezensionen teilten allerdings diese Begeisterung. In einer zum Beispiel wurde Skrjabin zwar als Pianist voll anerkannt, doch als Komponist, hieß es, zeichne er sich »weder durch Individualität noch nationale Eigenart« aus; dennoch hätten seine Stücke, die als »sehr schwierig und sehr erlesen, elegant, knapp in der Form und harmonisch vollendet« bezeichnet wurden, die Hörer in ihren Bann geschlagen. Und obgleich hin und wieder auf »Anklänge an Chopin« hingewiesen wurde, stellte ein Kritiker fest: »Alle seine Werke weisen eine unbestreitbare künstlerische Individualität auf. Sein Spiel ist ein Musterbeispiel für den besonderen, nicht zu beschreibenden Charme der Slawen, die die besten Pianisten der Welt sind. Skrjabin. Merkt euch diesen Namen!«

Man merkte sich diesen Namen gut, besonders in Paris. Im März schrieb Skrjabin an Beljajew: »Man lädt mich buchstäblich jeden Tag irgendwohin ein und ist ungewöhnlich liebenswürdig zu mir . . . Ich habe in vielen Pariser Salons gespielt und viele musikalische Freunde gewonnen.« Über sein zweites Konzert im Erard-Saal, das im Frühjahr stattfand, teilt er seinem »Gönner und Freund« mit: »Der Saal war voll und der Erfolg so groß, daß ich mir wünschte, einmal einen solchen auch in Rußland zu haben.« Zuvor wirkte Skrjabin in einem Konzert der Pariser Chorvereinigung »Euterpe« mit. Obwohl das Programm wie üblich Chorwerke enthielt (diesmal von Bach, Borodin, Mussorgski und Sokolow), wurde er aufgefordert, ein paar eigene Werke zu spielen, und sein Auftritt war, wie der Rezensent bemerkte, von »gewohntem Beifall« begleitet.

Skrjabins Repertoire wurde ständig umfassender, vor allem kamen die in Paris geschaffenen Werke hinzu, darunter die Préludes. An diesem Zyklus arbeitete er ununterbrochen weiter, es sollten 48 Stücke, je zwei in jeder Tonart, werden. Die ersten Themenentwürfe dafür stammten aus dem Jahre 1888, in dem zum Beispiel eine unvollendet gebliebene Ballade entstanden war, die im gleichen Jahr zum vierten Prélude des Zyklus umgearbeitet wurde.

Mit der Schaffung immer neuer Préludes änderte sich allmählich der ursprüngliche Plan. Schließlich ergaben sich statt eines einzigen Zyklus mehrere selbständige Zyklen. Sie enthielten 47 Préludes, die in Rußland (vorwiegend in Moskau, doch zum Beispiel das sechste 1889 in Kiew) und während der Auslandsreisen von 1895 und 1896 entstanden waren. Die Änderung des ursprünglichen Vorhabens erklärt sich vor allem damit, daß der Komponist sich im Laufe der Arbeit nicht mehr an das anfangs gewählte Tonartenschema halten mochte. »Ist es nicht, offen gesagt, ganz egal? Es geht doch gar nicht darum, daß es in allen Tonarten je zwei sind. Jedes Prélude ist eine kleine Komposition, die selbständig, unabhängig von den anderen Préludes existieren kann«, schrieb er im Frühjahr 1896 an Beljajew. Die im Laufe der Jahre 1888–1896 geschriebenen Préludes teilte er folgendermaßen auf: in op. 11 gelangten 24 Stücke in allen Tonarten, in op. 13 sechs, in op. 15 fünf, in op. 16 fünf und in op. 17 sieben Préludes. Bevor er das Manuskript an Beljajew absandte, sah er alle noch einmal gründlich durch. Dabei nahm er an einigen wesentliche Änderungen vor, und andere wurden sogar neugeschrieben.

Alle 47 Préludes, ferner vier Impromptus und das *Allegro de concert* erschienen 1897 bei Belaïeff und festigten endgültig Skrjabins Ruhm als eines überragenden und eigenständigen Komponisten, dessen geniale Begabung in Europa immer breitere Anerkennung fand. In seinen Etüden, Préludes, Impromptus und anderen Stücken traten erstaunlich früh und deutlich poesiehafte Züge in Erscheinung, die sich im Grunde auch in allen folgenden Jahren seines Lebens weiterentwickelten. Entsprechend der Ausweitung der Themenkreise seiner Musik vergrößerte sich auch das Arsenal seiner pianistischen Ausdrucksmittel. So verwendete er zum Beispiel in dem bereits erwähnten *Allegro de concert,* das er im Januar 1896 in mehreren Ländern spielte, in vielfältiger Weise den »großen Konzertstil«, um jene besonders starke emotionale Aufladung zu erreichen, die in dem dichten Satz einiger Abschnitte dieses großartigen Werkes festzustellen ist. Nebenbei gesagt, kennen wir das *Allegro de concert* – ebenso wie die 2. Sonate – nicht in der Urfassung; aus einem Brief an Beljajew vom Beginn des Sommers 1896 geht nämlich hervor, daß diese Fassung den Komponisten aus bestimmten Gründen nicht befriedigte (»an beiden Kompositionen werde ich große Änderungen vornehmen«).

In Paris brachte Skrjabin die Arbeit an den Préludes zum Abschluß. Man kann sie geradezu einen »Mikrokosmos« der Emotionen nennen – so breit ist die Skala der in ihnen ausgedrückten Gefühle und inneren Erlebnisse. Sie sind von einer Sanglichkeit, deren slawische Herkunft unüberhörbar ist. Skrjabins Melodien bezeugen, wie fest er dem angestammten musikalischen Idiom verhaftet war. Aber nicht nur das: Mit ihnen leistete er einen umfassenden und wertvollen Beitrag zur slawischen Musik, über deren Weltgeltung Serow und Odojewski, Stassow und sein jüngerer Zeitgenosse Zdeněk

Nejedlý, der tschechische Kulturhistoriker, sich geäußert haben.

Die russische Natur, die viele russische Schriftsteller, Komponisten und Maler bezaubert hat: Puschkin und Turgenjew, Tschaikowski und Rimski-Korsakow, Repin und Lewitan und wie sie alle heißen – sie schlug auch Skrjabin in ihren Bann. Es ist hier der Ort, folgende Stelle aus einem Brief zu zitieren, den er im Mai 1895 von Heidelberg aus an Natalia Sekerina sandte: »Dennoch muß ich sagen, daß dem Russen, wie schön Europa auch sein mag, nichts das russische Dorf ersetzen kann; es hat so einen besonderen, unerklärbaren Reiz, der auf der Weite und freien Sicht beruht. Ich könnte es in einem Gebirgsland nicht länger als eine Woche an einem Ort aushalten. Die Linie der Berge ist zwar wunderschön, aber sie ist unbeweglich und ermüdet daher, und schließlich fängt sie an, einen zu bedrücken. Ständig muß man den Ort wechseln, das heißt ein Nomadenleben führen, um sich ständig zu regenerieren. Dabei haben wir uns so an den Reiz unserer Ebenen gewöhnt, daß wir ihn gar nicht mehr bemerken. Ich traf einmal bei Safonow einen Missionar, der erzählte, was für einen furchtbaren Eindruck die Steppe auf einen Menschen aus dem Gebirge gemacht hatte, der zum erstenmal seine Berge verlassen hatte und mit ihm nach Rußland gefahren war. Diese Weite, diese Unermeßlichkeit des Himmelsgewölbes flößte ihm eine solche Angst ein, daß er immer wieder die Augen schloß und sich lange nicht daran gewöhnen konnte. Ich kann das gut verstehen.« Zu Beginn desselben Briefes teilt der Komponist allerdings auch andere Eindrücke mit: »Ich habe hier viel von dem gefunden, was ich schon lange suche: Denkmäler und Ruinen aus jener Zeit, für die ich mich gegenwärtig am meisten interessiere.«

Einige Tage vorher schrieb er an seine Braut: »Ich

sitze allein und genieße den Anblick des traurigen Heidelberger Schlosses, das in grauen Dunst gehüllt ist. Aber wie anziehend es doch selbst bei solchem Wetter ist! Wohin man schaut, alles spricht lebhaft von den in die Ewigkeit entschwundenen schrecklichen und doch schönen Zeiten!«

Beim Lesen dieser Zeilen denkt man unwillkürlich an die Balladen von Shukowski und Puschkin, an die *Ritterromanze* von Glinka, an das *Alte Schloß* von Mussorgski, die sinfonische Fantasie *Francesca da Rimini* von Tschaikowski und die auf dasselbe, aus Dantes *Göttlicher Komödie* stammende Sujet geschriebene Oper von Rachmaninow. Auf noch fernere Zeiten griff Rimski-Korsakow in seiner Oper *Servilia*[13] zurück; von einer Oper *Salambo* nach dem in Karthago spielenden Roman von Flaubert träumten Mussorgski und Rachmaninow. Und während man in den lyrisch-kontemplativen Préludes von Skrjabin den liebkosenden Atem der russischen Natur spürt, ist für viele andere Stücke ein »Balladenton« kennzeichnend, was gelegentlich auch durch die Tempobezeichnung unterstrichen wird (etwa in der neunten Etüde: Alla ballata). Zugleich sind viele der genannten Werke Skrjabins von jener Unruhe erfüllt, die Anatoli Lunatscharski bekanntlich als eine Vorahnung der sich nahenden revolutionären Ereignisse, ja sogar als deren in genialen musikalischen Bildern ausgedrückte prophetische Voraussage betrachtet hat.

Ausgesprochen dramatischen Charakter verleiht einigen Werken Skrjabins der Kontrast von lyrischer Beschaulichkeit und besagter Unruhe, die den glatten Fluß der Musik manchmal zu sprengen scheint.

Ein Beispiel für solches pathetisches »Sprengen« bildet das zehnte Prélude, eines der besten Stücke aus dem Zyklus *24 Préludes,* das auch durch seine Kürze auffällt. Im Laufe der insgesamt 20 Takte tritt ein kurzes Thema auf, entwickelt sich und gelangt plötzlich zu machtvoller Kulmination.

Um jene Spannung zu erreichen, die die Unruhe und das Vorgefühl nahender sozialer Erschütterungen bedingten, verwendete der Komponist allmählich immer kompliziertere Harmonien und Akkordfolgen, aber auch auf melodischem und rhythmischem Gebiet suchte er nach Neuem. Skrjabins künstlerische Entwicklung vollzog sich ungewöhnlich rasch und augenfällig, und sein Klavierklang gewann immer neue Farben, vor allem durch die umfassende Einbeziehung aller Klanglagen des Instrumentes. In dem bereits genannten zehnten Prélude (das übrigens in der gleichen Tonart cis-Moll steht wie die Jugendetüde, die Skrjabin einst berühmt gemacht hatte) wird der Eindruck emotionalen »Sprengens« und geballter Kraft durch den fünfmaligen Schlag eines tiefen Fundamentaltons erzielt, der wie ein aufrufendes Glockenläuten klingt. Solche an Sturmgeläut erinnernde Klänge finden sich, nebenbei gesagt, auch in dem berühmten *Prélude* Rachmaninows, eines anderen großen Meisters der Tanejew-Schule, das etwa zur gleichen Zeit wie das zehnte Prélude von Skrjabin entstand. Und ein paar Jahre später schuf Skrjabin selbst ein unübertroffenes Beispiel solcher musikalischen Aufrufe in einem seiner bekanntesten Werke, der 5. Etüde aus dem Zyklus *Acht Etüden* (1903), die manchmal »Glockenetüde« genannt wird. Den Ereignissen vorauseilend, sei gesagt, daß Rachmaninow nach Skrjabins Tod eben mit dieser Etüde die Programme seiner Konzerte, die er zum Gedächtnis Skrjabins gab, krönte.

Doch kehren wir zurück zu Skrjabins erster Konzertreise. Mit vollem Recht kann gesagt werden, daß sie einen wichtigen Beitrag zur Erringung der internationalen Anerkennung der russischen klassischen Musik bildete, woran Beljajew so sehr gelegen war. Es sei daran erinnert, daß Beljajew es war, der bereits im Sommer 1889 in Paris zwei Sinfoniekonzerte arrangiert hatte, deren Programme so zusammengestellt waren, daß die Hörer eine recht klare Vorstellung von der Begabung, dem Können und der Vielfalt der künstlerischen Persönlichkeiten der russischen Musik gewinnen konnten. Rimski-Korsakow dirigierte nicht nur eigene Werke (die sinfonische Suite *Antar,* das *Capriccio espagnol* und das Klavierkonzert), sondern auch Werke von Glinka (Ouvertüre zur Oper *Ruslan und Ludmila* und *Kamarinskaja),* Dargomyshski *(Finnische Fantasie),* Balakirew *(Ouvertüre über russische Themen),* Mussorgski *(Eine Nacht auf dem Kahlen Berge),* Borodin *(Eine Steppenskizze aus Mittelasien,* Marsch und Tänze der Polowzer aus der Oper *Fürst Igor),* Tschaikowski (den ersten Satz aus dem 1. Klavierkonzert) und Ljadow (Scherzo). Unter Leitung von Glasunow wurden dessen 2. Sinfonie und die sinfonische Dichtung *Stenka Rasin* aufgeführt. Die Solopartien in den Konzerten von Rimski-Korsakow und Tschaikowski spielte der Professor am Petersburger Konservatorium, Nikolai Stepanowitsch Lawrow (1861–1927), der auch einige Stücke von Balakirew, Tschaikowski, Cui, Ljadow und Blumenfeld vortrug. Im folgenden Jahr dirigierte Rimski-Korsakow zwei Konzerte mit russischer Musik in Brüssel, die neben einigen bereits unter seiner Leitung in Paris erklungenen Werken die 1. Sinfonie Borodins und das *Lyrische Poem* von Glasunow enthielten.

Skrjabin war der erste große russische Komponist und Pianist, der bereits Ende des vorigen Jahrhunderts, als sich in Westeuropa der Ruhm der russischen Musik festigte, mit seiner Kunst eine neue Periode in der Entwicklung der russischen Musik eröffnete, zunächst im Bereich des Klaviermusikschaffens (zur Zeit seiner ersten Auslandstournee hatte er bereits über hundert Werke für Klavier komponiert) und später auch auf dem Gebiet der sinfonischen Musik. Im späten Frühjahr 1896 schrieb er von Rom aus, wohin er gefahren war, um seinen Vater wiederzusehen, an Beljajew: »In dieser Woche habe ich ein sinfonisches Allegro für Orchester geschrieben, und jetzt instrumentiere ich es.« Mit diesem ersten Versuch eines Orchesterwerkes befaßte sich Skrjabin noch mehrmals, da ihn die ursprüngliche Fassung nicht befriedigte. Im gleichen Brief teilte er Beljajew mit, daß er die 2. Sonate »zwar beendet« habe, aber »trotz siebenmaliger Änderung mit ihr völlig unzufrieden« sei. So streng gegenüber sich selbst blieb Skrjabin auch dann, als seine Konzerte bereits wahrhaft triumphale Erfolge zeitigten und die Presse schmeichelhafte Äußerungen nicht nur über sein Klavierspiel, sondern auch über sein wirklich neuartiges kompositorisches Schaffen brachte. Diese ständige Unzufriedenheit mit sich, die unermüdliche Suche nach »neuen Ufern«, wie Mussorgski es ausdrückte, der Drang nach Vervollkommnung seines Könnens – all dies war ein sicheres Unterpfand für neue große Errungenschaften. Und als Skrjabin, »von Raum und Zeit durchdrungen«[14], in seine Heimat zurückkehrte, erschienen in der russischen Presse bereits Mitteilungen über die Aureole des Ruhms, die um seinen Namen leuchtete, ihn aber nicht selbstzufrieden machte. Mit neuer Kraft setzte er seinen »tollkühnen Weg« zu den Höhen der Kunst fort.

AUFSCHWUNG DES SCHAFFENS

Von Oktober bis zum Jahresende 1896 war Skrjabin mit der Korrektur aller 47 Préludes und vier Impromptus beschäftigt. Am 12. (24.) November schrieb er an Beljajew: »Übermorgen schicke ich Ihnen die Korrekturen, die ich sehr sorgfältig gelesen habe; eine zweite ist nicht nötig.« Leider machte sich trotzdem eine zweite Korrektur erforderlich. Wie sich bei der Durchsicht der Korrektur durch Ljadow herausstellte, hatte Skrjabin auch diesmal eine Menge Fehler übersehen. Schuld daran war wie immer seine Zerstreutheit, aber auch die Tatsache, daß er, entgegen den Ratschlägen Tanejews, am Klavier Korrektur las. Das bedeutete, daß er nicht das spielte, was er in den Noten sah, sondern das, was ihm das innere Gehör und das Gedächtnis eingaben. Wenn also bei irgendeiner Note im Korrekturabzug ein Kreuz oder Be fehlte, so bemerkte er das beim *Durchspielen* nicht, weil alles richtig *klang*. Dasselbe geschah mit den Phrasierungszeichen und den anderen Einzelheiten des Notentextes.

Anatoli Konstantinowitsch Ljadow, der, wie gesagt, Skrjabins Begabung sofort erkannt hatte und der einzige war, der Beljajews Absicht, Skrjabins Werke herauszubringen, unterstützt hatte, bewies auch in der Folgezeit immer wieder seine freundschaftliche Gesinnung gegenüber dem jungen Komponisten. Viele Stunden verbrachte er mit dem Korrekturlesen seiner Stücke: Er verbesserte die übersehenen Fehler, beseitigte Ungenauigkeiten im Notenbild und in den dynamischen Bezeichnungen und präzisierte alle notwendigen Klangnuancen.

Skrjabin war über Beljajews berechtigte Vorwürfe bestürzt (dieser war bemüht, seinem Schützling beizubringen, in der Arbeit wie auch im Leben aufmerksamer und konzentrierter zu sein, wodurch sich die verhältnismäßig häufigen Belehrungen in seinen Briefen an Skrjabin erklären). Diesmal aber wußte er die immense Arbeit, die Ljadow geleistet hatte, besonders zu würdigen. Im Januar 1897 schrieb er an Beljajew: »Sag bitte Anatoli Konstantinowitsch, daß es mir geradezu peinlich ist, ihn um Entschuldigung zu bitten. Ich denke sehr oft an ihn und küsse ihn kräftig.«

Obwohl Skrjabins Zerstreutheit recht bald bekannt wurde, läßt sich doch annehmen, daß ihn im Herbst 1896, als er die Korrekturen einer so großen Zahl seiner Stücke las, von dieser Beschäftigung auch die eifrige Arbeit an seinem Konzert für Klavier und Orchester stark abgelenkt hat. Dies war im Grunde seine erste Orchesterpartitur. Das sinfonische *Allegro,* das er schon etwas früher begonnen hatte, aber erst 1899[15] beendete, befriedigte den Komponisten nicht. Es wurde erst fünfzig Jahre später von Alexander Gauk als *Sinfonische*

Dichtung herausgegeben und dabei in Einzelheiten vervollständigt. Die *Sinfonische Dichtung* reicht zwar in vieler Hinsicht nicht an die späteren sinfonischen Werke Skrjabins heran, trägt aber schon deutliche Züge seiner Persönlichkeit, die im Anfangsrezitativ der Violoncelli und Bässe in der Einleitung, in aufrufenden Trompetenstößen an den Höhepunkten sowie in gewissen harmonischen Folgen festzustellen sind.

In dem Klavierkonzert, das seinem Themenmaterial und dem musikalischen Gesamteindruck nach bedeutend eigenständiger und prägnanter ist, weist die Instrumentation bereits ein hohes Niveau auf, obwohl in der Fachliteratur sehr häufig eine Äußerung von Rimski-Korsakow über diese Partitur zitiert wird, die eine gewisse Gereiztheit erkennen läßt (diese Äußerung ist in einem Brief Rimski-Korsakows an Ljadow enthalten; übrigens wurden bei der Veröffentlichung dieses Briefes, wie A. W. Kaschperow ermittelt hat, daran willkürliche Änderungen vorgenommen). 1898 erschienen die Partitur des Konzertes und die Fassung für zwei Klaviere bei Belaïeff. Später unternahm Kaschperow eine umfangreiche textkritische Arbeit, deren Ergebnisse sich in der von ihm 1963 im Staatlichen Musikverlag Moskau herausgegebenen neuen Ausgabe der Partitur niederschlugen. Aus dem Anhang zu dieser Ausgabe geht hervor, daß Rimski-Korsakow (der es zunächst abgelehnt hatte, sich damit zu befassen) an Skrjabins Partiturreinschrift lediglich fünf unbedeutende Korrekturen in der Instrumentation vorgenommen hat, während der weitaus überwiegende Teil der Fehler und Ungenauigkeiten des Notentextes, die er und der Kopist des Verlages Belaïeff festgestellt hatten, sich einfach als Flüchtigkeitsfehler herausstellten.

Beljajew, der Skrjabin alle seine »Sünden« aufzählte, bestätigte ihm im gleichen Brief vom 31. Mai 1897, daß er das Konzert drucken werde, und nannte ihm die Honorarsumme: 600 Rubel. Leider ist der Brief, den Rimski-Korsakow selbst nach der Durchsicht des Konzertes an Skrjabin geschickt hat, nicht überliefert; was darin gestanden hat, können wir aus dem Brief schließen, den Skrjabin an Ljadow schrieb, als er freilich das Manuskript mit Rimski-Korsakows Korrektur noch nicht in Händen hatte:

»Gestern erhielt ich einen Brief von Nikolai Andrejewitsch, der mich ein wenig traurig gemacht hat. Ich bin Nikolai Andrejewitsch für seine liebenswürdige Aufmerksamkeit sehr dankbar; aber hat er etwa nur deswegen so viel Zeit auf die Durchsicht des Konzertes verwendet, um hinterher sagen zu können, daß die Instrumentation schwach ist? Wenn er schon so liebenswürdig war, hätte er mir dann nicht wirklich ein bißchen helfen können, indem er mir wenigstens mit NBs die Stellen angibt, die ihm am schwächsten vorkommen, und warum? ... Es ist ja leicht gesagt: Studieren Sie die Instrumentation; aber das geht nur auf *eine* Art: indem man seine Werke *aufgeführt* hört, denn wenn nur darüber gesprochen wird – das ist nur der zehnte Teil dessen, was man braucht. Wenn ich meine Stücke jetzt nicht zu hören bekomme und mir niemand etwas sagt, wie kann ich denn dann etwas lernen? Ich habe Partituren studiert, studiere sie und werde sie natürlich auch in Zukunft studieren, aber daß ich genau auf einen solchen Fall stoße, wie ich ihn brauche, dazu müßte es mit seltsamen Dingen zugehen. Ich beschäftige mich zur Zeit jeden Tag damit, doch es führt zu nichts. Phantasieren und kombinieren kann ich nach Herzenslust; ich werde ein Ornament entwerfen, wie es selbst Nikolai Andrejewitsch noch nicht im Traum gesehen hat; aber *ohne Erfahrung* ist das alles nichts. Verzeih mir, daß ich so viel zusammengeschwatzt habe. Aber es ist mir ein bißchen unangenehm: Ich habe Nikolai Andrejewitsch für durch und durch gut gehalten, und jetzt sehe ich, daß er nur liebenswürdig ist. Auf jeden Fall ist es mir *peinlich*, daß ich gewagt habe, ihn zu belasten, und künftig werde ich das natürlich *nicht mehr tun*. Ich werde wie bisher alles selbst herauskriegen. Rate mir bitte, was ich tun soll. Im äußersten Falle schick mir die Partitur (sie ist ja bei Dir), ich werde sie uminstrumentieren und selbst die Verantwortung übernehmen . . .«

In diesen Zeilen spürt man die verletzte Eigenliebe und das Gefühl der Kränkung, aber auch das Vertrauen des Meisters in seine Kräfte.

Noch bevor das Konzert im Druck erschien, spielte es Skrjabin in Odessa auf einem Abend für sinfonische Musik, den die dortige Sektion der Russischen Musikgesellschaft am 11. Oktober 1897 veranstaltete. Wassili Safonow, der das Orchester dirigierte, bezeichnete das Werk in einem Brief an die Direktion als »hervorragend« und schrieb weiter: »Dieser junge Mann ist auf dem Wege zum Ruhm, er hat mit größtem Erfolg in Paris, Amsterdam, Brüssel und Berlin gespielt.« Er betonte, daß es sich um die Uraufführung des Konzertes handeln werde, und brachte seine Überzeugung zum Ausdruck, sie werde »bestimmt eine Sensation in der Musikwelt hervorrufen, und die Ehre, die Initiative ergriffen zu haben, wird Odessa zukommen«.

Bevor wir zur Charakterisierung dieses tatsächlich hervorragenden Werkes von Skrjabin kommen, muß noch gesagt werden, daß Rimski-Korsakows Urteil, das sich von den begeisterten Worten Safonows so scharf unterscheidet, höchstwahrscheinlich dadurch zu erklären ist, daß das Haupt der Petersburger Komponistenschule gewohnt war, selbst an Kleinigkeiten der Notation strenge Anforderungen zu stellen. Jede Nachlässigkeit, selbst wenn es sich nur um einfache Schreibfehler handelte, brachte ihn förmlich außer sich. Bekanntlich war Rimski-Korsakow gleichermaßen erzürnt über die Partitur der ausgezeichneten Sinfonie von Kalinnikow, die ihm der todkranke Komponist in ziemlich unordentlicher Form vorgelegt hatte, da er keine Mittel besaß, sie einem Kopisten zu geben (was Rimski-Korsakow damals freilich nicht wußte).

Rimski-Korsakow war jedoch nicht nur ein großer Komponist und strenger Erzieher einer ansehnlichen Gruppe russischer Musiker, sondern auch ein absolut lauterer Mensch, der sowohl fremde als auch eigene Leistungen einzuschätzen wußte. Bereits Ende des folgenden Jahres dirigierte er persönlich Skrjabins neues Werk, worauf wir noch zu sprechen kommen. Skrjabins Klavierkonzert wurde Bestandteil der russischen musikalischen Klassik und gehört neben den Konzerten von Tschaikowski und Rachmaninow zu den russischen Spitzenwerken in diesem Genre.

Neuartige Elemente entwickelte Skrjabin in seinem Klavierkonzert nicht nur auf dem Gebiet der Melodik und Harmonik, sondern auch in der gesamten Anlage des Werkes im Hinblick auf dieses Genre. Obwohl der Solopart alle pianistischen Möglichkeiten ausschöpft und nicht eines virtuosen Glanzes entbehrt, tritt hier ganz deutlich das Streben des Komponisten nach poetischem Gehalt in Erscheinung, das, wie schon gesagt, viele seiner Préludes, Etüden und anderen Klavierstücke kennzeichnet. Gleich zu Beginn des ersten Satzes, in der kurzen Orchestereinleitung, intoniert das erste Horn eine kurze sangliche Melodie, die gewissermaßen den thematischen Kern des *ganzen* Werkes bildet und alle drei Sätze durchzieht. Skrjabins Konzert ist das erste Werk, in dem dieses Verfahren angewendet wurde. Der Komponist löste hier ein Problem, das viele große Meister bei der Schaffung sinfonischer Musik beschäftigt hat: das Problem des organischen Zusammenhalts der Sätze eines zyklischen Werkes.

Mit der charakteristischen Folge der drei den Kern bildenden Töne beginnt auch die Partie des Soloklaviers. Dann taucht dieses kurze Motiv in den ersten und zweiten Violinen auf, die das vom Klavier aufgestellte lyrische, poetisch-bezaubernde Thema fortspinnen. Der Vortrag des Themas wird durch die Bezeichnung »en improvisant« (»improvisatorisch«)[16] bestimmt, die in der Belaïeff-Ausgabe fehlt, aber vom Komponisten stammt; sie wurde neben weiteren Bemerkungen in die Partitur eingetragen, die seinem Schüler, dem begabten Pianisten und Dirigenten Igor Sergejewitsch Miklaschewski (1894 bis 1942) gehörte. Unter dessen Leitung erklangen sämtliche sinfonischen Werke Skrjabins. Der Komponist trug in alle Partituren entweder eigenhändig oder indem er Miklaschewski damit beauftragte, ziemlich viele Korrekturen und Bemerkungen ein (diese Partituren werden gegenwärtig im Staatlichen Skrjabin-Museum zu Moskau aufbewahrt).

Inwiefern diese nachträgliche Korrektur des Komponisten den Notentext und die Interpretationsnuancen bereichert und präzisiert hat, erhellt insbesondere aus dem Anhang zu der von A. W. Kaschperow herausgegebenen Partitur des Klavierkonzertes. Anhand dieser Partitur läßt sich erkennen, wie alle Details der sinfonischen Entwicklung, deren organischer Bestandteil der Klavierpart ist, durchdacht sind: Nichts ist überflüssig, nichts zufällig. Unwillkürlich wird man an eine Äußerung von Balakirew erinnert, der von sich sagte, bei ihm sei »jede kleinste Note angenagelt«. Zu dieser »Solidität der Faktur« hielt auch Tanejew die jungen Komponisten an.

Die drei Sätze des Konzertes bilden ein einheitliches, geschlossenes Ganzes, das sich durch Reichtum an musikalischen Gedanken und deren logische Entwicklung, Gegenüberstellung und dramaturgische Zusammenfassung auszeichnet. Während im ersten Satz einem lyrisch-erregten ersten Thema ein klares, von ruhiger Heiterkeit geprägtes zweites Thema gegenübersteht und auf diesem Kontrast eine Durchführung aufgebaut ist, die zu dem pathetischen Triumph der lyrisch-dramatischen Elemente hinführt, stellt der zweite Satz ein Thema mit Variationen dar. Die Aufstellung des Themas ist den gedämpften Streichern (ohne Kontrabässe) übertragen; sie tragen eine elegisch-sinnende Melodie vor, die, wie man annimmt, von Skrjabin mit zwölf Jahren komponiert wurde. Dieses Thema wird dann in fünf Variationen abgewandelt, wobei es sich bald im Strom des Figurenwerks des Soloklaviers, bald im raschen »scherzohaften« Wechsel der Klanglagen über einer im Orchester hartnäckig wiederholten rhythmischen Figur, bald im schweren Schritt eines Trauermarsches entwickelt und schließlich im »strahlenden« Klang der letzten Variation und des Finales bestätigt wird.

In dem Konzert bewies Skrjabin sein Können in der Beherrschung sowohl der Form der Sonate und Sinfonie als auch in der Variationstechnik. Der Komponist mußte bei dieser Partitur ganz unterschiedliche Instrumentationsprobleme lösen, wobei das schwierigste das richtige Klangverhältnis zwischen Orchester und Soloinstrument war. Angesichts der Tatsache, daß die Auffassung geäußert wurde (und gelegentlich selbst in der Fachliteratur bis in die jüngste Zeit beibehalten wird), Skrjabin seien diesbezüglich »Schnitzer« unterlaufen, die bewirkt hätten, daß an einigen Stellen das Orchester das Klavier erdrückt und an anderen Stellen der Solist das Orchester überdeckt, ist zu sagen, daß bei genauer Analyse der Partitur solche Behauptungen energisch zurückgewiesen werden müssen. Das Gegenteil ist der Fall: Jeder Takt des Konzertes beweist, wie sorgfältig die Instrumentation durchdacht ist – ein Merkmal, das auch alle folgenden Partituren Skrjabins auszeichnet.

Zur Uraufführung des Klavierkonzertes kam Skrjabin, nun bereits verheiratet, zusammen mit seiner Frau, der begabten Pianistin Wera Iwanowna Issakowitsch (1875 bis 1920). Diese hatte 1897 das Moskauer Konservatorium mit einer Goldmedaille glänzend absolviert. Vorher hatte sie die Musikklassen der Russischen Musikgesellschaft in Nishni-Nowgorod[17] besucht und war anschließend – 17jährig – nach Moskau gekommen, wo Professor Pawel Juljewitsch Schloezer (1848–1898) auf ihre Begabung aufmerksam wurde und sie wie eine Verwandte in seine Familie aufnahm. Skrjabin lernte sie bei Schloezer kennen, dem Safonow seinen Schüler mit den Worten vorstellte: »Ich habe Ihnen mein Kleinod mitgebracht.« Julius Dmitrijewitsch Engel, der Skrjabins Vertrauen und Freundschaft genoß, schrieb in seiner Studie über den Komponisten: Nach und nach »begann Skrjabin, sich häufiger mit Wera Iwanowna zu treffen, wobei er ihr seine Kompositionen vorspielte und von seinen künstlerischen Vorhaben sowie – mit jener Offenheit, die ihn immer auszeichnete – von seinen Herzensneigungen und Enttäuschungen erzählte«.

Wir dürfen auch annehmen, daß Skrjabin seiner Braut bereits vor der Hochzeit von seiner Liebe zu Natascha Sekerina und vielleicht auch von einer anderen starken Zuneigung erzählt hat: zu einem »äußerlich strahlenden, sehr interessanten und gebildeten« russischen Mädchen. Von ihr wissen wir fast nichts außer der Beschreibung von Engel, der auch ihre Anfangsbuchstaben angibt: *M. K. F.*, ferner den Anfangsbuchstaben des Familiennamens ihrer Verwandten: *S.*, bei denen sie in Paris wohnte. Engel fügt jedoch hinzu: »Sie wurde Skrjabins Braut, doch bald trennten sie sich wieder ...« Aus Skrjabins Briefen wissen wir, daß Mitrofan Beljajew in das »Geheimnis der M. K. F.« eingeweiht war. Namentlich Beljajew half ihm, die innere Krise zu überwinden, in die er geriet, als er von dem Mädchen keine Briefe mehr erhielt. Die Verwandten waren offenbar nicht weniger »vernünftig« und einsichtig als die Angehörigen von Natascha. Und obwohl Skrjabin, von Beljajew gütig behandelt – er ging mit ihm sogar zum »Du« über –, aus Petersburg mit der festen Absicht zurückkehrte, Wera Iwanowna zur Gefährtin seines Lebens zu wählen, verließen ihn die Zweifel nicht.

Man kann sich vorstellen, in welcher Stimmung Ljubow Alexandrowna und ihr Bruder Wladimir nach Nishni-Nowgorod fuhren, um an den Hochzeitsfeierlichkeiten teilzunehmen. »Einige Tage nach der Hochzeit«, schreibt Ljubow Alexandrowna, »fuhren die jungen Leute ab ... Auf dem Bahnhof waren etwa dreißig Personen. Sie standen auf dem Bahnsteig, und es ging laut zu, alle sprachen durcheinander. Ich aber blickte nur auf Schurinka. Er war sehr blaß, seine Augen waren traurig, während er mit den anderen lachte ...« Genau so – blaß und mit traurigen Augen – sieht Skrjabin auf einem Foto aus jener Zeit aus.

Der Aufenthalt der Neuvermählten auf der Krim währte nicht sehr lange, doch in diesen Wochen stellte Skrjabin vermutlich die 2. Sonate *(Sonate-Fantaisie)* fertig. Während sich im ersten Satz der Sonate Eindrücke des Komponisten vom Ligurischen Meer widerspiegelten, an dessen Wellenspiel er sich in Genua ergötzt hatte, entstand der zweite und letzte Satz an der Küste des Schwarzen Meeres. Ohne die Bedeutung jener Anregungen in Frage zu stellen, die ganz sicher von der Betrachtung des »ungebundenen Elements« ausgingen, besteht indes kein Grund, daran zu zweifeln, daß der Inhalt der 2. Sonate weit über eine Naturschilderung hinausgeht und das intensive Wollen eines Menschen ausdrückt, der alle Zweifel überwindet. Pawtschinski kommt in seinem Buch *Die Sonatenform in den Werken Skrjabins* bei der Analyse der 2. Sonate zu dem Schluß, daß dieses Werk »weniger tragisch als die vorher oder später entstandenen Sonaten« ist und daß man »die Milderung des Tragischen durch Assoziationen mit Momenten der Naturbetrachtung, sowohl der stürmischen als auch der friedlichen See, erklären kann«. Wie eine Hymne auf die Schönheit des Meeres und zugleich eine Hymne auf Größe und Edelmut des Menschen und seiner erhabenen Empfindungen klingt die Kantilene, die im zweiten Satz der Sonate erscheint (das zweite Thema).

»Wie schön es hier ist!!« schrieb Skrjabin aus Gursuf auf der Krim an Beljajew, und er berichtete ihm, er hätte dort mit seiner Frau »ein sehr kleines Zimmer, dafür aber mit einem herrlichen Blick auf das Meer«. In Odessa, wohin die Skrjabins von Gursuf aus fuhren, nahm er unter Berücksichtigung der Hinweise von Safonow und seiner eigenen Eindrücke vom Klang des Orchesterparts einige Änderungen an der Partitur des Klavierkonzertes vor.

Das genaue Datum der Beendigung der 2. Sonate wissen wir nicht. Bekannt ist nur, daß sie von Wera Iwanowna ins reine geschrieben wurde und dann, als das Paar bereits in Wien war, an Beljajew geschickt wurde, der sie »sofort zum Stich gab«. Etwas später wurde die Partitur des Klavierkonzertes an die Leipziger Musikaliendruckerei gesandt und danach auch die Übertragung für zwei Klaviere, die von der Frau des Komponisten angefertigt worden war, aber von ihm selbst ihre endgültige Fassung erhalten hatte.

Im gleichen Jahr schrieb Beljajew an Skrjabin, die gesamte Auflage der *Zwölf Etüden* sei vergriffen und der Verlag bringe deshalb eine zweite Auflage heraus. Auch eine Neuauflage des *Allegro appassionato* machte sich erforderlich. All dies war ein weiterer Beweis für die ständig gewachsene Beliebtheit der Werke Skrjabins, der sich auch bei seiner Ankunft in Paris davon überzeugen konnte, daß die russische Musik immer mehr die Aufmerksamkeit auf sich zog und weltweite Anerkennung fand.

Im Januar 1898 fand in Paris abermals ein Konzert ausschließlich mit seinen Werken statt. Diesmal spielten der Komponist und seine Frau. Alexander spielte die 2. Sonate, 14 Préludes und ein paar andere Stücke, wobei er an den Schluß die kurz zuvor geschriebene große Polonaise stellte. Wera spielte das *Allegro de concert,* einige Etüden (darunter die zwölfte) und Préludes, ein Impromptu und eine Mazurka – kurz, in dem Programm wurden ganz verschiedene Stücke aus Skrjabins Schaffen vorgestellt. Aus Briefen des Komponisten und aus einer Rezension wissen wir, daß dieses Konzert unumstrittenen Erfolg hatte. Doch da er Beljajew von einem »künstlerischen Erfolg« schrieb, kam bei diesem der Verdacht auf, Skrjabin sei ihm gegenüber nicht ganz aufrichtig und verheimliche ihm womöglich finanzielle Schwierigkeiten, die mit der Veranstaltung des Konzertes zusammenhingen. Außerdem fühlte sich Beljajew damals auch deshalb von Skrjabin gekränkt, weil dieser ihm nichts von der Komposition der Polonaise berichtet hatte.

Skrjabin, der ungemein empfindlich war und zuweilen auf nicht ganz korrekte Ausdrücke und Bemerkungen, die sich auf ihn bezogen, sehr scharf reagierte, verzieh Beljajew jegliches »Schimpfen«, da er wußte, wie sehr ihn dieser außergewöhnliche Mensch liebte, und weil er an dessen Aufrichtigkeit glaubte, als Beljajew ihm wieder einmal Belehrungen erteilte und sie mit den Worten schloß: »Ich wünsche Dir sowohl künstlerischen als auch materiellen Erfolg, aber mich werden Deine Mißerfolge sowohl in der einen als auch in der anderen Hinsicht nicht befremden und schwankend machen.«

Skrjabin widmete sich weiterhin mit aller Kraft seinem künstlerischen Schaffen, und seine berüchtigte Zerstreutheit erklärte sich zum Teil dadurch, daß er zeitweise vollständig in sein jeweiliges künstlerisches Vorhaben vertieft war. Als Antwort auf einen Vorwurf Beljajews teilte er diesem mit, daß er die in Paris gespielte Polonaise für nicht fertig halte, doch jetzt »mit einem anderen Werk beschäftigt« sei. Dieses Werk war die 3. Sonate. Leider war die schöpferische Anspannung, die offenbar Skrjabins Normalzustand war, von ständigem Kampf mit der Erkrankung der rechten Hand begleitet, die sich nach seinen Konzerten immer besonders stark bemerkbar machte. Das war auch in Paris nach dem erwähnten Konzert der Fall. Jetzt kamen ihm Zweifel, ob er den Solopart in seinem Klavierkonzert »ordentlich spielen« könne. Der Dirigent Camille Chevillard hatte ihm vorgeschlagen, er solle ihn bei einer Aufführung übernehmen. Diese Zweifel und der Umstand, daß er das Konzert mit nur einer Probe hätte spielen müssen, bewogen ihn schließlich, auf den Auftritt als Pianist zu verzichten.

Wie Kaschperow ermittelt hat, hing der Vorschlag von Chevillard mit verschiedenen Empfehlungsschreiben von Safonow zusammen, der sich unermüdlich für seinen ehemaligen Schüler einsetzte. Safonow ging – ähnlich Ljadow – so weit, daß er, einer der größten russischen Musiker jener Zeit, die Korrektur der Partitur des Klavierkonzertes von Skrjabin übernahm und alle Orchesterstimmen dazu las. Was Beljajew anbelangt, so wurde er Skrjabin zwar mit seinen Belehrungen zeitweise überaus lästig, hörte jedoch nie auf, ihn mit seiner Fürsorge zu umgeben. Seit der Aufnahme fester Beziehungen zu dem Verlag Belaïeff, die eine so bedeutende Rolle bei der

Anerkennung und Verbreitung der Werke Skrjabins spielten, erhielt er von Beljajew monatlich 100 Rubel als Vorschuß, der mit den Honorarzahlungen für die nächsten Werke verrechnet wurde. Als Skrjabin 1897–1898 mit seiner Frau im Ausland weilte, verdoppelte Beljajew diesen Betrag. Außerdem erinnert sich Alexander Ossowski: »M. P. Beljajew zahlte Skrjabin für seine Kompositionen (ebenso wie für diejenigen von Rimski-Korsakow, Ljadow und Glasunow – andere Ausnahmen gab es nicht) wesentlich höhere Honorare als die allgemeinen, für alle anderen Komponisten im Verlagsstatut sehr detailliert festgelegten Sätze.«

Beljajew und die Meister der Rimski-Korsakow-Schule, auf deren Meinung und Autorität ersterer sich stets stützte, waren bemüht, nicht nur materiell für den jungen Komponisten zu sorgen, sondern ihn – wenn nötig – auch moralisch zu unterstützen. Am 25. November (7. Dezember) 1897 schrieb Wladimir Stassow, der mit seinem Spürsinn gleich bei der ersten Bekanntschaft mit Skrjabins Schaffen dessen Begabung erkannt hatte, an ihn: »Sehr geehrter Alexander Nikolajewitsch, ich habe ein für Sie sehr wichtiges Anliegen. Ihnen ist ein Preis von 1000 Rubel für verschiedene musikalische Kompositionen *zuerkannt* worden, doch *wer* ihn zuerkannt hat, weiß ich nicht. Es ist irgendein geheimer Liebhaber der russischen musikalischen Schule, der *unbekannt* bleiben möchte, aber seit 1884 durch mich wirkt, und ich übergebe jedes Jahr gewisse Summen, die von ihm für *russische Komponisten* bestimmt sind. Das geschieht jedes Jahr am 27. November, dem *Glinka-Tag*, da am 27. November sowohl das ›Leben für den Zaren‹[18] als auch ›Ruslan und Ludmila‹ zum erstenmal gegeben wurden. Mein Verkehr mit dem *Unbekannten* wird durch postlagernde Sendungen in Petersburg abgewickelt. Heute wende ich mich in Erfüllung der Zuerkennung für dieses Jahr mit der Bitte an Sie, mir zu sagen: *Ist es Ihnen recht, diesen Preis anzunehmen, oder nicht?«*

Erst nach dem Tode Beljajews im Jahre 1904 stellte sich heraus, daß *er* der »geheime Liebhaber der russischen musikalischen Schule« war.

»EINE NEUE BIBEL«

Nach der Rückkehr nach Rußland im Mai 1898 befaßte sich Skrjabin mit der Überarbeitung seiner im Ausland geschriebenen Werke. Schon im nächsten Monat sandte er die Polonaise (op. 21) und vier Préludes (op. 22) an den Verlag, und im August folgte die 3. Sonate, deren Vollendung ihn, wie er an Beljajew schrieb, sehr angestrengt hatte. All diese Werke erschienen in demselben Jahr, in dem auch ein Orchesterprélude (wie es der Komponist zunächst nannte) entstand, das in der Endfassung den Titel *Rêverie* (»Träumerei«) erhielt. Diesmal fand das Werk auch den Beifall Rimski-Korsakows, und er dirigierte sogar die erste Aufführung in Petersburg am 5. (17.) Dezember in einem »Russischen Sinfoniekonzert«, in dem auch Skrjabin auftrat und einige seiner Etüden und Préludes sowie ein Impromptu spielte. Die Tatsache, daß Rimski-Korsakow als Interpret eines wenn auch nur kleinen Orchesterwerkes von Skrjabin ans Dirigentenpult trat, hatte zutiefst symbolische Bedeutung, bezeichnete es doch den Beginn der vorbehaltlosen Anerkennung Skrjabins als Orchesterkomponist.

Obwohl das Stück *Rêverie* Skrjabins spätere großartige Schöpfungen auf diesem Gebiet des musikalischen Schaffens noch nicht vorausahnen ließ, zeigten sich doch in dieser Partitur ebenso wie in der des Konzertes für Klavier und Orchester bereits Züge der eigenständigen künstlerischen Handschrift des Komponisten, die sowohl in der ergreifenden lyrischen Melodik, im harmonischen Ablauf als auch nicht zuletzt in der einfallsreichen Orchestrierung festzustellen sind (etwa das »Luftige« der Triller und Tremoli in den Streichern und die Verwendung der hohen Lage beim Fagott). In Moskau erlebte das Stück *Rêverie* seine Erstaufführung unter Safonow, der mühsam zum Konzertleben zurückgefunden hatte, nachdem ihn schwere Schicksalsschläge getroffen hatten: Fast gleichzeitig waren ihm zwei heißgeliebte Töchter gestorben.

Kurz nach der Ankunft in Petersburg, wo das Stück *Rêverie* und das Klavierkonzert zur Aufführung kamen, wurde Skrjabin, der erst 26 Jahre alt war, am Moskauer Konservatorium eine Professur angeboten. Der Vorschlag kam von dem Direktor des Konservatoriums, Wassili Safonow, der sich nach wie vor für Skrjabins überragendes Künstlertum begeisterte. Skrjabin, der dieses für ihn natürlich höchst schmeichelhafte Angebot nicht ohne Zögern annahm, teilte seine Bedenken seiner Frau und Beljajew mit. An den letzteren schrieb er am 30. August: »Wassili Iljitsch möchte mich ans Konservatorium als Professor für Klavier mit allen möglichen Vergünstigungen haben. Ich soll nur 12 Schüler (der höheren Studienjahre) unterrichten, das heißt 12 Stunden in der Woche; das Honorar beträgt 1200 Rubel. Ich glaube, das kann kein Hindernis für das Komponieren sein. Auf jeden Fall übernehme ich diese Verpflichtung nur für ein Jahr oder sogar nur bis zum Mai der laufenden Saison, so daß ich mich nicht gebunden fühlen werde.«

In seinem Antwortbrief enthielt sich Beljajew eines Rates, bemerkte jedoch vielsagend: »Du weißt ja, daß ich immer für bestimmte Beschäftigungen war, die dem Menschen gewisse Verpflichtungen auferlegen und ihm eine gewisse Ordnung beibringen. Folglich besteht für mich von dieser Seite her gar keine Frage. Aber es gibt eine Frage: Wie steht es mit Deiner Gesundheit? Das heißt: Kannst Du, ohne gesundheitlich Schaden zu nehmen, die Pflichten eines Professors am Konservatorium übernehmen?«

Skrjabin wußte, daß sich um die Stelle, die durch den Tod von Professor Pawel Schloezer frei geworden war, Pianisten bewarben, die älter waren als er und überdies Unterrichtserfahrung besaßen. Und offenbar hing damit auch die Tatsache zusammen, daß nach der Petersburger Aufführung des Klavierkonzertes Pfeile der Kritik gegen Skrjabin als Pianisten gerichtet wurden. Seltsam erscheinen uns heute Zeilen wie die folgenden: »Vorläufig läßt sich über dieses Werk kein Urteil bilden, da möglicherweise alle seine guten Seiten – falls es sie gibt – durch eine schlechte Darbietung erschlagen wurden. Als Interpret steht Herr Skrjabin unterhalb des Mittelmaßes. Sein trockener, schwacher Ton, der harte, hölzerne Anschlag, das magere, mechanische, fast jeglicher Nuancierung entbehrende Spiel ließen den Klavierpart unter den Stimmen der Orchesterbegleitung zu wenig hervortreten. Das Klavier versank im Orchester wie in einem Sumpf, wozu auch die nicht immer gelungene Instrumentation beitrug. Das völlig neue Stück bei so ungünstiger Beleuchtung zu verstehen und einzuschätzen war schwierig.

Die beiden von Herrn Skrjabin über das Programm hinaus gespielten kleinen Stücke erwiesen sich da als gelungener. Das zweite davon, ein Nocturne für die linke Hand, ist bei den Petersburger Klavierspielern ziemlich beliebt...« Der dies schrieb, war nicht etwa ein Dilettant, sondern ein so gebildeter Musiker, guter Pianist und angesehener Musikhistoriker wie Nikolai Fjodorowitsch Findeisen (1868–1928), der später einer der eifrigsten Verehrer Skrjabins werden sollte! Übrigens hatten die Äußerungen einzelner Kritiker bekanntlich keinen bestimmenden Einfluß auf die Entwicklungswege der russischen Musik.

Im März 1899 spielte Skrjabin mit großem Erfolg wieder sein Klavierkonzert (unter Leitung von Safonow, der davor auch die *Rêverie* aufführte). Was die von Skrjabin aufgenommene Lehrtätigkeit anbelangt, so ist schon für die erste Zeit ein großer Zustrom von Schülern zu vermerken. Statt 12, wie er Beljajew in seinem Brief angegeben hatte, waren es im folgenden Studienjahr (1899/1900) bereits 21. Am Ende des ersten Studienjahres schrieb der bekannte Pianist Pawel Ljubimowitsch Kohn (der am Petersburger Konservatorium studiert hatte) bei einem Besuch Moskaus an einen seiner Freunde: »Skrjabin lud mich zu sich in den Unterricht, um seine Schülerinnen anzuhören, und ich verbrachte dort mit großem Vergnügen vier Stunden, in denen ich mich davon überzeugte, daß er ein guter Lehrer ist und seine Sache mit viel Kenntnis und Liebe betreibt. Ich bin fast überzeugt, daß er der beste Professor des Moskauer Konservatoriums ist.«

Obwohl das Lehramt Skrjabin viel Zeit kostete (abgesehen vom Konservatorium, unterrichtete er noch Klavier am Katharineninstitut, aus dem einige Zöglinge später seine Schülerinnen am Konservatorium wurden), komponierte er fleißig weiter. Neben kleineren Stücken entstand die 1. Sinfonie, an der er im Sommer intensiv in seinem Landhaus in dem Moskauer Vorort Darjino arbeitete. Im Juni schrieb er an Beljajew, er sei »mit einer großen Komposition für Orchester beschäftigt«, und drei Monate später teilte er ihm mit: »Im Laufe des Sommers habe ich eine Sinfonie (6 Sätze) geschrieben, außer dem letzten Satz. Jetzt instrumentiere ich sie.« Im November erfuhr er durch einen Brief von Stassow, daß ihm erneut der Glinka-Preis zuerkannt sei (diesmal in Höhe von 500 Rubel), der ihm sehr gelegen kam, da seine Familie in nächster Zeit größer wurde: seine Frau erwartete das zweite Kind.

Fast das ganze Jahr 1900 und der Beginn des folgenden Jahres verliefen im Zeichen der 1. Sinfonie. Skrjabin zeigte sie wie stets vor allem Safonow und dann, gleich nach der Ankunft in Petersburg, Ljadow. Nachdem Rimski-Korsakow, Glasunow und Ljadow die Partitur gesehen hatten, gelangten sie zu dem Schluß, daß man diese vor der Aufführung drucken könne, doch bestanden sie entschieden auf einer Änderung der Vokalpartien im sechsten Satz, die überaus schwierig und stellenweise geradezu unausführbar seien, wie Beljajew dem Komponisten schrieb. Skrjabin hatte sich zwar wegen dieser Partien mit dem Professor Umberto Masetti beraten, der sie für durchaus leicht ausführbar hielt; aber er erklärte sich dennoch einverstanden, sie zu ändern, da er einsah, daß die Gesangstechnik eines so überragenden Virtuosen wie Masetti nicht mit den Möglichkeiten von Chorsängern zu vergleichen war. Während die Gesangstexte ins Französische und Deutsche übersetzt wurden, fertigte der Pianist und Komponist Alexander Winkler eine Übertragung für Klavier zu vier Händen an.

Im Juni 1900 reiste Skrjabin erneut nach Paris. Unterwegs hielt er sich zwei Tage in Berlin auf, wo er, wie er seiner Frau schrieb, über ein gemeinsam mit ihr zu veranstaltendes Konzert im Januar des folgenden Jahres verhandelte. Für denselben Monat wurden auch zwei Konzerte in Paris geplant. Leider kam jedoch keines davon zustande, da Skrjabin in praktischen Fragen hilflos war und es offenbar nicht verstand, vertragliche Beziehungen in erforderlicher Weise zu regeln.

In Paris fand zu dieser Zeit eine Weltausstellung der Industrie statt, welche die allgemeine Aufmerksamkeit der Pariser und der Besucher der Stadt auf sich zog, und Skrjabin trat diesmal nur in dem kleinen Saal »Journal« (mit 200 Plätzen) auf. Er spielte die beiden Mittelsätze der 3. Sonate, die Polonaise, den Trauermarsch aus der 1. Sonate, Préludes, Mazurken, ein Impromptu und Etüden, darunter die zwölfte, die, wie gewöhnlich, stürmische Ovationen hervorrief.

Von Paris aus reiste Skrjabin in die Schweiz, wo er zwei Wochen verbrachte. Er hielt sich in Bendlikon bei Zürich auf, einem »echten Schweizer Dorf«. Seine treuen Freunde kümmerten sich nach wie vor um ihn. Safonow, der die 1. Sinfonie in der Klavierübertragung von Winkler kennengelernt hatte, schrieb an Skrjabin: »Ich kann Dir gar nicht sagen, wie entzückt ich von Deiner neuen Sinfonie bin, aber zugleich wie in höchstem Maße betrübt über das mißglückte Arrangement ... Mit Ungeduld warte ich auf die Übersendung eines Korrekturexemplars der Partitur, um für den Herbst Deine herrliche Schöpfung zur Aufführung vorzubereiten.« Mit Winklers Übertragung, für die sich Skrjabin selbst entschieden hatte, waren auch andere Freunde des Komponisten, die von seiner Sinfonie begeistert waren, unzufrieden. Die Sinfonie war auch Gegenstand eines Gespräches während einer kurzen Begegnung Skrjabins mit Beljajew, der kurz vor Skrjabins Abreise nach Paris in den bayrischen Badeort Kissingen gefahren war, wo er sich wegen eines Magengeschwürs einer vierwöchigen Kur unterzog. Am 8. (21) Juli 1900 schrieb der Komponist seiner Frau, wobei er ihr Ansichtskarten der Schweiz, für die er sich immer wieder begeisterte, übersandte: ». . . Gerade habe ich mich von Mitrofan verabschiedet, der zwei Tage hier war . . .«

In Anbetracht des Charakters von Beljajew, der in diesem Sommer darauf bedacht war, seinen Schützling unbedingt zu sehen, steht außer Zweifel, daß sich ihre Gespräche um die neuen Schaffenspläne und das rastlose Streben Skrjabins drehten, das seinen »Gönner und Freund« mitunter beunruhigte. Es ging wohl darum, wozu sich Beljajew schon kurz vor Antritt seiner Kur in einem Brief an Skrjabin geäußert hatte, der wie immer direkt, diesmal aber sogar ein wenig scharf gehalten war und in dem er sich sehr kritisch zu Skrjabins (später nicht verwirklichter) Idee verhielt, ein großes Werk für Singstimmen und Orchester zu schreiben, »das mit Vokalmusik beginnen und mit Orchestermusik enden würde«. Beljajew warnte Skrjabin, er werde solche Werke nicht drucken, und fügte hinzu: »Wenn der Chor von Poletika[19] nicht einverstanden ist (wie es in dieser Spielzeit vorgekommen ist), in unserem Konzert unentgeltlich zu singen, dann wird auch Deine Sinfonie in unserem Konzert ohne Finale aufgeführt werden müssen; und überhaupt wird sie infolge dieser Schwierigkeit wahrscheinlich selten *vollständig* aufgeführt werden; was hat dann erst ein Werk zu erwarten das nicht ohne die Hilfe von Sängern *beginnen* kann? Es wird in den Regalen liegen, wie wir das bei den Werken früherer Komponisten gesehen haben.

Schreib' für Klavier, für Orchester, für Singstimme oder andere Instrumente, aber stürz' Dich nicht sofort auf solch' komplizierte Werke, die zur Aufführung große musikalische Mittel und finanzielle Aufwendungen erfordern.«

Am Schluß des Briefes bat Beljajew Skrjabin, ihm zu verzeihen, falls er etwas Unangenehmes gesagt habe, und der Komponist beeilte sich zu versichern, er sei nicht im geringsten gekränkt, dankte nochmals für das Gedenken und die stete Fürsorge und brachte sogar die Hoffnung zum Ausdruck, sich mit Mitrofan Petrowitsch im Ausland zu treffen. Dieser Wunsch beruhte auf Gegenseitigkeit, und es ist anzunehmen, daß Skrjabin Beljajew in Bendlikon seine Pläne mitteilte und von ihm vernünftige und – wie immer – freundschaftliche Ratschläge erhielt.

Die Pläne des Komponisten wurden indes immer kühner. Eine Zeitlang arbeitete er intensiv am Libretto einer Oper, während er gleichzeitig die 2. Sinfonie komponierte. Das Libretto wurde allerdings nicht vollendet. Einen Teil davon (der nach seinem Tode von M. Gerschenson in Band 6 der *Russischen Propyläen* 1919 veröffentlicht wurde) beabsichtigte Skrjabin möglicherweise in jenem Werk für Singstimmen und Orchester zu verwenden, dessen Plan Beljajew so mißbilligend aufgenommen hatte.

Wie Beljajew befürchtet hatte, wirkte der Chor bei der Uraufführung der 1. Sinfonie nicht mit. Sie fand am 11. (24.) November 1900 in einem der regelmäßig stattfindenden »Russischen Sinfoniekonzerte« unter Leitung von Anatoli Ljadow statt. Damals erklangen nur fünf Sätze des Werkes. Skrjabin war bei den Proben anwesend und mit dem Orchesterklang anscheinend zufrieden, bat aber Ljadow, die Tempi etwas zu beschleunigen und die ganze Darbietung etwas dynamischer zu gestalten, da sie ihm zu blaß erschien. Es besteht kein Zweifel, daß Ljadow in diese erste Aufführung des ersten Monumentalwerkes von Skrjabin sein ganzes Können als großer Musiker und all seine Liebe für den Komponisten legte. Dennoch war Skrjabin weder von der Aufnahme durch das Publikum des Konzertes noch von den

Reaktionen der Kritik befriedigt, obgleich Findeisens *Russische Musikzeitung* dem Werk mit warmen Worten das Geleit gab: »Wir wünschen dieser Sinfonie, daß sie sich baldigst ihren Weg in unsere Sinfonieorchester bahnt!« Dieser Wunsch ging bekanntlich in viel größerem Maße in Erfüllung, denn die 1. Sinfonie wurde nicht nur von russischen, sondern auch von vielen ausländischen Orchestern in ihr Repertoire übernommen, und es ist erfreulich zu erfahren, daß sie in verschiedenen Ländern der Welt mehr und mehr mit dem Finale aufgeführt wird. Damals jedoch war Skrjabin nicht nur durch kritische Einwände in der Presse verstimmt, sondern auch dadurch, daß die »scharfsinnige Kritik« in seiner durchaus eigenständigen Musik weiterhin eifrig »Einflüsse« aufspürte. War die Rede zunächst von Chopin und Tschaikowski gewesen, so stellte man in der 1. Sinfonie Einflüsse von Beethoven und Wagner fest, und bald wurde dem noch Liszt hinzugefügt. Die *Russische Musikzeitung* setzte allerdings bei der Nennung der Namen Wagner und Tschaikowski hinzu: »... Doch ist dies keine Nachahmung; in seiner (Skrjabins. I. B.) Inspiration empfindet man Poesie und den Funken künstlerischen Zaubers.« Wenn wir bei diesem bildlichen Ausdruck bleiben, müssen wir ihn allerdings in einem Punkt korrigieren: es war kein Funke, sondern eine Flamme, die schon in Skrjabins Frühwerken loderte und in seinem *Prometheus,* dem letzten sinfonischen Werk des großen Komponisten, das von ihm (auch) »Poem des Feuers« genannt wurde, »zum Himmel emporschlug«.

Bis heute ist das Aufspüren von »Einflüssen« eine Lieblingsbeschäftigung der »scharfsinnigen Kritik«. Der namhafte polnische Literaturwissenschaftler, Essayist und Kritiker Tadeusz Boj-Żeleński hat sich darüber lustig gemacht und schlug sogar vor, eine »Wissenschaft vom Einfluß« zu begründen. Wir möchten jedoch nochmals betonen, daß die Verwendung einzelner Ausdrucksmittel und Stilelemente nicht dazu berechtigt, gleich von einem »Einfluß« zu sprechen. So gehen zum Beispiel nach Meinung einiger Kritiker die »Seufzerintonationen« bei Skrjabin auf Tschaikowski zurück. Dabei findet sich so etwas schon bei den Komponisten der Mannheimer Schule (Ende des 18. Jahrhunderts!), und Vater Mozart ermahnte seinen Sohn, sie nicht nachzuahmen. »Seufzerintonationen« prägen indes auch das erste Thema von Mozarts g-Moll-Sinfonie sowie das erste Thema der Sonate mit dem Trauermarsch von Chopin. Es kann also nicht von einem Einfluß die Rede sein, sondern nur von der Verwendung eines Ausdrucksmittels, das sich in der Musik herausgebildet hat und mit dem derjenige emotionale Zustand wiedergegeben werden kann, der sich im Seufzer eines Menschen äußert. Bemerkt sei allerdings, daß eine Tonfolge dieser Art nicht selten in solchen melodischen Linien vorkommt, bei denen kein Grund vorliegt, von einem derartigen Zustand zu sprechen. Eine frühe Etüde von Skrjabin läßt sich nicht mit den *Jahreszeiten* von Tschaikowski vergleichen. Und jenen Kritikern, die meinen, Skrjabin habe seine 1. Sonate unter dem Einfluß des berühmten Finales der 6. Sinfonie von Tschaikowski mit einem Trauermarsch gekrönt, tritt schließlich der Skrjabin-Forscher Pawtschinski energisch entgegen: »Die ›Pathétique‹ von Tschaikowski mit ihrem langsamen, tragischen Schluß konnte dem jungen Komponisten noch gar nicht bekannt sein, obwohl beide Werke im gleichen Jahr fertiggestellt wurden.« Es sei daran erinnert, daß es das Jahr war, in dem Skrjabin schwer darunter litt, daß die Ärzte ihm die Unheilbarkeit der Erkrankung seiner rechten Hand erklärt hatten ...

Nichtsdestoweniger gab es tiefe und organische Zusammenhänge der Musik Skrjabins mit der russischen

Klassik. Genauer müßte man sogar sagen: Zusammenhänge mit der russischen Kultur als Ganzem. Mit aller Deutlichkeit traten diese auch in der 1. Sinfonie zutage. Nach deren Uraufführung bat Beljajew den erregten Komponisten, noch einige Tage in Petersburg in seinem gastfreundlichen Haus zu bleiben. Mit Stolz konnte Skrjabin feststellen, daß seine Musik, wie sich einzelne Kritiker auch äußern oder selbst wie wenig gelungen einige Aufführungen seiner Werke verlaufen mochten, immerhin unter der Leitung solcher Koryphäen der russischen Musik wie Rimski-Korsakow, Ljadow und Safonow und später auch anderer Meister erklang.

In Moskau erreichte Skrjabin Stassows Mitteilung, daß ihm erneut – zum drittenmal – der Glinka-Preis zuerkannt sei. Bald darauf schritt Safonow zur Einstudierung der 1. Sinfonie. Vor Beginn einer Probe hob er die sehr schön bei Belaïeff herausgebrachte Partitur hoch und sagte zu den Orchestermusikern und dem Chor: »Hier haben Sie eine neue Bibel.« Das Konzert am 16. März 1901, das dem Gedenken des Gründers des Moskauer Konservatoriums, Nikolai Rubinsteins (anläßlich seines 25. Todestages), gewidmet war, wurde mit der 1. Sinfonie von Skrjabin eröffnet. Mit dieser Aufführung (diesmal mit Chor und Soli) war der Komponist außerordentlich zufrieden, und er dankte seinem Lehrer herzlich. Auf Verlangen des Publikums wiederholte Safonow das Scherzo. Der Berichterstatter der *Russischen Musikzeitung* I. W. Lipajew fand sehr treffende Worte, die den Eindruck vieler Besucher dieses Konzertes zusammenfaßten: »Seine Technik ist außergewöhnlich, seine Ideen sind originell und seine Arten der Darstellung nicht alltäglich.«

Im Jahr der Moskauer Erstaufführung der 1. Sinfonie von Skrjabin brachte der Verlag Belaïeff die Partitur einer der bedeutendsten Schöpfungen der russischen Sinfonik, der 1. Sinfonie von Tanejew, heraus. Im gleichen Jahr erschien das 2. Klavierkonzert Sergej Rachmaninows, das neben den Konzerten von Tschaikowski und Skrjabin nach wie vor im Repertoire vieler Pianisten der Welt steht. Auf die erste Seite der Partitur, die der Komponist Tanejew schenkte, schrieb er eine in herzlichen Worten gehaltene Widmung an seinen Lehrer, »den ich tief verehre und auf dessen Hilfe ich in jeder schwierigen Lage baue und hoffe – der aufrichtig liebende und dankbare S. Rachmaninow«.

Neben den begabten jungen Meistern der Tanejew-Schule setzte der Altmeister des »Mächtigen Häufleins«, Nikolai Rimski-Korsakow, seinen Schaffensweg und sein unermüdliches künstlerisches Wirken fort. In dem Jahr, das Meisterwerke dreier Moskauer Komponisten brachte, schuf er die Oper *Der unsterbliche Kaschtschej,* und Tanejew war der erste, der feststellte, diese Oper sei »ein neues Wort in der Musik«.

Andrej Nikolajewitsch Rimski-Korsakow (1878–1940), der Sohn und Biograph des Komponisten, schreibt im 5. Band seiner großangelegten Monographie: *»Die Idee des Bösen, das heißt des auf ganz Rußland Lastenden, im russischen gesellschaftlichen Leben* begann von Monat zu Monat immer deutlicher und konkreter in den Gesichtskreis von Nikolai Andrejewitsch zu treten. *Es war die unumschränkte zaristische Gewalt, die selbstverständlich nicht in dieser oder jener Einzelpersönlichkeit repräsentiert war, sondern in dem ganzen Schwarm ihrer Diener: der Bourgeoisie, der Plutokratie und der Bürokratie.«*

Die Befreiungsideen, die »herrlichen Aufwallungen der Seele«[20], traten im russischen Kunstleben immer deutlicher hervor. Zu einem der größten Meister, die diesem Kunstleben angehörten, wurde Skrjabin. Im Herbst 1901 schloß er bereits die monumentale 2. Sinfonie ab, die erstmals am 12. Januar 1902 in Petersburg von seinem ihm stets treuen Freund Anatoli Ljadow aufgeführt wurde. Doch weder die Aufnahme seitens des Publikums noch die Reaktionen der Kritik gaben Anlaß, von einem Erfolg zu sprechen.

Über die Moskauer Erstaufführung des Werkes schreibt Ljubow Alexandrowna Skrjabina: »Es dirigierte Safonow ... Als die Sinfonie zu Ende war, kam die Hälfte des Publikums mit starkem Applaus zum Podium. Der übrige Teil blieb auf seinen Plätzen. Es erhob sich ein furchtbarer Lärm, ein Zischen, Pfiffe und sogar Rufe: ›Herunter vom Podium!‹ Je mehr die einen zischten, desto stärker applaudierten die anderen. Im Saal herrschte ein unvorstellbarer Lärm. Der Beifall war so stark, daß A[lexander] N[ikolajewitsch] aufs Podium treten mußte, und mit ihm kam Safonow. Blaß, aber ganz ruhig und sogar mit einem Lächeln blickte A[lexander] N[ikolajewitsch] ins Publikum.«

Das beschriebene Bild erinnert unwillkürlich an Zeilen aus dem Gedicht *Dem Dichter* von Valeri Brjussow, das ebenfalls in den ersten Jahren des neuen Jahrhunderts, nicht lange vor der revolutionären Explosion, entstand:

»Deine Tugend muß darin bestehen,
bereit zu sein, den Scheiterhaufen zu besteigen.«[21]

SINFONISCHE AUFRUFE

Um die Jahrhundertwende interessierte sich Skrjabin also besonders für monumentale, mehrsätzige Formen, was sich vor allem durch die Vertiefung und Erweiterung seiner geistigen und ethischen Anschauungen erklärt, die es sicher verdienen, daß man sie sehr aufmerksam untersucht. In diesem Zusammenhang sei darauf hingewiesen, daß einem Verstehen dessen, was Skrjabin wirklich angestrebt hat, nicht selten willkürliche »Erläuterungen« im Wege stehen, die die eigenen Äußerungen des Komponisten unberücksichtigt lassen. Unwillkürlich wird man hier an die Worte eines berühmten Zeitgenossen Skrjabins, des Dichters Alexander Block, erinnert, der über sein Los klagte:

»Es ist so schwierig, aber auch so festlich, zu leben
Und zum Besitz des Dozenten zu werden
Und eitle Kritiker zu zeugen.«[22]

Skrjabins Leben war in der Tat sowohl schwierig als auch festlich. Die Schwierigkeiten des Alltags wurden verstärkt durch sein ausgesprochen unpraktisches Wesen, das er allerdings mit vielen anderen großen Geistesschaffenden gemein hatte, die von ihren schöpferischen Plänen und deren Verwirklichung völlig gefangen waren. Doch gerade die Versenkung in die schöpferische Arbeit machte das Leben des großen Komponisten so festlich. Die weit verbreitete Meinung von seiner extremen Egozentrik paßt schlecht zu solchen Äußerungen des Künstlers, die seine humanistischen Zielstellungen belegen. Einige Autoren, die über Skrjabin schrieben, haben diese Äußerungen offenbar übergangen, weil sie ihnen entweder keine Bedeutung beimaßen oder weil sie einfach nicht zu dem von ihnen geschaffenen, verzerrten Bild Skrjabins paßten, das ihn als vom Leben und von den Menschen losgelösten Visionär darstellte, der er in Wirklichkeit nie gewesen ist.

Wenden wir uns nun Skrjabins Aufzeichnungen zu, die offenbar Vorarbeiten für das Libretto der Oper waren, die er zu Beginn des Jahrhunderts plante, also zur gleichen Zeit, in der auch seine ersten Sinfonien entstanden. Es fällt nicht leicht, eine Vorstellung von der Handlung dieses Werkes zu gewinnen. Wir können nur annehmen, daß zu Hauptthelden der Oper werden sollten: eine gewisse Herrscherin eines Märchenreiches, die ausgestattet ist mit den Zügen der schönen und weisen Danteschen Beatrice (bis hin zur Übereinstimmung einiger Details: In Dantes *Neuem Leben* heißt es: »sie geht, Verlockungen nicht achtend«, bei Skrjabin: die Scharen der Gäste »spenden ihr Lobreden, / Doch die

Königin ist dafür kalt«), und ein gewisser »junger unbekannter / Philosoph, Musiker und Dichter«, der jenes Ideal verkörpert, zu dem Skrjabin hinstrebte, nicht das eines Träumers, sondern das eines Künstlers und Tribunen:

»Wo ist die Tapferkeit? Wo ist die Kraft gestählter
  Männer,
Die siegreich vorwärts gehen?!
Wer hält ihr Banner, wer ruft sie, die Beflügelten,
Zum siegreichen Kampf?!!
Wann wirst du, König, auch nur im geringsten
Die Macht deines Willens erkennen?!
Wann wirst du, Sklave, endlich danach verlangen,
Den schändlichen Ketten zu entrinnen?!«[23]

Man muß sich die äußerst gespannte Atmosphäre der russischen Wirklichkeit zu Beginn des Jahrhunderts vorstellen, um zu verstehen, wie trotz der Verwandtschaft vieler Skrjabinscher Bilder mit der nebulosen Poetik und Lexik des Symbolismus seine Aufrufe, die »schändlichen Ketten« der Sklaverei abzuwerfen, klangen. Bemerkenswert ist, daß Skrjabin die Technik des Versbaues recht gut beherrschte. Obwohl die Textzeilen im Wert ungleich sind, zeichnen sich einige Stellen nicht nur durch Gedankentiefe, sondern auch durch dichterische Vollendung aus. Hier sei nur noch folgendes Beispiel angeführt:

»Durch kluge und zugleich einfache Rede
Unterwarf er sie[24] der Lehre.
Er lehrte sie, sich zu erfreuen
Am Erhabenen, an Glanz und Schönheit
Im Raum der untergehenden Gestirne,
Mit der freien, beflügelten Phantasie
In einer fernen Zeit zu schweben,

Den Raum mit dem Gedanken zu umfassen,
Alles zu sehen, zu wissen und zu verstehen.«

Schon mehrfach war in Skrjabins Musik der flammende, ekstatische Drang zu unaussprechlich schönen Welten »im Raum der untergehenden Gestirne« vernehmbar gewesen. Und bald nachdem die angeführten Zeilen geschrieben waren, schuf er die 4. Sonate, die Heinrich Neuhaus als »Flug zum blauen Stern« charakterisierte. Auffordernde Rufe, Bilder des Kampfes und heroischer Anstrengungen – all dies, bereichert durch edle Lyrik, verleiht Skrjabins Musik ihre unwiederholbare Eigenart, die Wladimir Sofronizki, einer der besten Interpreten dieser Musik, in wenigen Worten so schön ausdrückte: »Leben, Licht, Kampf und Wille – darin liegt die wahre Größe Skrjabins.«

Um die so klar charakterisierte Welt der Ideen möglichst umfassend und vielseitig zu erschließen und die hehren Gedanken und Gefühle musikalisch zu gestalten, wandte Skrjabin sich häufig der zyklischen Form der Sonate und Sinfonie als jener besonders umfassenden und zugleich vielschichtigen Form zu, die ihm weitgehende künstlerische Verallgemeinerungen gestattete. Ein Beispiel für eine solche vielschichtige Komposition bildet die 3. Sonate, deren vier Sätze alle miteinander kontrastieren und in bedeutendem Maße dank ihrer thematischen Verknüpfung ein einheitliches Ganzes bilden. Wichtigstes Element des ersten Themas des ersten Satzes sind die auffordernden Rufe, die zunächst im Baß auftreten und sich dann in ganz verschiedenen Abwandlungen durch den gesamten Satz bis hin zu dessen letzten Takten ziehen. Die Rufintonationen des Anfangs dienen der dramatischen Entwicklung des ersten Satzes der Sonate und der intensiven Spannung der Kulmination.

Zu Beginn des zweiten Satzes, so schreibt Viktor Delson, »herrscht zweifellos noch die energiegeladene Stimmung: ein strenger, marschähnlicher Rhythmus und ein leidenschaftlicher Deklamationston, der stellenweise sogar ›drohend‹ wird . . .« Ergänzend ist zu sagen, daß im ersten Thema dieses Satzes ebenfalls etwas Appellartiges zu vernehmen ist, wobei im Unterschied zum ersten Satz auf die melodischen Höhepunkte der einleitenden Rufe scharfe Dissonanzen »aufgepackt« sind, die eine die weitere Entwicklung stimulierende Spannung hervorrufen. Im weiteren Verlauf schließt sich das lyrisch-kontemplative zweite Thema an, das in poetischer Weise von dem – am Schluß des Satzes wiederkehrenden – dramatisch gestalteten ersten Thema abgehoben ist. Der folgende Satz zählt mit Recht zu den Meisterwerken Skrjabinscher Lyrik, die immer wieder an seine geniale Jugendetüde erinnern. Dies nicht aus dem Grunde, daß zwischen diesen beiden Stücken eine thematische Gemeinsamkeit besteht, sondern deshalb, weil man von einer unbedingten Verwandtschaft des emotionalen Gehalts und der für Skrjabin charakteristischen Verknüpfung von sanglicher Melodik und rezitativhaftem Deklamationston mit reich verzierten, gleichsam »singenden« Figurationen sprechen kann. Lauscht man jedoch aufmerksam dem Anfang dieses Satzes, dann lassen sich schon in den ersten Takten unruhige Akzente erkennen, die im weiteren Verlauf zu rebellierenden Rufen werden. Diese gehen ungezwungen in schwere und dröhnende Mahnrufe im Baß über, die zum Anfang des ersten Satzes zurückführen und das Finale mit seinen tief bewegenden heroisch-dramatischen Höhepunkten ankündigen.

»Skrjabin vereint in seiner Künstlerpersönlichkeit geniale Inspiration sowie emotionale Glut und Unmittelbarkeit mit einem Höchstmaß an Gefühl, rein musikalischer Schönheit und Ebenmaß.« Diese Worte – die von Anatoli Alexandrow, einem Komponisten der Tanejew-

Schule, stammen – lassen sich in vollem Maße auf Skrjabins 3. Sonate beziehen, in der sich eine beispiellose, hinreißende Gefühlsglut mit wahrhaft hohem Können verbindet. Eine eingehende Analyse der Sonate bringt den wohldurchdachten Einsatz aller Ausdrucksmittel und deren wechselseitige Beziehung zum Vorschein. Während beispielsweise der energische Schwung, der aus dem Anfangsthema des ersten Satzes spricht, am Schluß des dritten (wie schon gesagt) wiederkehrt, dienen als Fortsetzung desselben charakteristische absteigende Figuren, die das erste Thema des Finales vorwegnehmen und es stürmisch zur Entfaltung bringen und abschließen.

Skrjabin machte sich Worte des von seinem Lehrer verehrten Leonardo da Vinci zu eigen (bekanntlich übernahm Tanejew aus Leonardos *Traktat über die Malerei* das Motto für sein großes Werk über den Kontrapunkt), der seine Schüler lehrte, daß der Künstler nicht nur Farben und Pinsel, sondern auch Zirkel und Lineal braucht. Bei Skrjabin beeindrucken selbst die kompliziertesten Werke nicht nur durch die Schönheit der Musik, sondern auch durch ihr wunderbares Ebenmaß. Über die 3. Sonate schrieb Jewgeni Gunst, der Verfasser der ersten fundierten Studie über Skrjabins Sonaten und einer der nächsten Freunde des Komponisten: »Die 3. Sonate bildet den Kulminationspunkt in der Entwicklung der ersten Schaffensperiode Skrjabins. In ihr wird in glänzender Weise die Bilanz dieser ganzen Periode gezogen.« Diese Worte kommentierte Heinrich Neuhaus, indem er sagte, daß man die Geschichte der ersten Schaffensperiode Skrjabins als Geschichte der Wandlung des genialen jungen Mannes zu einem Giganten der internationalen Musikkultur bezeichnen könnte.

Ehe wir über die weiteren Schritte dieses Giganten sprechen, wollen wir uns den sogenannten »Programmen der 3. Sonate« zuwenden. Es gibt deren zwei, wobei es von dem einen, das von der zweiten Frau des Komponisten (also bedeutend später als die Sonate) in französischer Sprache verfaßt und als Erläuterung zu den Konzerten, in denen Skrjabin das Werk spielte, gedruckt wurde, leider häufig heißt, es stamme vom Komponisten. Dieser hat indes, wie mit Sicherheit feststeht, dieses Programm nicht geschrieben. Verschiedene Forscher, die sich mit Skrjabins Schaffen befaßten, haben es kritisch geprüft. Weder sein bereits erwähnter Freund Gunst, der in Skrjabins Sterbejahr eine Monographie über ihn veröffentlichte, noch Pawtschinski hielten es für geboten, dieses Programm in ihren Arbeiten zu zitieren, und Delson wies, als er Ausschnitte daraus anführte, mit Recht beispielsweise darauf hin, daß die Sonate keineswegs mit einem »Sturz in den Abgrund des Nichts« endet (wie es im Programm heißt, infolge einer »zeitweiligen Niederlage«), sondern mit »Siegesfreude« und einem »Anlauf aus der Tiefe zum Höhepunkt des Jubels, wo bereits mit aller Gewißheit die für Skrjabin so charakteristische stolze Bejahung vernehmbar ist . . .«

Die 3. Sonate ist nach wie vor eines der bekanntesten und beliebtesten Werke des Komponisten, vor allem dank ihrer ungewöhnlich prägnanten emotionalen Aussagekraft. Erstmals wurde sie in Moskau am 23. November 1900 von Wsewolod Iwanowitsch Bujukli (1873 bis 1921), einem der begabtesten Schüler von Professor Paul Pabst am Moskauer Konservatorium, gespielt. Bujukli erntete mit dieser Aufführung großen Erfolg, der ihm auch in vielen anderen Städten zuteil wurde, wo er ständig Skrjabins Werke und insbesondere die 3. Sonate spielte. In Warschau hinterließ sie einen so starken Eindruck, daß der Pianist auf Verlangen des Publikums das Finale, das Engel in seiner Rezension der Uraufführung einen »feurigen Ansturm« genannt hatte, wiederholte. Skrjabin selbst spielte die Sonate häufig bis hin zu den letzten Konzerten, die er gab. Auch Wera Iwanowna Skrjabina und so berühmte Pianisten wie Wladimir Sofronizki, Heinrich Neuhaus, Vladimir Horowitz, Samson François, Glenn Gould und viele, viele andere spielten sie hervorragend.

In den Äußerungen einiger der genannten Pianisten spiegelt sich wider, wie sie diese bewegende Musik empfanden: Sie vernahmen in ihr das Rollen des Donners, das Toben eines Orkans und gewaltige Naturkatastrophen, die vom Menschen kraft seines Willens und seiner Tapferkeit besiegt werden. In dem Programm eines Konzertes von Bujukli aus dem Jahre 1901 findet sich eine Inhaltsangabe der 3. Sonate, in der es heißt: »Die Idee des letzten Bildes entstand in den Alpen, nachts während eines Sturms in den Bergen.« Das ist ein sehr wichtiger Hinweis auf Skrjabins Erleben von Naturerscheinungen, und es ist interessant, diesen Hinweis mit der Entstehungsgeschichte der 2. Sonate zu vergleichen, in der sich poesievolle Eindrücke von der Betrachtung der Meeresweite und Meereswellen niederschlugen . . .

Bilder des Kampfes und des Sturmes (»eines Puschkinschen Sturmes«, wie Heinrich Neuhaus sagte) werden auch in der 1. Sinfonie ausgebreitet. Mit ihr hat Skrjabin in mehrfacher Hinsicht eine neue Etappe seines Schaffens erreicht. Vor allem ist dies seine erste großangelegte Partitur, ein gewichtiges sinfonisches Werk. Außerdem stellt es Skrjabins erstes Werk mit klar ausgesprochener philosophisch-ethischer, *weltanschaulicher* Konzeption dar. Und schließlich sind in dieser Partitur nicht weniger deutlich die Merkmale seines Orchesterstils ausgeprägt, zu denen die geradezu filigranartige Ausarbeitung der Details gehört – ein Charakteristikum auch seiner Klavierwerke, wie wir bereits feststellten. Natürlich entwickelten sich alle Skrjabinschen Stilmerkmale sehr zügig, doch war diese Evolution gesetzmäßig und folgerichtig, und die Ausführung seiner Vorhaben – sei es eine Klavierminiatur oder ein riesiges Orchesterwerk mit Soli und Chor – gelang ihm immer vollkommener.

Es ist unschwer festzustellen, daß die Geschlossenheit des Zyklus in der sechssätzigen 1. Sinfonie ebenso wie in der 3. Sonate durch gedankliche und thematische Einheit erzielt wird. Der erste Satz bildet gleichsam das Vorspiel zum ganzen Zyklus. In ihm wird sogleich evident, daß der Komponist bestrebt war, die koloristischen Mittel des Orchesters einzusetzen. Das zeigt sich, wie gesagt, gleich zu Beginn in der Aufteilung der Streicher nicht in fünf, sondern in elf Stimmen; die Harmonik wird nach und nach komplizierter; den beiden Hörnern sind andere Instrumente beigefügt, denen Haltetöne zugewiesen werden; anschließend kommt es zu einem Beben des Streichergrundes, da die Violinen, Bratschen und Violoncelli eigene rhythmische Muster erhalten. Und auf diesem Grund taucht eine reizvolle lyrische Kantilene der Klarinette auf; bald wird diese von der Flöte unterstützt, die auch dann weiterklingt, als die ganze Gruppe der Violinen einsetzt und dieses Thema intoniert. Die folgende Entwicklung ist gekennzeichnet von einem Wechsel in die obere Klanglage, in der die Verbindung von Flöten und Klarinetten gleichsam in den von Skrjabin besungenen »Raum der untergehenden Gestirne davonfliegt. Nach der Wiederkehr der Anfangskantilene setzt deren Entwicklung durch vielfältig wechselnde Klangfarben und das Wechselspiel verschiedener Instrumente ein. Sodann schwingt sich dieses Thema, nachdem es in den Violinen über bebendem Figurenwerk der Bratschen erklungen ist, in die obere Klanglage auf. In den letzten Takten sind die Streicher nicht mehr in elf, sondern in 17 Stimmen (!) geteilt, was dem Komponisten ermöglicht, einen beispiellosen Klangzauber zu entfalten.

Während im ersten Satz der Sinfonie das Orchester keine besondere Klangfülle aufweist (entsprechend der Idee des Werkes sind hier weder Trompeten, Posaunen noch Pauken verwendet), erreicht es im zweiten Satz, in dem sich die Bilder des Kampfes entfalten, eine enorme Stärke. Dem emotionalen Gehalt nach steht der Satz teilweise dem Finale der 3. Sonate nahe. Von den Steigerungen vor Kulminationspunkten kann man sagen, daß der Komponist alle Möglichkeiten jedes Instrumentes zur Erzielung dynamischer, aber auch koloristischer Effekte nutzt. Der dritte Satz ist gekennzeichnet durch virtuosen Einsatz der »schalmeiartigen« Klangfarbe der Klarinette (auch Rimski-Korsakow verwendete, namentlich in den Werken der letzten Periode, mehrfach die Technik der »Leitklangfarbe«). In diesem Satz herrschen lyrische Stimmungen vor, während der vierte den Charakter eines Scherzos mit Elementen ungestüm-tänzerischer Beschwingtheit aufweist. Im fünften Satz entfalten sich – obwohl das Wechselspiel mit den Kantilenen, die die vorangehenden Sätze miteinander verbinden, fortgesetzt wird – von neuem Bilder des Kampfes des Menschen mit den seinem Glück im Wege stehenden Hindernissen und steigern sich zu tobender Gewalt. Die Heftigkeit dieses Kampfes wird hier durch thematisches Material verdeutlicht, das sich von Anfang an durch unsangliche, eckige melodische Wendungen auszeichnet. Doch das Finale weist gleichsam den Weg zum Sieg.

Der festliche, hymnische Charakter der Vokal- und Instrumentalpartien (in die motivische Rückgriffe auf die vorangehenden Sätze, vom Einleitungsthema des ersten Satzes an, eingebettet sind!) wird durch hellklingende Harfenakkorde und fanfarenartige Trompetenstöße über tremolierenden Streichern betont. Die beiden Solostimmen, Mezzosopran und Tenor, und anschließend der gemischte Chor preisen die Kunst, die den Menschen wandelt. Den Text des Finales verfaßte der Komponist selbst:

»O wundersames Bild der Gottheit,
Der Harmonien reine Kunst!
Dir bringen wir einmütig
Das Lob des begeisterten Gefühls dar.

Du bist des Lebens lichter Traum,
Du bist ein Festtag, du bist die Ruhe nach der
   Arbeit,
Als Geschenk bringst du den Menschen
Deine Zaubervisionen.

In jener düsteren und kalten Stunde,
Da die Seele voller Verwirrung ist,
Findet der Mensch in dir
Die lebendige Freude des Trostes.

Du rufst die Kräfte, die im Kampfe schwanden,
Auf wunderbare Weise ins Leben zurück,
Im müden und kranken Geist
Erzeugst du die Ordnung neuer Gedanken.

Der Gefühle uferlosen Ozean
Erzeugst du im entzückten Herzen,
Und der schönsten Lieder Lied singt
Dein Priester, von dir inspiriert.

Es herrscht allmächtig auf der Erde
Dein freier und mächtiger Geist,
Der von dir emporgehobene Mensch
Vollbringt ruhmvoll die beste Tat.

Kommt herbei, alle Völker der Welt.
Laßt uns das Heil der Kunst besingen!

Heil der Kunst,
Auf ewig Heil!«[25]

Die letzten 15 Jahre seines Lebens widmete Skrjabin der Schaffung von Werken, in denen er die in der 1. Sinfonie erstmals gestalteten Ideen weiterentwickelte. Safonow, der mit Recht stolz auf seinen Schüler war, hatte das Werk »eine neue Bibel« genannt. Im Grunde formulierte Skrjabin darin seine Aufgabe als Musiker und Philosoph und schlug eine neue Seite in der Geschichte der russischen Sinfonik auf, deren Weltbedeutung von solchen Meistern wie Glinka, Borodin, Rimski-Korsakow und Tschaikowski gefestigt worden war. Letzterer hatte der Sinfonie in stärkerem Maße als die genannten anderen Musiker Bedeutung beigemessen und in diesem besonders komplizierten instrumentalen Genre echte Meisterwerke geschaffen. Keiner der großen russischen Sinfoniker nach ihm – weder Skrjabin, noch Rachmaninow und Mjaskowski – konnte an Tschaikowskis wichtigem Beitrag zur sinfonischen Musik vorübergehen, doch jeder dieser Meister setzte sich mit dem wertvollen Erbe des Schöpfers der *Pathétique* auf seine Weise auseinander.

In Tschaikowskis Sinfonien wird mit ergreifender Stärke Protest laut gegen alles, was dem Glück des Menschen im Wege steht, Protest gegen Unterdrückung und Rechtlosigkeit, die in Rußland herrschten, Leib und Seele verstümmelten und ein Gefühl der Bestürzung selbst bei denen hervorriefen, die dem sozialen Kampf fernstanden. Lyrisch-dramatische Bilder, die nicht selten tragische Kraft erreichen, entwickeln sich in seiner Musik und bestimmen deren Eigenart. Nicht umsonst nennt man Tschaikowski den Schöpfer »sinfonischer Dramen« und einer »sinfonischen Tragödie«, wie es die *Pathétique* war.

Skrjabin schuf einen anderen Typus des Sinfonischen. Seine Worte: »Ich will den Menschen sagen, daß sie stark und mächtig sind«, waren nicht lediglich eine effektvolle Deklaration. Er schuf unvergeßliche Klangbilder heldenhaften, tapferen Kampfes um das Glück. Der Aufruf zu diesem Kampf erklang in vielen seiner Werke in den Jahren der heranreifenden Revolutionsstürme. Als die 1. Sinfonie entstand, wurde sie von einigen im Scherz die »Neunte« genannt, was bedeuten sollte, Skrjabin habe dort begonnen, wo Beethoven aufgehört habe, nämlich mit einer Sinfonie für Soli, Chor und Orchester. Die Ähnlichkeit dieser beiden Werke beschränkt sich jedoch auf äußere Merkmale, denn der Schillersche Text, mit dem Beethovens Sinfonie schließt, ruft die Menschen zu Brüderlichkeit und Einigung auf (»Seid umschlungen, Millionen«), der Skrjabinsche Text hingegen, der sich an »alle Völker der Welt« wendet, preist die Kunst, die die Menschen wandelt und sie aufruft, Taten im Namen der höchsten Ideale und vor allem um des Lebens willen zu vollbringen! Es sei hier daran erinnert, daß ein halbes Jahrhundert, bevor die Partitur der 1. Sinfonie entstand, Tschernyschewski in seiner Dissertation über die Kunst verkündet hatte: »Das Schöne ist das Leben.« Und ist nicht das Erkennen der Schönheit des Lebens geeignet, »Kräfte, die im Kampfe schwanden«, wiederzubeleben?!

Eine Bekräftigung des neuen Typus des Sinfonischen, der durch den Aufschwung der nach Befreiung strebenden schöpferischen Kräfte Rußlands entstand, bildete Skrjabins 2. Sinfonie. Wie die 1. gehört auch sie zu seinen großangelegten Werken. In ihren fünf thematisch miteinander verbundenen Sätzen werden folgerichtig

Klangbilder entwickelt, die durch tiefgreifende künstlerische Verallgemeinerung dem Grundgedanken des Komponisten zufolge die geistigen Kräfte des Menschen stärken, die vor ihm liegenden Aufgaben jedoch keineswegs simplifizieren. Pawtschinski bemerkt dazu in seiner hervorragenden Analyse der 2. Sinfonie in dem Buch *Die Sonatenform in den Werken Skrjabins* mit Recht, daß im ersten Satz »der Entwicklungsweg des ganzen Zyklus (jedoch ohne die Lösung) in konzentrierter Form umrissen wird. Finsteres Grübeln, das in einen pathetischen Gefühlsausbruch umschlägt, Träume, Hoffnung, ein Aufbäumen, das von bösen Mächten gewaltsam unterdrückt wird – das ist in großen Zügen der Inhalt dieses Andantesatzes, der in einmaliger Weise als zusammengesetzte dreiteilige Form gestaltet ist.« Außerdem hebt Pawtschinski hervor, daß gewöhnlich nicht nur das Neuartige der Form, sondern auch das des Gehaltes dieses Satzes unterschätzt wird. »Dabei ist der Konfliktreichtum des langsamen, gewissermaßen einleitenden Satzes eine Erscheinung, die von dem außerordentlich scharf gestellten ethischen Problem von Kampf und Überwindung zeugt.«

Schon in den ersten Takten spürt man die Eigenart der Musik Skrjabins. Ebenso wie in der 1. Sinfonie erlangen »Aufschwünge« aus den tieferen Tonlagen in die Höhe, die Verbindung von kontemplativen und appellartigen Elementen sowie der »bebende« Untergrund der vielfach (im ersten Satz bis zu 11 Stimmen) geteilten Streicher große Bedeutung. Ein wesentliches Moment bilden hier auch die »Leitklangfarben«, vor allem die Klangfarbe der Pauken, in deren Partie häufig, die emotionale Spannung steigernd, ein »erdbebenähnliches dumpfes Grollen« zu vernehmen ist und zuweilen selbständige rhythmische Figuren auftauchen, die zum Beispiel im ersten Satz auf die Einsätze des von der Klarinette vorgetragenen Themas des »finsteren Grübelns« antworten. Das Schreitende dieser Figuren (das zuweilen den Charakter eines Trauermarsches annimmt) kehrt kurz vor dem Schluß des ersten Satzes wieder. Der Satz enthält aber auch elegisch-träumerische Melodien, mit denen Bilder wunderbarer, den Menschen lockender Fernen gezeichnet werden.

Klangbilder erbitterten Kampfes und unaufhörlichen Vordringens zu diesen Fernen, dynamisiert von anfeuernden Signalen der Blechbläser, vermittelt der ungestüm dahinjagende zweite Satz. Er weist eine Fülle dramatischer Höhepunkte auf, die jedoch nicht als Stationen einer Tragödie, sondern als Momente besonders intensiver Willensanspannung empfunden werden. Wie ein freudiges Ergebnis dieser Willensanstrengung und Kraftanspannung wirken die ungemein poetischen Bilder des dritten, langsamen Satzes der Sinfonie, eines Naturbildes von Märchenlandschaften, erfüllt vom Gesang der Vögel, deren Gezwitscher in ornamentalen Passagen und Trillern der Flöten zu hören ist (dies ist eines der seltenen Beispiele von Klangmalerei bei Skrjabin, das Dmitri Rogal-Lewizki als »Vogelkonzert« bezeichnet hat). Dabei ist jedoch zu bedenken, daß klangmalerische Effekte in der Musik, besonders in großen Werken, in vielen Fällen eine doppelte Bedeutung haben und den psychologischen Zustand eines Menschen schildern. So wird zum Beispiel die mit musikalischen Mitteln vorgenommene Darstellung des sturmbewegten Meeres auch als Schilderung seelischer Erregung empfunden. Und die »Vogelkonzerte« Skrjabins (Rogal-Lewizki zählt dazu auch eine Episode aus dem langsamen Satz der 3. Sinfonie) stellen natürlich keinesfalls »musikalische Bilder« als solche dar, sondern sind eine mit Mitteln aus der »klingenden Natur« (ein Ausdruck von Skrjabin) vorgenommene Darstellung der inneren Klärung, die ein

Mensch beim Erlebnis der Natur erfahren kann und die ihm neue Kräfte gibt.

Lassen sich die Dimensionen des dritten Satzes der 2. Sinfonie mit dem Bestreben des Komponisten erklären, ein Gefühl längeren Kräftesammelns zu bewirken, so werden diese Kräfte im vierten Satz frei, in dem rasanten, stürmischen (so sind Tempo und Charakter dieses Satzes auch in der Partitur bezeichnet: Tempestoso) ersten Thema, in dem deutlich Anklänge an das düster-feierliche Anfangsthema des ersten Satzes zu erkennen sind. Dieses Thema, das in verschiedenen Abwandlungen alle Sätze der Sinfonie durchzieht und sie miteinander verbindet, darf mit Fug und Recht als Kernthema bezeichnet werden (obwohl auch der Terminus »Leitthema« existiert). Die im vierten Satz herrschende Spannung wird verstärkt durch häufige Paukenwirbel und an besonderen Kulminationspunkten durch die Schläge des Tamtams, das Skrjabin in dieser Partitur erstmals verwendet.

Der abschließende fünfte Satz wirkt wie eine Apotheose des Sieges der guten Kräfte. In ganz neuer Gestalt, nämlich in strahlendem Dur, tritt hier das Kernthema in Erscheinung. Es gab Kritiker, die das Finale der 2. Sinfonie (wie übrigens auch das der 1.) als mißlungen betrachteten und dessen Anfang zu schwerfällig nannten. Skrjabin hat indes wie stets alle »Konstruktionselemente« genau durchdacht. Entsprechend der Angabe »Maestoso«, setzt zu Beginn das ganze Orchester ein. Ausgenommen sind allerdings die Flöten (die in der Mittellage »nichts hergeben«) und die Oboen, die zwar die Klangfülle verstärken, ihr aber auch etwas »Schreiendes« verleihen würden (wie jeder, der sich mit Instrumentation befaßt hat, weiß), was dem Charakter des Satzes mit seinem marschartigen und hymnischen Gestus freilich nicht entspräche. Im Laufe der Entwicklung macht das Kernthema mehrere Wandlungen durch: bald kommt es in lebhaft bewegtem Figurenwerk zum Vorschein und erlangt verschiedene emotionale Nuancierungen, bald erfährt es eine endgültige Bestätigung in den feierlichen Klängen eines Festzuges und einer Hymne auf den Willen, die Macht und die Kraft des Menschen, der durch die Kunst inspiriert und gestärkt wird. Das entsprach Skrjabins Auffassung von der Bestimmung der Kunst, und darin sah er seine Mission als Künstler und Denker und als Verkünder hoher humanistischer Ideale.

Am 12. September 1902 notierte Wassili Jastrebzew, daß er an diesem Abend bei Nikolai Rimski-Korsakow gewesen sei, der ihm »riet, die 2. Sinfonie von Skrjabin zu kaufen. Nach Rimski-Korsakows Worten ist Skrjabin eine überragende Begabung.« Da Jastrebzew seine Aufzeichnungen sehr pedantisch vornahm, besteht kein Zweifel daran, daß er das Epitheton, das Rimski-Korsakow dem Komponisten der 2. Sinfonie gab, genau festgehalten hat: Überragend ...

DER FLUG ZUM STERN

Der Beginn des Jahrhunderts brachte somit die Entstehung zweier Sinfonien Skrjabins, deren Komposition von ihm äußerste Kraftanspannung erforderte. Das hatte ernsthafte Auswirkungen auf seine Gesundheit.

Im Juli 1902 schrieb er an Beljajew aus der Umgebung von Moskau, wohin die Familie den Sommer über nach Schluß des Studienjahres gefahren war: »Mich reizt es ungeheuer zu arbeiten, aber ich wage nicht, mir das zu erlauben, da ich riskiere, meine Gesundheit endgültig zugrunde zu richten. Im Frühjahr fühlte ich mich dermaßen unwohl, daß ich sogar ein wenig daran zweifelte, ob ich je wieder gesund werden kann... Zum erstenmal in meinem Leben erhole ich mich im wahren Sinne dieses Wortes. Erst einen Monat nach dem Examen kam für mich der erste Tag, an dem ich mich leidlich wohl fühlte. Diese Erschöpfung ist die Folge der furchtbaren Anspannung vieler Jahre. Hätte ich mich nicht entschlossen, endlich diese, wie ich es nenne, Tat der Untätigkeit zu vollbringen (ich sitze tagelang in der Hängematte), wäre ich sicher in 2–3 Jahren nicht mehr am Leben.«

Der Zustand der Überanstrengung Skrjabins, von dem in diesem Brief die Rede ist, war nicht nur durch die unermüdliche, ihn in ihren Bann zwingende schöpferische Arbeit bedingt, sondern auch durch zahlreiche Sorgen um die größer gewordene Familie: Nach der Tochter Rimma, die 1898 geboren wurde, folgten Jelena (die spätere Frau von Wladimir Sofronizki), dann Maria und im Sommer 1902 der Sohn Lew. Sorgen gab es nicht nur materieller Art. Skrjabin liebte die Kinder sehr, beschäftigte sich mit ihnen, und seine Briefe sind voll rührender Details über sie. An seine Frau schrieb er, als sie von ihrem Sommersitz nach Moskau gefahren war, Rimma spreche die ganze Zeit von ihr und sei »unendlich zärtlich«.

Die gestiegenen Ausgaben erlaubten es Skrjabin nicht, die Lehrtätigkeit am Konservatorium und am Katharineninstitut aufzugeben. Es verwundert nicht, daß er Beljajew gegen Ende des Studienjahres 1901/02 bekannte: »Für mich ist eine ganz schlimme Zeit angebrochen: Am Institut finden zwölf Tage hintereinander abends Prüfungen statt (350 Personen), und am Konservatorium gibt es ebenfalls viel zu tun, mit einem Wort, Musik von 2 Uhr nachmittags bis 12 Uhr nachts. Trotzdem komponiere ich nachts: Ausgerechnet im Frühjahr kommt mir immer eine Menge Einfälle.«

Im März 1902 fand ein Konzert statt, in dem nur Werke von Skrjabin zu Gehör gebracht wurden. Unter der Leitung von Safonow wurden die 1. Sinfonie und das sinfonische Prélude *Rêverie* aufgeführt, und der

Komponist spielte aus seinen Klavierwerken, darunter die 3. Sonate und als Zugabe vier Stücke. Das Publikum dankte sowohl dem Komponisten als auch dem Dirigenten mit stürmischem Beifall. Safonow wiederholte das Scherzo aus der Sinfonie und die *Rêverie*.

In der Folgezeit fand Skrjabin keine innere Ruhe: Sein Liebling Rimma wurde schwer krank, die anstrengende Prüfungszeit rückte näher, seine Gedanken aber wandten sich beharrlich immer wieder den Partiturblättern zu. An Beljajew schrieb er, daß der erste Satz der 3. Sinfonie bereits fertig und die übrigen Sätze skizziert seien. Im Mai zeigte er Freunden den ersten Satz der neuen Sinfonie.

Die Prüfungen am Konservatorium verliefen nach Skrjabins Worten »glänzend«. Alle seine Absolventen spielten sehr gut. Freudig teilte er seiner Frau, die im Landhaus bei Moskau weilte, mit: ». . . Als der größte Virtuose erwies sich natürlich doch Gorowiz[26], und ich hatte keinen Augenblick Zweifel daran, daß ihm eine Goldmedaille verliehen wird.« Groß war indes sein Erstaunen und sein Zorn, als der künstlerische Rat anders entschied und ganz anderen Schülern des Komponisten Goldmedaillen verlieh. Skrjabin brauste ungeheuer auf und verlangte von dem Rat, diese Entscheidung zu revidieren, mußte jedoch nachgeben. ». . . Sie haben meinen Gorowiz gekränkt, und das geht mir sehr nahe«, schrieb er an seine Frau. Ausführlich schilderte er ihr die stürmische Sitzung, die sich bis 1 Uhr nachts hinzog und, wie A. W. Kaschperow vermutet, auf Skrjabins Entschluß Einfluß hatte, das Konservatorium zu verlassen. Am Schluß dieses langen Briefes teilte er seiner Frau mit: »Ich soll Dir eine ganze Menge und anscheinend sehr herzliche Grüße von Frau Trubezkaja ausrichten. Einmal war ich bei ihnen den ganzen Tag: ich aß zu Mittag und zu Abend – sie waren sehr nett. Er kam zur

Prüfung.« Und weiter: »Ich lerne Latein, Griechisch sowie *Englisch* ... Frau Trubezkaja hat mir eine gute Aussprache beigebracht; sie spricht Englisch wie eine Engländerin.«

Höchstwahrscheinlich war Skrjabin der Gedanke, alte Sprachen zu lernen, unter dem Einfluß der Gespräche mit Sergej Nikolajewitsch Trubezkoi (1862–1905) gekommen. Trubezkoi hatte damals den Lehrstuhl für Geschichte der Philosophie an der Moskauer Universität inne und gab die Zeitschrift *Fragen der Philosophie und Psychologie* heraus. Er war ein hochgebildeter Mann und Verfasser gewichtiger wissenschaftlicher Arbeiten, maß aber gleichzeitig auch der publizistischen Tätigkeit Bedeutung bei. Sowohl er als auch seine Frau Praskowja Wladimirowna (geb. Obolenskaja) spielten recht gut Klavier. Auf die Nachricht über ein für März vorgesehenes Konzert Skrjabins reagierte Trubezkoi mit einem Artikel, in dem er seine tiefe Überzeugung von der glänzenden Zukunft, die Skrjabins Schaffen erwartet, zum Ausdruck brachte: »Wünschen wir nun von Herzen Erfolg – nicht der Musik Herrn Skrjabins, die sich den Platz, der ihr zu Recht gebührt, selbst erobern wird, sondern dem Konzert. Es wäre schade, wenn unser Musikpublikum nicht reagierte und die Gelegenheit versäumte, sich mit den Werken seines Komponisten näher bekanntzumachen, und statt dessen darauf wartete, daß sein Ruf aus dem Ausland zu uns dringt.«

Der freundschaftliche Umgang mit den Trubezkois, der bereits 1898 begonnen hatte, brachte Skrjabin zweifellos viele neue Eindrücke. Es bot sich Gelegenheit zu Gesprächen in einem Kreis russischer Intellektueller, zu deren hervorragendsten Vertretern Sergej Trubezkoi gehörte. Dessen Weltanschauung war im Prinzip eine idealistische, doch war er, wie der namhafte sowjetische Gelehrte A. F. Lossew bemerkt, ein ausgezeichneter Kenner der Entwicklungsgeschichte des menschlichen Denkens. Offensichtlich trug Trubezkois Einfluß dazu bei, daß Skrjabin begann, sich auf diesem Gebiet systematische Kenntnisse anzueignen und die Werke der antiken und mittelalterlichen Denker zu studieren.

Es ist hier der Ort, darauf hinzuweisen, daß am Ende des vorigen Jahrhunderts in Rußland immer stärker das Interesse wuchs für das Schaffen des »zentralen Menschen der Welt«, wie man den großen Dichter und Denker Westeuropas, den Schöpfer der *Göttlichen Komödie,* Dante Alighieri, nannte. Die »Dante-Tradition« in Rußland, die durch die großen Namen Puschkin und Gogol geprägt ist, erfuhr eine Weiterentwicklung in russischen Übersetzungen der Werke Dantes und einschlägigen Kommentaren, in Untersuchungen von Alexander Nikolajewitsch Wesselowski, in russischen sowie aus anderen Sprachen übersetzten Arbeiten über Leben und Werk Dantes und schließlich in der Hinwendung zu seiner Gestalt, seinem Gedankengut, seinen philosophisch-ethischen Anschauungen. In reichem Maße spiegelt sich diese Strömung in Gedichten der von Skrjabin besonders geliebten und geschätzten Dichter seiner Zeit wie Wjatscheslaw Iwanow, Valeri Brjussow und Konstantin Balmont wider. Letzterer hatte unter anderem das grundlegende Werk von Adolf Gaspary *Geschichte der italienischen Literatur*[27] übersetzt, dessen zwei Bände (über 1000 Seiten!) in russischer Übersetzung 1895–1897 in Moskau erschienen und sich hauptsächlich mit Dante und seinem Einfluß auf die Entwicklung der italienischen Literatur befassen.

Bei der Schilderung des Lebens und Schaffens großer Schriftsteller, Architekten, Musiker, Maler und Bildhauer bieten die Biographen gewöhnlich (selbst dann, wenn entsprechendes Material vorliegt, wie die Tagebücher von Delacroix) keine einigermaßen genaue Vorstellung von deren *Weltanschauung,* sofern man darunter ein geschlossenes philosophisches *System* versteht. Was Skrjabins Weltanschauung betrifft, so standen ihm drei Begriffe besonders nahe, die die Grundlage der Philosophie Trubezkois bildeten: »Erfahrung, Vernunft, Glaube.« Das höchste Prinzip formulierte der russische Denker mit den Worten: »Gott ist die Liebe.«

Es ist offenkundig, daß diese Formulierung unmittelbar auf Dante zurückgeht. Im ersten Gesang der »Hölle« lesen wir:

»Es war die Zeit der ersten Morgenfrühe;
die Sonne stieg empor mit jenen Sternen,
die sie begleiteten, als Gottes Liebe
zuerst bewegte diese schönen Dinge . . .«[28]

Und der dritte Teil der *Göttlichen Komödie,* das »Paradies«, schließt mit folgenden Zeilen:

». . . da wurde plötzlich wie von einem Blitze
mein Geist durchzuckt, und das Ersehnte kam.
Hier schwand die Kraft der hohen Phantasie;
doch schon bewegte Willen und Verlangen
mir, wie ein gleichbewegtes Rad, die Liebe,
die kreisen macht die Sonne wie die Sterne.«[28]

Dante stellt also fest, daß die bewegende Urkraft des Alls die Liebe ist. Das ist der wahrscheinlich kompliziertestе und vieldeutigste Gedanke dieser Dichtung. Dante bezeichnete als Liebe sowohl eine gewisse kosmische Kraft als auch ein hehres Gefühl, das das Herz des Menschen wandelt und veredelt.

Die zwei ersten der genannten Begriffe Trubezkois sind die Erkenntnis der objektiven Wirklichkeit (die Erfahrung), zu der der Mensch durch die Vernunft in

Beziehung tritt. Der letztgenannte Begriff, der Glaube, wird durch Trubezkois eigene Formulierung verständlich: »Gott ist die Liebe.«

Der Held (ein Dichter, Komponist und Denker) in der von Skrjabin geplanten, aber nicht geschriebenen Oper, auf deren Libretto der Komponist noch mehrmals zurückkam, drückte seine Träume folgendermaßen aus:

»Ich möchte in die Herzen der Völker
Meine Liebe einprägen ...«[29]

Dem Gefühl der Liebe maß Skrjabin gleichsam in Anlehnung an Dante, der von der verwandelnden, veredelnden Kraft dieses Gefühls sprach, besondere Bedeutung bei. In den Skizzen zu jenem unvollendet gebliebenen Libretto heißt es:

»Mit der Kraft der Zauber himmlischer Harmonie
Werde ich den Menschen süße Träume einflößen,
Und *mit der Kraft der Liebe,* der unermeßlichen und wunderbaren,
Werde ich ihr Leben dem Frühling ähnlich machen.«[29]

Die »Zauber himmlischer Harmonie« erinnern wieder an die Anfangszeilen des Schlußchors aus der 1. Sinfonie:

»O wundersames Bild der Gottheit,
Der Harmonien reine Kunst!«[29]

Trubezkoi war also der Auffassung: »Gott ist die Liebe.« Er maß der Liebe folglich die Dantesche Bedeutung von etwas Allmächtigem bei. Skrjabin stattete die Kunst mit Zügen ebensolcher Allmacht aus, da er der Meinung war, daß echte, hohe Kunst dem Gefühl der

Liebe zu den Menschen entspringt. Seine bereits zitierten Worte: »Ich will den Menschen sagen, daß sie stark und mächtig sind«, entsprangen gerade dem Glauben an die Menschen und dem Wunsch, sie glücklich zu machen. Dieses edle Streben Skrjabins wie auch sein musikalisches Genie zogen Trubezkoi an. Ljubow Alexandrowna Skrjabina schreibt in ihren Erinnerungen: »Trubezkoi rückte immer seinen Stuhl dicht an den Flügel und saß so manchmal zwei, drei Stunden neben Sascha, wenn dieser etwas einstudierte oder sich auf ein Konzert vorbereitete, was die beiden jedoch nicht hinderte, lange Gespräche zu führen.« Und je mehr sich Trubezkoi in diese Musik einhörte, desto mehr liebte er sie, er begriff, was der Komponist mit ihr sagen wollte, und hörte in ihr vielleicht etwas, das seinen philosophischen Anschauungen verwandt war.

Diese Anschauungen lassen keinen Zweifel an ihrer idealistischen Richtung, die der materialistischen Weltauffassung, wie sie Wladimir Iljitsch Lenin in seinen eine neue Epoche der Geschichte der Philosophie eröffnenden Schriften in klassischer Weise darlegte, fernstand. Lenin lehrte gleichzeitig aber auch, daß das menschliche Denken sich unter den konkreten historischen Bedingungen der Evolution der Gesellschaft und nicht losgelöst von dieser entwickelt hat und weiterentwickelt. Der Idealismus war ein Stadium dieser Entwicklung und erfordert ein eingehendes Studium. Die vulgärsoziologische Kritik, die der Kunstpflege so viel Schaden zugefügt hat, hat indes die Wörter »Idealismus« und »Mystizismus« aus philosophischen Fachausdrücken zu Schimpfwörtern gemacht. Es sei hier daran erinnert, daß Engels in seiner Schrift *Der deutsche Bauernkrieg* festgestellt hat: »Die revolutionäre Opposition gegen die Feudalität geht durch das ganze Mittelalter. Sie tritt auf, je nach den Zeitverhältnissen, als Mystik, als offene

Ketzerei, als bewaffneter Aufstand.«[30] Wie wir sehen, nannte der große Gelehrte bei der Aufzählung der Erscheinungsformen der »revolutionären Opposition gegen die Feudalität«, die während eines langen Zeitraumes, nämlich das ganze Mittelalter hindurch, bestand, die Mystik an erster Stelle. Diese Auffassung von der Mystik, die uns unter anderem dem Verständnis Dantes näherbringt, änderte sich natürlich beim Übergang von einer Gesellschaftsform zur anderen, was freilich die Bedeutung Dantes in keiner Weise schmälert, im Gegenteil: sie noch verständlicher macht, als sie selbst den Zeitgenossen des Dichters war.

Dantes Begriff der Liebe als einer treibenden Kraft des Weltalls und der Menschheit fand Jahrhunderte später eine spezifische Widerspiegelung in den philosophischen Anschauungen Trubezkois sowie in der Weltanschauung Skrjabins, in dessen Werk sein edles Streben künstlerische Gestalt annahm. Die Weltanschauung der großen Schöpfer des russischen klassischen Romans – Turgenjews, Dostojewskis und Tolstois – war ebenfalls nicht materialistisch, doch ihre genialen Werke sind von tiefem Humanismus erfüllt, der das erhabene Gefühl der Liebe zu den Menschen widerspiegelte und in der ganzen Welt zum Kampf gegen soziale Ungerechtigkeit aufrief. Und wie die Kritik an den Anschauungen Skrjabins (genauer gesagt, an seinen Äußerungen) auch artikuliert sein mochte, so steht doch außer Zweifel, daß seine Weltanschauung in seinen Werken am vollkommensten zum Ausdruck kommt. »In Skrjabins Musik herrschen freudige Hochstimmung, stolzes Selbstbewußtsein ohne jede Affektiertheit, echter Kampfesenthusiasmus, unvergleichlich reine Lyrik und außergewöhnliche, echte Dramatik«, stellt Arnold Alschwang im Zusammenhang mit Kritik an der »reaktionär-idealistischen Weltanschauung« Skrjabins fest; er sagt aber an gleicher Stelle auch, daß diese Weltanschauung die »schönsten musikalischen Eingebungen dieses großen Künstlers« zum Teil entstelle. Richtiger wäre freilich, nicht von Entstellung zu sprechen, sondern davon, daß das Wesen des Skrjabinschen Schaffens sich weniger in seinen Aufzeichnungen (die mitunter nicht einmal Reflexionen, sondern nur Inhaltsübersichten gelesener Bücher sind), als vielmehr in seiner unvergleichlichen Musik offenbart.

In der kurzen Zeitspanne zwischen der 2. und 3. Sinfonie entstanden 35 Klavierstücke Skrjabins und die 4. Sonate, die allerdings, einigen Briefen des Komponisten zufolge, schon etwas früher konzipiert wurde. Übrigens scheint sich diesbezüglich das Vorhaben des Komponisten geändert zu haben. Es ist schwer zu sagen, in welchem Maße das zutrifft, aber bei der ersten Erwähnung der Sonate im Frühherbst 1899 (in einem Brief an Beljajew) steht der Zusatz »na ja, bis dahin ist es noch weit« sowie eine andere Tonart, als sie die Sonate in der endgültigen Fassung von 1903 aufweist.

Das Jahr 1903 stand für den Komponisten im Zeichen überaus angespannten Schaffens. Skrjabin, der wie immer an neuen kleineren Stücken arbeitete, war zugleich mit der Fertigstellung und Überarbeitung des nächsten großen Werkes beschäftigt, in diesem Fall mit der 3. Sinfonie. Im November 1903 fuhr er nach Petersburg, um Manuskripte im Verlag abzuliefern. Jede Notenseite hatte er mehrmals durchgesehen, da er fürchtete, durch seine Zerstreutheit, die in musikalischen Kreisen schon in aller Munde war, Fehler zu übersehen. Er zwang sich zu größtmöglicher Aufmerksamkeit, da er fühlte, daß seine Gedanken hauptsächlich bei der 3. Sinfonie waren. Von dieser hatte er den Klavierauszug nach Petersburg mitgenommen, und daraus spielte er nun (am 15./28. November) natürlich vor allem Beljajew und Ljadow vor.

»Gestern abend habe ich endlich einer ganzen Menge

Petersburger Komponisten meine Sinfonie vorgespielt, und – o Wunder! – Glasunow war ganz begeistert und [Rimski-]Korsakow sehr wohlwollend. Beim Abendessen wurde sogar die Frage erörtert, daß es gut wäre, sie von Nikisch aufführen zu lassen. Lawrow tobt vor Wut.«

Professor Nikolai Stepanowitsch Lawrow (1861–1927) »tobte« wegen der Klavierstücke von Skrjabin. Ebenso wie Nikolai Iwanowitsch Richter (1879–1944) war er ständiger Teilnehmer der Hausmusiken bei Rimski-Korsakow. Wie Jastrebzew bezeugt, erklang hier immer häufiger Musik von Skrjabin. Bei der vierhändigen Darbietung seiner Sinfonien wirkte des öfteren auch die Hausherrin, Nadeshda Nikolajewna Rimskaja-Korsakowa, mit.

Einige Zeit später, die 4. Sonate war bereits erschienen, schrieb Glasunow an Skrjabin: »Ich habe Deine 4. Sonate sehr viel gespielt und bin von ihr ganz begeistert.« Er charakterisierte sie dann wie folgt: »... Sie ist originell, voll hinreißender Schönheiten, und die Gedanken darin sind mit ungewöhnlicher Klarheit und Kürze ausgedrückt.« Tatsächlich zeichnet sich die 4. Sonate trotz Vielfalt und Spannungsgeladenheit ihrer thematischen Entwicklung durch äußerste Dichte aus. Dadurch ist dieses wahrhaft neuartige, vorwärtsweisende Werk von enormer emotionaler Wirkung und stellt einen Meilenstein in Skrjabins Schaffen dar.

Ihrem musikalischen Aufbau nach bildet die 4. Sonate gewissermaßen eine Weiterentwicklung der 3. Sonate, in der, wie gesagt, Bilder des Kampfes zwischen Lichtem und Dunklem, die Überwindung der dem Glück des Menschen im Wege stehenden Kräfte und der Triumph des menschlichen Willens dargestellt werden. In der 4. Sonate, mit der, wie Heinrich Neuhaus zu Recht feststellt, eine neue Schaffensperiode Skrjabins einsetzt, sind solche kampferfüllten Bilder nicht mehr anzutreffen, doch könnte man sich ohne sie weder die träumerische »Betrachtung des Sterns« im ersten Satz der 4. Sonate noch den jubelnden, ekstatischen »Flug zum Stern«, der im zweiten Satz dargestellt wird, vorstellen.

Obwohl einige Forscher dazu neigen, den ersten Satz lediglich als Einleitung zum zweiten anzusehen und die 4. Sonate, ähnlich wie Skrjabins folgende Sonaten (von der 5. bis zur 10.), als einsätzig aufzufassen, scheint es richtiger, die Bedeutung des ersten Satzes nicht zu unterschätzen. Die »Betrachtung des Sterns«, der die hohen Ideale der Menschheit symbolisiert, ist nämlich als Kraft, aus der sich der Antrieb für den »Flug« ergibt, aufzufassen, mit anderen Worten: als Triebkraft für das Hinstreben zu diesen Idealen. Ebenso wie bei der 3. Sonate entstand auch zu diesem Werk nach dessen Erscheinen ein in französischer Sprache verfaßtes Programm, das ebenfalls recht prätentiös und eigenwillig ist, diesmal aber Skrjabins Grundgedanken genauer wiedergibt. Da der Komponist es später für geboten hielt, sich auf dieses Programm zu beziehen (»Die 4. Sonate hat einen Text, wenn auch keinen gedruckten; er wurde anhand der Musik, nachdem sie komponiert war, aufgesetzt«, schrieb er beispielsweise an den Musikhistoriker und Herausgeber der *Russischen Musikzeitung* Nikolai Findeisen Ende 1907), ist es zweckdienlich, dieses vollständig anzuführen.

»In leichtem und durchsichtigem Nebel blinkt einsam in der Ferne, doch klar ein Stern mit sanftem Licht. Oh, wie schön ist er! Es wiegt mich, liebkost und lockt mich der lieblichen Strahlen tiefes Geheimnis ... Könnte ich mich dir nähern, ferner Stern! In den flimmernden Strahlen versinken, wundersames Licht! Dieser heftige Wunsch, wahnsinnig und so süß, daß ich immer und ewig wünschen möchte, ohne etwas anderes zu wollen, wie der Wunsch selbst ... Doch nein! In freudigem Aufflug strebe ich empor ... Tollkühner Tanz! Trunkenheit der Glückseligkeit! Zu dir, wunderbares Gestirn, lenke ich meinen Flug! – Zu dir, dem von mir frei Erschaffenen, damit du das Ziel des freien Fluges bist! Im Spiel meiner Launen vergesse ich dich. Im Wirbel, der mich mit sich fortreißt, entferne ich mich von dir. – In der wilden Freude des Wunsches entschwindet das ferne Ziel ... Aber du leuchtest mir ewig, denn ich wünsche ewig! Und zu einer brennenden Sonne, einem sprühenden Feuer loderst du auf, sanftes Licht! Durch tollkühnen Wunsch habe ich mich dir genähert! In deinen glitzernden Wogen ertrinke ich ... Und ich trinke dich, o Meer des Lichts! Ich, Licht, verschlinge dich!«

Die weiter oben angeführten Zeilen aus Skrjabins Brief lassen dieses Programm eher als eine poetische Reaktion auf seine Musik erscheinen, eine Reaktion, die höchstwahrscheinlich nicht nur durch den Inhalt der Sonate, sondern auch durch Gespräche mit dem Komponisten angeregt wurde. Es ist jedoch unschwer zu bemerken, daß dieser Inhalt vollkommen der Zielstellung Skrjabins entspricht, die Menschen zum Kampf für eine lichtvolle Zukunft zu begeistern, mit der sich die fortschrittliche russische Öffentlichkeit in den der Revolution von 1905 unmittelbar vorangehenden Jahren gedanklich immer stärker beschäftigte. Im langsamen Satz der Sonate herrscht noch das kontemplative Element vor. Diesen Satz kann man ohne Zögern den höchsten Leistungen der Skrjabinschen (und überhaupt der russischen) Musiklyrik zurechnen. Der zweite Satz ist dagegen erfüllt von jenem »Flugartigen« (der Tempobezeichnung ist das Wort volando, d. h. fliegend, hinzugefügt) und zeitweise grimmigem Ungestüm. Es ist höchst bedeutsam, daß nicht nur das Rufmotiv, mit dem der erste Satz beginnt, sondern auch die melodische Gestalt des ganzen ersten Themas, das als Kernthema bezeichnet werden darf, auch den zweiten Satz durchzieht, gleichsam den »Flug zum Stern« erhellend und den strahlenden Klang des Schlusses vorbereitend, der den Glauben an das Erreichen des ersehnten Ziels bekräftigt.

Musikalische Gedanken, die der ergreifenden Lyrik und andererseits der Energiegeladenheit der 4. Sonate nahestehen, begegnen auch in mehreren anderen Stücken, die Skrjabin im November 1903 nach Petersburg mitbrachte. Dazu gehören 19 Préludes, acht Etüden, fünf Poeme und ein Walzer. Die beiden zu op. 32 zusammengefaßten *Poeme* (in Skrjabins Werkverzeichnis die ersten Stücke dieses Genres) stehen ihrem emotionalen Gehalt nach in starkem Kontrast zueinander: Während im ersten lyrisch-besinnliche Reflexionen vorherrschen, sind für das zweite Rufmotive und stolzes Aufbäumen wie im Finale der 4. Sonate charakteristisch. Diese Stücke gehören zusammen mit den im gleichen Zeitraum entstandenen *Poème tragique* (»Tragisches Poem«) und *Poème satanique* (»Satanisches Poem«)[31] zweifellos zu den besten Klavierwerken Skrjabins und wurden bereits zu seinen Lebzeiten von zahlreichen russischen und später auch von ausländischen Pianisten in ihr Repertoire aufgenommen (das Poem op. 32 Nr. 1 ist in Aufnahmen überliefert, die von Skrjabin selbst sowie von Jelena Alexandrowna Beckmann-Schtscherbina, einer seiner Lieblingsschülerinnen, ferner von Vladimir Horowitz und Wladimir Sofronizki eingespielt wurden; letzterer spielte auch andere Poeme Skrjabins).

Das *Poème tragique* könnte man, wie Heinrich Neuhaus im Zusammenhang mit seiner Interpretation dieses Werkes bemerkte, auch »Heroisches Poem« nennen, so stark spricht aus ihm unbeugsamer Wille; besonders deutlich macht sich das im Mittelteil geltend, wo der Charakter der »Ausrufe« in der rechten Hand über einem Strom von Figurationen in der linken vom Komponisten mit der Vorschrift »Irato, fiero« (»Zornig, stolz«) versehen ist. Dennoch ist das Tragische, besonders in den Kulminationspunkten des Mittelteils vor der Wiederkehr des stark veränderten ersten Themas, im ganzen Poem deutlich zu spüren.

Das *Poème satanique* überragt alle drei genannten Poeme nicht nur durch sein Ausmaß, sondern auch durch die Vielschichtigkeit seiner Aussage und seines Stils. Die Skrjabin-Forscher erblicken in diesem Werk ziemlich einhellig Anklänge an Liszts »dämonisches Element«, das besonders in solchen Spitzenwerken wie der *Dante-Sinfonie* (die mit einer orchestralen »Deklamation« der Inschrift über dem Tor zur Hölle beginnt), der *Faust-Sinfonie,* der Klaviersonate *Nach der Lektüre von Dante*[32] und den *Mephisto-Walzern* hervorgetreten ist. Diese in der Mitte des vorigen Jahrhunderts komponierten Werke spiegeln den revolutionären Aufschwung, der Europa vor dem »Völkerfrühling« erfaßt hatte, und die Niederschlagung der Befreiungsbewegung in den Jahren der Reaktion wider, die in der Literatur und Musik als Triumph der finsteren Mächte, der Mächte des Bösen verstanden wurde. Es steht außer Zweifel, daß Skrjabin Liszt liebte und schätzte, sich dessen Neuerungen im Bereich der Komposition und des Klavierspiels zu eigen machte und dessen tiefgründige Anschauung von der »Kehrseite« des Menschen kannte, die sich in der *Faust-Sinfonie* niederschlug (im dritten Satz dieser Sinfonie bildet das Mephistopheles-Thema eine sarkastische Verzerrung des Faust-Themas aus dem ersten Satz).

Das Problem des Kampfes zwischen Gut und Böse bewegte die russische Öffentlichkeit besonders in den ersten Jahren des 20. Jahrhunderts. Es war Gegenstand von Abhandlungen russischer Philosophen, darunter auch von Sergej Trubezkoi, und fand in Werken westeuropäischer und später auch russischer Schriftsteller Beachtung (so in der Trilogie *Christus und der Antichrist* von Dmitri Mereshkowski und in dem Roman *Der feurige Engel* von Valeri Brjussow, auf dessen Sujet Prokofjew später eine Oper schrieb). Motive aus dem Bereich des Dämonischen tauchten in der russischen Dichtung, Malerei und Graphik auf.

Durchaus nicht alle Werke, in denen das Böse dem Guten gegenübergestellt wurde, entstanden vor dem *Poème satanique,* und der soziale Aspekt dieser Gegenüberstellung wurde Skrjabin erst nach seiner Begegnung mit Georgi Plechanow bewußt, der ihm erzählte, daß nur Lenin und seine Mitstreiter einen wirksamen Kampf für den Sieg der Gerechtigkeit mit dem Ziel der Vernichtung des Bösen führten. Die Idee dieses Kampfes und Sieges über die finsteren Mächte bildete die Grundlage einer der bedeutendsten und musikalisch in Neuland vordringenden Opern von Rimski-Korsakow (»die Harmonik ist bis an ihre äußersten Grenzen geführt«, wie sich der Komponist selbst ausdrückte). Gemeint ist die Oper *Der unsterbliche Kaschtschej,* worin der Untergang des Reiches des Kaschtschej gezeigt wird. Und wenn Tanejew, der die Uraufführung dieser Oper Ende 1902 erlebt hatte, äußerte, sie bedeute ein neues Wort in der Musik, so ist völlig klar, daß er nicht nur den Inhalt, sondern auch die Ausdrucksmittel meinte, die gerade in den das Reich des Kaschtschej schildernden Szenen besonders neuartig sind.

Im *Poème satanique* hat Skrjabin die finsteren Mächte nicht unbeeinflußt von spätromantischen ideellen und ästhetischen Auffassungen gestaltet. Einschmeichelndes Liebesschmachten wechselt mit »ironischem Gelächter« (»riso ironico«, wie eine Vortragsbezeichnung lautet), und die Verbindung von lyrischen Stimmungen mit bitterer Skepsis charakterisiert die Kulminationspunkte des

Poems, wo alles gleichsam von dämonischem Spott überschüttet wird.

In den acht Etüden, die derselben Zeit entstammen, herrschen nervös-unruhige Stimmungen vor. Starke emotionale Erregung verbindet sich mit dem Gefühl gewaltiger, fast physisch wahrnehmbarer geistiger Kraft, etwa in der 5. Etüde, die ebenso berühmt werden sollte wie die 12. aus dem Jugendzyklus. Alle Etüden des neuen Zyklus tragen poemhafte Züge. So glaubt man beispielsweise in der 5. Etüde das Schwingen von Glocken, die von einem schweren Klöppel angeschlagen werden, und das Dröhnen von Sturmgeläut zu hören, das auf dem Höhepunkt erschütternde Stärke erreicht, während die ganz anders geartete 4. Etüde ohne weiteres als lyrisches Poem bezeichnet werden kann, so reich ist sie an lyrischer Empfindung und melodischer Schönheit.

Die fünf Hefte, in denen die 1903 geschriebenen Préludes zusammengefaßt wurden, zeugen ebenfalls von dem unablässigen künstlerischen Bemühen des Komponisten, von seiner unerschöpflichen melodischen Begabung und von der Bereicherung der Harmonik und der pianistischen Ausdrucksmittel. Alle diese Werke tragen den Stempel einer überragenden Persönlichkeit. Sie sind in unglaublich kurzer Zeit entstanden – zur gleichen Zeit, als der Komponist auch intensiv an der 3. Sinfonie arbeitete und das Opernvorhaben weiter durchdachte.

»DAS GÖTTLICHE POEM«

Die 3. Sinfonie – Skrjabins »Göttliches Poem« *(Le divin poème)* – gehört zu den Spitzenwerken der russischen musikalischen Klassik. Als Partitur 1904 fertiggestellt, entstand sie, wie bereits erwähnt, gleichzeitig mit Dutzenden von Klavierstücken, von denen mehrere mit der Sinfonie in Beziehung stehen und deren Ideengehalt verwandt sind.

Von dem packenden Eindruck, den die ersten komponierten Teile der Sinfonie hervorriefen, berichtet Boris Pasternak in seinen Erinnerungen: »Im Frühjahr 1903 mietete mein Vater ein Sommerhaus in Obolenskoje bei Malojaroslawez an der Brjansker, heute Kiewer Eisenbahnlinie. Unser Nachbar war dort, wie sich herausstellte, Skrjabin. Unsere beiden Familien kannten sich damals noch nicht. Die Sommerhäuser standen ziemlich weit voneinander entfernt auf einem Hügel am Waldrand. Man kam dort, wie üblich, am frühen Morgen an. Die Sonne glitzerte auf dem Blätterwerk, das sich tief auf die Häuser herabneigte ... Ich lief davon in den Wald ... Und ebenso, wie im Wald Licht und Schatten wechselten und die Vögel von einem Zweig zum anderen flogen und sangen, erklangen und wogten durch den Wald Motive und Stücke aus der 3. Sinfonie oder dem ›Göttlichen Poem‹, das im benachbarten Sommerhaus in seiner Klavierfassung komponiert wurde.

Gott, was war das für eine Musik! Unaufhörlich stürzte die Sinfonie zusammen und wurde vernichtet wie eine Stadt im Artilleriefeuer, und immer wieder wurde sie aufgebaut und wuchs aus den Trümmern und Überresten. Sie floß über von Inhalt, der phantastisch durchgestaltet und neu war wie der Leben und Frische atmende Wald, der an jenem Morgen, nicht wahr, in das erste Grün des Jahres 1903, nicht 1803, gekleidet war.«

Diese Eindrücke des Dreizehnjährigen bieten eine Vorstellung, wie überwältigend Skrjabins Musik auf den später berühmten Dichter wirkte, der bis zu seinem Tode den Komponisten des *Göttlichen Poems* glühend verehrte und in dessen Haus in Peredelkino Swjatoslaw Richter häufig – zuletzt am Sarge des Dichters – Werke von Skrjabin spielte. Der Sommer 1903 brachte Skrjabin mit dem Vater des Dichters, dem Maler Leonid Pasternak, in näheren Kontakt. Dieser fühlte sich nicht nur von der Musik, sondern auch von dem Aussehen des Komponisten angezogen, und das schlug sich in vielen Zeichnungen dieses begabten Künstlers nieder, die mit Recht als beste Porträts Skrjabins gelten. Besonders bemerkenswert ist eine Zeichnung, auf der der Komponist am Flügel dargestellt ist. Der träumerische Ausdruck seines Gesichts, besonders der Augen, spricht von tiefem innerem Feuer. Dieses Porträt entstand 1909, als

Skrjabin nach langem Auslandsaufenthalt nach Moskau zurückgekehrt war.

Boris Pasternaks Aufzeichnungen über die 3. Sinfonie sind dadurch hochinteressant, daß sie bei allem Überschwang ein recht klares Bild von dem Schaffensprozeß vermitteln, in dessen Verlauf sich Teilstücke herausbildeten und zu einem einheitlichen Ganzen verbanden. Der Komponist spielte die Teilstücke immer wieder, wobei er um möglichst vollkommene Gestaltung seiner Gedanken und Vorstellungen und um die Ausarbeitung jedes Details rang, das dann Bestandteil des »Inhalts, der phantastisch durchgestaltet und neu war«, wurde.

Die Worte Pasternaks passen genau zum *Göttlichen Poem,* in dessen Partitur sich geniales Neuerertum mit wahrhaft hohem Können, wie es sich besonders in der Einheitlichkeit aller drei Sätze manifestiert, verbindet. Um diese Einheitlichkeit bemühte sich der Komponist, wie wir bereits feststellten, schon von seinem ersten sinfonischen Werk an, dem Konzert für Klavier und Orchester. Ähnlich wie in dem Konzert das Kernthema gleich in den ersten Takten aufgestellt wird, zieht sich das heroisch-energische Thema der Einleitung zur 3. Sinfonie durch alle drei Sätze des Werkes und gibt ihnen ein einheitliches Gepräge.

Die Sinfonie ist für sehr großes Orchester geschrieben. Gewöhnlich spricht man von vierfacher Besetzung; Skrjabin erweiterte diese jedoch, so daß für die Aufführung je vier Holzbläser (mit Pikkoloflöte, Englischhorn, Baßklarinette und Kontrafagott), acht Hörner, fünf Trompeten, drei Posaunen, Tuba, Pauken und andere Schlaginstrumente, zwei Harfen und eine große Streichergruppe benötigt werden. Trotz dieser Besetzung wird der Klang nirgends, selbst bei gewaltigen Klangaufgipfelungen nicht, überladen.

Das Anfangsthema, für das sich die Bezeichnung

»Thema der Selbstbehauptung« eingebürgert hat, besteht aus zwei Elementen: Das erste bildet gewissermaßen ein feierlich-energisches Rezitativ in den Bässen, ausgeführt von vier Fagotten, Posaune, Tuba, Violoncelli und Kontrabässen; das zweite, das von drei Trompeten vorgetragen wird, hat Signalcharakter.

Im Zusammenhang mit der Instrumentierung dieser drei Takte erscheint eine grundsätzliche Bemerkung angebracht. In verschiedenen Büchern und Aufsätzen über Skrjabin wird der Gedanke geäußert, seine sinfonischen Werke seien orchestrierte Klavierkompositionen. Skrjabin, der Pianist war, habe sich einfach nicht zu einem Sinfoniker in der vollen Bedeutung dieses Wortes entwickelt, sondern sich beim Komponieren auch später an seinem Lieblingsinstrument orientiert und aus seiner Musik erst nachträglich eine Orchesterpartitur gemacht. Als Beweis für diese These führen einige Autoren gerade den Anfang des *Divin poème* an. Sie heben insbesondere hervor, daß die vom Komponisten verwendete Posaune sich in der tiefen Tonlage weder durch Stärke noch durch Prägnanz des Klanges auszeichnet. Hätte Skrjabin den Anfang des »Themas der Selbstbehauptung« aber in höherer Lage geschrieben (wo die Posaunen tatsächlich prägnanter klingen), so hätte sich davon das Signal der Trompeten nicht deutlich genug abgehoben. Dem Komponisten kam es aber gerade auf eine solche emotionale Färbung dieses hellklingenden Signals an, und er hob überdies den Abschluß des Trompetenmotivs mit einem Paukenschlag[33] und -wirbel hervor. Aus den gleichen Erwägungen heraus erklären sich auch andere Feinheiten der Instrumentation in den Anfangstakten der Sinfonie. So wird zum Beispiel der (ebenfalls tiefe) Akkord, über dem die Trompeten einsetzen, nur von fünf der acht Hörner, der Hälfte der zweiten Violinen und den geteilten Bratschen ausgeführt. Und auf dem Höhepunkt des zweiten, noch stärker hervortretenden Signals, wo die gesamte Masse der Blechbläser (17 Instrumente!) beteiligt ist, setzen alle Streicher ein, unterstützt von Flöten und Klarinetten (allerdings ohne die »schreienden« Oboen!), und fast bis zum Schluß der Einleitung ertönt, allmählich schwächer werdend, ein Paukenwirbel.

Die Analyse der Partitur des *Göttlichen Poems* ergibt, daß man von einer erstaunlichen, echt sinfonischen Dramaturgie und zugleich von einer außerordentlich wohldurchdachten Konzeption und geradezu filigranartigen Ausarbeitung aller Feinheiten der Instrumentation sprechen kann. An dieser Stelle sei erwähnt, daß ein so hervorragender Kenner der Instrumentation wie Dmitri Rogal-Lewizki eine leider bisher nicht veröffentlichte Spezialuntersuchung *Das Orchester Skrjabins* verfaßt hat, in der er nicht nur das hohe Können, sondern auch die Originalität des Sinfonikers Skrjabin aufzeigt.

Das *Göttliche Poem* bildete die nächste, höchst bedeutsame Etappe in Skrjabins sinfonischem Schaffen. Für dieses Werk brauchte der Komponist ein besonders großes Orchester, um eine neue Idee zu gestalten, durch die sich diese Sinfonie von den beiden vorangehenden unterschied. Wurde in mehreren großen Werken Skrjabins, die vor der 3. Sinfonie entstanden (vor allem in Sonaten und den ersten beiden Sinfonien) ein Kampf geschildert, der mit dem Sieg der lichten Mächte über die finsteren endete, mit anderen Worten: mit der Überwindung all dessen, was dem Menschen den Weg zu Freiheit und Glück versperrt, so beginnt die 3. Sinfonie, wie wir bereits feststellten, mit dem »Thema der Selbstbehauptung« des Menschen, dessen Wille, Macht und Stärke dank seiner Vernunft triumphieren.

Das Auftreten des »Themas der Selbstbehauptung« gleich zu Beginn der Sinfonie schränkt weder den Kreis

Nikolai Rimski-Korsakow, der Skrjabin als »Stern erster Größe« bezeichnete

Wera Skrjabina (geborene Issakowitsch), die erste Frau des Komponisten

Alexander Glasunow

Anatoli Ljadow, der mit Skrjabin eng befreundet war

Fjodor Könemann, ein Mitschüler Skrjabins

Programm des Konzertes mit der Uraufführung der 1. Sinfonie von Skrjabin

1. Драматическая увертюра (въ 1-й разъ). . . . . *А. Винклера.*

2. Симфонія E-dur (въ 1-й разъ) . *А. Скрябина.*

I) Lento.

II) Allegro dramatico

III) Lento.

IV) Vivace.

V) Allegro.

Антрактъ.

3. Вступленіе къ балету «Дикіе лебеди» (въ 1-й разъ) . . . . *Н. Соколова.*

4. «Гамлетъ», фантазія . . . . . . *П. Чайковскаго.*

5. Скерцо D-dur. . . . . *Ан. Лядова.*

3-й и послѣдній Русскій Симфоническій Концертъ назначенъ 25-го Ноября.

Печ. разр. 7 Ноября 1900 г., СПБ. Градон., Ген.-Лейтенантъ Клейгельсъ. Тип. Имп. т.

Mitrofan Beljajew, Skrjabins Freund und Gönner

SOCIÉTÉ MUSICALE (G. ASTRUC & Cie)
Pavillon de Hanovre
32, Rue Louis-le-Grand PARIS

NOUVEAU-THÉATRE
15, Rue Blanche, 15

Lundi 29 Mai 1905
à 9 heures du soir

Concert
Arthur Nikisch

ORCHESTRE DE L'ASSOCIATION
DES CONCERTS-COLONNE

PROGRAMME

Les portes ouvriront à 8 heures et demie

Programm des Pariser Konzertes unter Leitung von Arthur Nikisch, in dem zum erstenmal Skrjabins *Göttliches Poem* erklang

Arthur Nikisch

Alexander Skrjabin (1901)

Wsewolod Bujukli, einer der besten Interpreten der Klavierwerke Skrjabins

Sergej Trubezkoi, russischer Philosoph, der auf die Herausbildung der Weltanschauung Skrjabins bedeutenden Einfluß hatte

Wladimir Stassow, der Ideologe des »Mächtigen Häufleins«, der Skrjabins geniale Begabung sehr schätzte

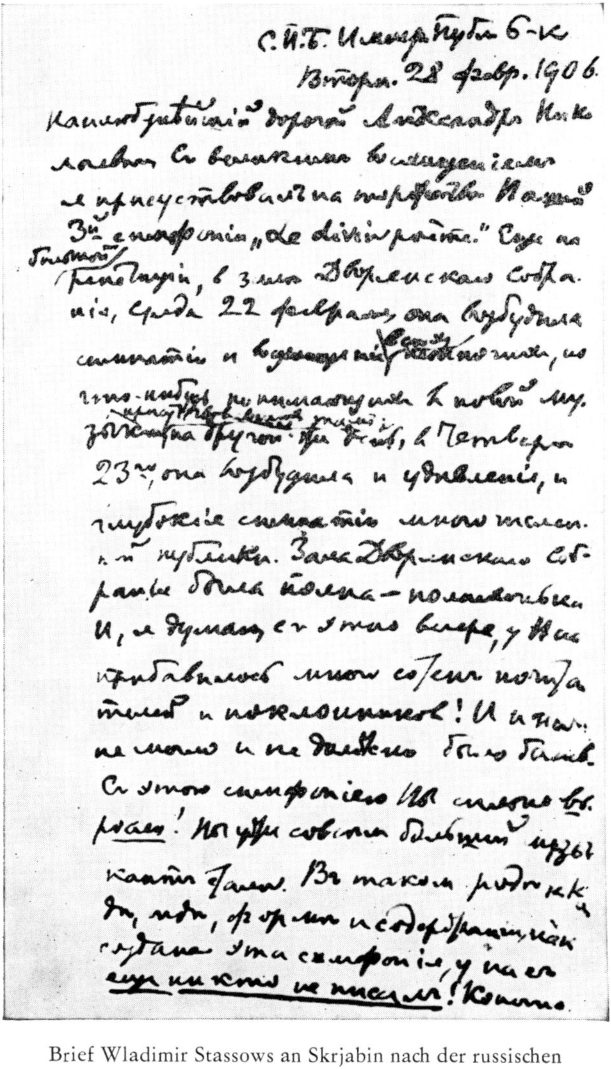

С.П.Б. Измайл. Полк 6-я
Втор. 28 февр. 1906.
Высокоуважаемый дорогой Александр Нико-
лаевич. С великим восхищением
я присутствовал на исполнении Вашей
3-й симфонии „Le divin poème." Еще на [illegible]
репетиции, в зале Дворянского Собра-
ния, среда 22 февраля, она возбудила
симпатию и восхищение [illegible] тех,
что-нибудь понимает в новой му-
зыке [illegible] на другой день, в Четверг
23-го, она возбудила и удивление, и
глубокие симпатии многочислен-
ной публики. Зала Дворянского Соб-
рания была полна — полнехонька.
И, я думаю, с этого вечера, у Вас
прибавилось много сотен почита-
телей и поклонников! И иначе
не могло и не должно было быть.
С этою симфониею Вы сильно вы-
росли! Но еще совсем больший [illegible]
[illegible]. В таком роде и [illegible]
[illegible], форме и содержании, как
создана эта симфония, у нас
еще никто не писал! Конечно

Brief Wladimir Stassows an Skrjabin nach der russischen Erstaufführung der 3. Sinfonie

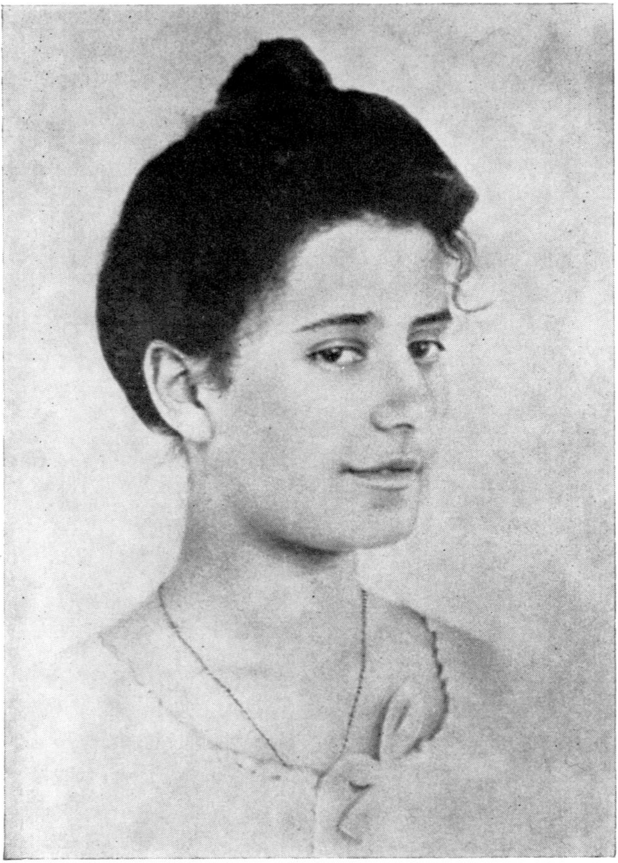

Tatjana de Schloezer, die zweite Frau des Komponisten

ihrer musikalischen Gedanken noch den ideellen und emotionalen Gehalt ein. Nach der Einleitung beginnt der erste, umfangreichste Satz mit der Bezeichnung »Luttes« (»Kämpfe« oder genauer: »Ringen«). Die dramaturgische Entwicklung dieses Satzes beruht auf drei Hauptthemen, die in Verbindung mit Elementen der Einleitung die emotionale Spannung des Satzes steigern und ihm den Charakter des Heroischen verleihen. Das erste Thema trägt den typisch Skrjabinschen Charakter des »Flugartigen«, wobei die anfängliche Vorschrift »Mystérieux, tragique« (»geheimnisvoll, tragisch«) bald von einer anderen abgelöst wird: »triomphant« (»triumphierend«), und die kurze Kulmination mit Anklängen an das Signalmotiv der Einleitung schließt. Die zweite Entwicklungswelle des ersten Themas, die zunehmend den Charakter des Aufrufens annimmt, überwältigt gleichsam die zur Ruhe gekommenen poetisch-träumerischen Stimmungen der beiden folgenden Themen, die zu dem Besten gehören, was Skrjabin an Lyrischem geschaffen hat. Die Wiederkehr des Themas der Einleitung mit seinem gebieterischen Rezitativ und dem Trompetensignal gestattet es, die weitere Entwicklung als Bild des sich hinziehenden Kampfes aufzufassen, dessen entscheidender Sieg bereits errungen ist. Es ist nicht nötig, auf alle Etappen dieses vielschichtigen, meisterhaft angelegten Bildes im einzelnen einzugehen, wichtig ist nur, die darin dominierende Rolle des »Themas der Selbstbehauptung« festzuhalten.

Der zweite Satz, der ohne Pause an den ersten anschließt, trägt die Bezeichnung »Voluptés« (»Genüsse«). Aber gleich die ersten Takte der zauberhaften Klänge der Blasinstrumente (die Streicher setzen erst viel später ein) lassen uns verstehen, welche Bedeutung der Komponist diesem Wort gab: Gemeint sind die Genüsse des »Sinnens und Träumens«, die indes nicht nur mit abstrakten philosophischen Gedankengängen, sondern auch mit ganz realen Naturbildern (Rogal-Lewizki spricht nicht umsonst von »Vogelkonzerten« in den langsamen Sätzen der 2. und 3. Sinfonie!) und mit menschlichem Erleben und Fühlen zu tun haben.

Unwillkürlich wird man an Puschkin erinnert:

»... Von allen Lebensfreuden
Weicht einzig nur der Liebe die Musik;
Doch Liebe ist auch Melodie ...«[34]

Das Bild der Liebe, der allmächtigen Kraft, die die ganze Welt regiert, wird in dem *Göttlichen Poem* offenbart, das (daran ist kaum zu zweifeln) seinen Titel in Analogie zur *Göttlichen Komödie* Dantes und zu dessen Auffassung von der Liebe erhalten hat.

Den dritten und letzten Satz der Sinfonie, der thematisch ebenso wie der vorangehende mit dem ersten verbunden ist, nannte der Komponist »Jeu divin« (»Göttliches Spiel«). Skrjabin verstand darunter die Freude des freien Schöpfertums. Der Satz beginnt mit einem Thema, das eine ungestüme Weiterentwicklung des »Themas der Selbstbehauptung« mit seinem Aufrufcharakter darstellt. Gleichzeitig ist dieser Satz voll von Anklängen an die Themen der beiden vorangehenden Sätze. Auf diese Weise wird das bemerkenswerte dramaturgische Ebenmaß und jene Geschlossenheit erreicht, die durch die Idee des Werkes selbst bedingt ist. Den Schluß bildet die Apotheose des thematischen Anfangsgedankens.

Die ungewöhnlich große Orchesterbesetzung ergibt sich aus dem Streben des Komponisten nach besonderer Farbigkeit des Klanges entsprechend der Konzeption des *Göttlichen Poems*. Es wirkt heute befremdend, wenn man liest, daß Skrjabin manchmal als »Komponist, der sich selbst Komplimente sagt«, bezeichnet worden ist.

Die Urheber dieses Witzes haben nicht begriffen, daß sich der Titel des Werkes aus dem philosophisch-ästhetischen Ideengehalt der Sinfonie, die die schaffende Vernunft verherrlicht, ergibt.

Die Partitur der 3. Sinfonie wurde erst abgeschlossen, nachdem der Komponist die Korrekturen der 4. Sonate und der anderen 35 Klavierstücke gelesen hatte, die bei Belaïeff im Druck waren. Am 22. November 1904 sandte Skrjabin von Paris aus das Manuskript der Partitur, das zu einem großen Teil seine Frau geschrieben hatte, an das Leipziger Verlagskontor. Drei Tage später teilte der Geschäftsführer dem Komponisten und dem Petersburger Kontor des Verlages mit, er werde das Manuskript unverzüglich zum Stich geben. Bereits im Januar des nächsten Jahres erfolgte die Korrektur, und bald darauf konnte die Partitur erscheinen. Unterdessen war der Komponist schon ganz von der Realisierung eines neuen grandiosen Vorhabens in Anspruch genommen, das, Anfang 1904 aufgekeimt, nach und nach Gestalt annahm. Skrjabin sprach anfangs, wenn er dieses Vorhaben erwähnte, von einer 4. Sinfonie, blieb dann aber bei dem Titel *Le poème de l'extase* (»Poem der Ekstase«). Die Arbeit an diesem Werk zog sich bis Ende 1907 hin, da ihn viele Dinge und vor allem Umstände, die mit seinem persönlichen Leben zusammenhingen, vom Schaffen abhielten.

»UND ÜBERALL VERHÄNGNISVOLLE LEIDENSCHAFTEN . . .«[35]

Als Skrjabin Ende November 1903 Petersburg verließ, ahnte er nicht, daß er Beljajew zum letztenmal gesehen hatte. Dieser selbst merkte allerdings wohl, daß seine Tage gezählt waren. Die Krankheit, an der er schon viele Jahre litt, verschlimmerte sich, und als Mann der Tat war er bemüht, nichts zu versäumen, was im Bereich seiner Möglichkeiten lag. Da ihm die Belange der russischen Kultur, der er so viel Kraft, Zeit und Mittel gewidmet hatte, sehr am Herzen lagen, machte er sich in den letzten Monaten seines Lebens besonders viel Gedanken um Skrjabin. Er war ehrlich bestrebt, dem Komponisten möglichst günstige Bedingungen für die schöpferische Arbeit zu schaffen. Ein Jahr vorher hatte er, als er von Skrjabins Entschluß hörte, die Lehrtätigkeit aufzugeben, ihm (vom Mai 1902 an) die Summe des monatlichen

Vorschusses verdoppelt; die auflaufenden Schulden sollte Skrjabin mit dem Honorar für seine Werke tilgen.

Die neuen Werke, die der Komponist nach Petersburg mitbrachte, bezeugten, daß er schöpferisch sehr aktiv war und es verstand, die unablässig auftauchenden neuen Vorhaben zielstrebig zu verwirklichen. Daher fand seine Absicht, eine Zeitlang Moskau zu verlassen und irgendwohin zu reisen, um sich ganz dem Schaffen widmen zu können, Beljajews volle Zustimmung, und dieser erklärte sich bereit, ihn hierbei materiell zu unterstützen. Obwohl Skrjabins Schulden beim Verlag schon mehr als 4000 Rubel betrugen, ordnete Beljajew an, ihm noch eine gewisse Summe zu zahlen, und begann selbst, sich um die Realisierung der Zukunftspläne des Komponisten zu kümmern. Am 8. (21.) November schrieb Skrjabin an seine Frau: »Beljajew billigt meine Absicht, nach Dresden überzusiedeln, völlig und hat bereits Schäffer angewiesen, eine Anzeige aufzugeben, daß eine 6-Zimmer-Wohnung in dem und dem Stadtteil gesucht wird (er kennt Dresden gut). Auch hat er angeordnet, ausführliche Informationen einzuholen, wieviel das Leben in Dresden kostet. Da er weiß (ich habe es ihm gesagt), daß ich außer ihm (Beljajew) keinerlei Einnahmequellen haben werde, will er offenbar meinen Unterhalt übernehmen. Er ist überhaupt ein Engel.«

Der Geschäftsführer des Kontors von Belaïeff in Leipzig, der gewissenhafte Franz Schäffer, machte sich unverzüglich an die Erfüllung der Aufträge seines Chefs, und schon ein paar Tage später teilte Skrjabin seiner Frau mit: »Aus Dresden kommen recht günstige Nachrichten. Die Wohnung kostet 1200–1500 Mark. Teuer ist nur das Dienstmädchen und, wie Schäffer schreibt, sehr verwöhnt!« Im gleichen Brief beeilt sich Skrjabin, seine Frau mit der Mitteilung zu erfreuen, daß die reiche Moskauer Kunstförderin Margarita Kyrillowna Morosowa (1873–1958), die eine Zeitlang bei Skrjabin und nach dessen Weggang vom Konservatorium bei Nikolai Medtner studiert hatte, ihm angeboten habe, ihm monatlich 200 Rubel zu zahlen, um ihm behilflich zu sein, daß er sich auf seine schöpferische Arbeit konzentrieren könne. Im Dezember 1903 schickte sie ihm bereits »das erste Unterpfand unserer Freundschaft«, wie sie sich ausdrückte, und das setzte sie fünf Jahre lang fort. Außerdem übernahm Frau Morosowa die Kosten für die Veranstaltung einiger Konzerte des Komponisten (insbesondere für das Pariser Konzert von 1905).

Als Skrjabin Beljajew mitteilte, daß er erstmals die »Rente« von Frau Morosowa erhalten habe, schrieb er weiter: »Ich erhielt zufällig einen Geldbetrag, von dem ich fast alle Schulden bezahlen konnte, und es reichte noch für die Fahrt nach Dresden.« Dieser »zufällige« Geldbetrag war der Glinka-Preis, der ihm wieder zuerkannt worden war und diesmal 1500 Rubel ausmachte. Beljajew, der von Skrjabins finanziellen Schwierigkeiten wußte – dessen Familie war kurz zuvor durch die Geburt des vierten Kindes erneut größer geworden –, war bemüht, mit dem letztmals zu seinen Lebzeiten vergebenen Glinka-Preis dem Komponisten zu helfen, die Schulden zu begleichen und sich auf die Übersiedlung nach Dresden vorzubereiten. Am 28. Dezember 1903 (10. Januar 1904) starb Beljajew in Petersburg. Sein Tod war ein unersetzlicher Verlust für das russische Musikleben. Rimski-Korsakow schrieb in der *Chronik meines musikalischen Lebens:* »Man wird unschwer ermessen können, wie hart dieser Schlag seinen Kreis traf, der mit ihm seinen Mittelpunkt verlor. In einem ausführlichen Testament hatte Mitrofan Petrowitsch, nach der finanziellen Versorgung seiner Familie, sein ganzes Vermögen für die Musik bestimmt und genau festgelegt, in welchem Verhältnis das Gesamtkapital auf die einzelnen Bereiche aufgeteilt werden sollte: die »Russischen Sinfoniekonzerte«, den Musikverlag, die Komponistenhonorare, die Unterstützung in Not geratener Musiker und verschiedene kleinere Aufgaben. Zu Verwaltern sämtlicher Kapitalsanteile setzte das Testament mich, Glasunow und Ljadow ein mit der Bedingung, für jeden von uns einen Stellvertreter zu benennen. Desgleichen wurden uns die künstlerischen Belange übertragen. Die einzelnen Summen waren so groß, daß für die Konzerte, den Verlag, die Glinka-Preise und so weiter jeweils nur die Zinsen, und auch die nicht in voller Höhe, verwendet werden sollten, so daß das Kapital selbst nicht nur unangetastet blieb, sondern sich im Laufe der Zeit mehr und mehr vergrößerte.

So entstand dank der selbstlosen Kunstliebe M. P. Beljajews eine bis dahin beispiellose, für alle Zeiten gesicherte Institution zur Förderung der russischen Musik, und die Verantwortung dafür war in die Hände unseres Triumvirats gelegt.«

Beljajews Tod wirkte auf Skrjabin niederschmetternd. Vier Jahre später schrieb er an Findeisen, er bewahre an Mitrofan Petrowitsch die rührendsten Erinnerungen und sein Verlust sei für ihn ein schwerer Schlag gewesen. Skrjabin verlor mit Beljajew nicht nur den Mäzen, der sein Schaffen hoch zu schätzen wußte, sondern auch einen wirklichen Freund, der ihm aufrichtig zugetan war und ihn unermüdlich umsorgte. In seinem Testament, das Rimski-Korsakow erwähnt, hatte Beljajew nach seinem Ermessen alles bedacht, um die russischen Komponisten, darunter natürlich auch Skrjabin, materiell und moralisch zu unterstützen (nicht umsonst trug der von ihm gestiftete Preis den Namen Glinkas). Doch er konnte seinen Testamentsvollstreckern nicht das übergeben, was die Grundlage für sein Verhältnis zu Skrjabin bildete: seine grenzenlose Zuneigung.

Anfang 1904 übersandte Sergej Petrowitsch Beljajew, der Bruder des Verstorbenen, der nach dessen Willen gemeinsam mit Rimski-Korsakow, Glasunow und Ljadow zu dem bis zur Bestätigung des Testaments tätigen Rat der Testamentsvollstrecker gehörte, an Skrjabin die monatlichen 200 Rubel. Aber bereits im Februar erhielt der Komponist den Bescheid, daß der Rat das System der Vorschußzahlung abschaffe; künftig werde das Honorar für Werke an die Komponisten erst ausgezahlt, wenn sie die Korrekturen unterschrieben hätten. Offenbar enthielt dasselbe Schreiben noch die Bitte um Mitteilung, wann Skrjabin dem Verlag seine 3. Sinfonie vorlegen werde. Nach Empfang dieses Schreibens sandte Skrjabin einen ausführlichen Brief an Ljadow und legte ihm seine offizielle Antwort an den Rat bei. In dieser Antwort bezog er sich auf seine letzten Gespräche mit Beljajew, der ihm versprochen hatte, ihm weiterhin monatliche Vorschüsse zu zahlen. Skrjabin brachte offen zum Ausdruck, daß er sich gekränkt fühle, und erinnerte daran, daß er im Laufe vieler Jahre die Vorschüsse stets gewissenhaft getilgt habe. »Ich verstehe, daß Ihr, wenn man das Statut wörtlich nimmt, vollkommen recht habt und ich keinerlei Ansprüche geltend machen kann, aber gleichzeitig ist Dir doch klar, daß Ihr, wenn Ihr die bisherigen Bedingungen für mich beibehieltet, den Willen von Mitrofan Petrowitsch genauer erfülltet.« Skrjabin hoffte, daß Ljadow bei der Verteidigung seiner Interessen im Rat standhaft bleiben werde, und er täuschte sich nicht: der Rat verlängerte die Vorschußzahlungen an ihn bis zum August. Die fällige Summe bat Skrjabin an seine Frau zu senden, die noch für eine Weile mit den Kindern in Moskau blieb, während er selbst nach Genf reiste. Den ursprünglichen Plan, sich in Dresden niederzulassen, hatte er plötzlich aufgegeben.

In Skrjabins Privatleben brach jetzt eine schwierige

Zeit an, die ihm manch schwere Erlebnisse und bittere Augenblicke bescherte.

Als leidenschaftliche und gefühlsbetonte Natur hatte sich Skrjabin plötzlich heftig in eine seiner Schülerinnen, Tatjana Fjodorowna de Schloezer (1883–1922), die Nichte des Professors Pawel Juljewitsch Schloezer, verliebt. Sie war aus Belgien, wo ihr Vater Théodore (Fjodor Juljewitsch), von Beruf Jurist, und ihre Mutter Marie (Maria Alexandrowna, geborene Boty) lebten, nach Moskau gekommen. Sie träumte davon, Pianistin, ja sogar Komponistin zu werden, beschäftigte sich daher eifrig mit Musik, nahm Unterricht und besuchte Konzerte. Sie machte kein Hehl aus ihrer begeisterten Liebe zu Skrjabin, die bereits zu der Zeit entflammt war, als sie, ohne ihn schon persönlich zu kennen, einmal seine 3. Sonate von Wsewolod Bujukli spielen hörte. Skrjabins Persönlichkeit hatte sie gleich bei der ersten Begegnung völlig bezaubert, und sie setzte sich das Ziel, koste es was es wolle, ihr Leben mit dem dieses bedeutenden Mannes zu verbinden und dabei um jeden Preis alle Schranken zu brechen. Skrjabin konnte nicht widerstehen, um so mehr als er für seine Frau Wera niemals jenes starke romantische Gefühl empfunden hatte, das er für den Gipfel der Liebe hielt. Mit ihr war er ausgesprochen freundschaftlich verbunden. In ihr verehrte er die kluge, edle Frau, die ihn gut verstand. Er erzählte ihr offen von seinem Verhältnis zu Tatjana und von seiner Absicht, diese zu heiraten. Auch Safonow weihte er ein. Der aber reagierte auf die unerwartete Mitteilung schroff ablehnend und versuchte sogar, Skrjabin zu überreden, keine unbedachten Schritte zu tun.

Zehn Tage nach Skrjabins Abreise nach Genf fuhr verabredungsgemäß auch seine Frau mit den Kindern dorthin. Die ganze Familie ließ sich in dem kleinen Ort Vésenaz bei Genf nieder, wo sie »ein recht sympathisches

Häuschen, mit Möbeln und Geschirr vollständig ausgestattet, mit einem kleinen, aber hübschen Gärtchen und mit einem wunderbaren Blick auf den See und die Berge des gegenüberliegenden Seeufers« mieteten. So schrieb Wera an Sinaïda Iwanowna Monighetti, die neben ihrer Schwester Olga und ihrem Bruder Wladimir zu Skrjabins Jugendfreunden gehörte. In dem Häuschen mit dem klangvollen Namen »Villa les Lilas« (»Villa Flieder«) hatte der Komponist ein Zimmer für sich, wo er arbeiten konnte und sich sogleich an die Vollendung des *Göttlichen Poems* machte, das im Verlag ungeduldig erwartet wurde.

In der Zwischenzeit wurde Tatjana in Moskau von Zweifeln hinsichtlich ihrer Zukunft geplagt, und sie überschüttete Skrjabin mit Briefen. Sie appellierte an seine Gefühle, an sein Mitleid, schrieb, daß sie sich schlecht fühle, und teilte ihm schließlich mit, sie sei fest entschlossen, zu ihm zu kommen. Kurz darauf erschien sie tatsächlich in der Schweiz, mietete sich in der Nähe der Skrjabins ein und begann, diese häufig zu besuchen.

Unter diesen nervlich angespannten Umständen wurde das *Göttliche Poem* beendet. Als es dann fertig, abgeschrieben (zu einem großen Teil von Wera Iwanowna) und an die Leipziger Filiale des Verlages Belaïeff abgeschickt war, fuhr Skrjabin nach Paris. Er hoffte, dort eine Aufführung seiner großen Werke zu erreichen und eigene Klavierabende veranstalten zu können, vor allem aber wollte er allein sein, um nochmals die entstandene familiäre Lage zu überdenken.

Auf dem Weg in die französische Metropole traf er sich bei einem kurzen Aufenthalt in Genf mit seiner neuen Gönnerin Margarita Morosowa und berichtete ihr von dem Geschehen in seiner Privatsphäre und den ihn peinigenden Zweifeln. Das brachte ihm indes keine Erleichterung, denn Frau Morosowa sagte ihm rundheraus, daß sie es nicht gutheißen könne, wenn er seine Familie verließe. »Ich leide furchtbare Qualen, mir ist, als hätte ich etwas Schreckliches getan!« schrieb er ihr in der Nacht vor der Abreise aus Genf.

In Paris war Skrjabin nicht lange allein, denn auch dorthin folgte Tatjana ihm bald. Wera Iwanowna begriff, daß es notwendig wurde, das Leben neu zu gestalten, und daß Skrjabin nicht zur Familie zurückkehren würde, »solange die Nebenbuhlerin lebt«. Es muß betont werden, daß Wera nicht nur absolut die Würde bewahrte, sondern auch weiterhin ihren Mann liebte und daß sie nach ihrer Rückkehr nach Rußland wieder als Pianistin wirkte und Konzerte gab, deren Programme – sowohl in Rußland als auch im Ausland – ausschließlich Werke von Skrjabin enthielten. Eine formelle Scheidung, wie es die »Nebenbuhlerin« anstrebte, lehnte sie entschieden ab, und bis an ihr Lebensende trug sie den stolzen Namen Skrjabins, an den sie niemals ein Wort des Tadels gerichtet hat.

A. A. Alschwang zitiert in einer Arbeit über Skrjabin Äußerungen von Margarita Morosowa über dessen Frau: »Das Leben Wera Iwanownas war erfüllt von Entsagung und Hingabe für Alexander Nikolajewitsch ... Über geistige Dinge, die ihn beschäftigten, seine Gedanken und Träume erzählte er ihr natürlich, doch stieß er darin nicht in dem Maße auf Verständnis, Expansivität und Enthusiasmus, wie er es brauchte. Wera selbst fühlte das und machte sich über sich selbst lustig ... Ihre Bescheidenheit, Aufrichtigkeit und Redlichkeit waren geradezu bewunderungswürdig. Und so blieb sie ihr Leben lang. Sie schätzte Alexander Nikolajewitsch als schöpferischen Künstler, aber seinen Ideen von einem Mysterium, das die Welt verwandeln wird, und seinem Glauben an seine Bestimmung stand sie mißtrauisch und ängstlich gegenüber, sie fürchtete sich vor seiner, wie sie immer sagte, ›übermenschlichen‹ Aufgabe. Sie dachte sehr nüchtern und vernünftig, und das war es, was ihr ihren Mann entfremdete und ihn den Umgang mit anderen suchen ließ.«

Skrjabin unternahm alle Anstrengungen, damit die Familie, die er verlassen hatte, nicht in materielle Schwierigkeiten geriet. Regelmäßig erhielt Wera Iwanowna das »Morosowsche Geld«, außerdem überwies er ihr von Zeit zu Zeit zusätzliche Beträge, worauf in ihrem Briefwechsel mehrfach Bezug genommen wird. Außerdem wandte sich Skrjabin, wie Engel berichtet, an Safonow mit der Bitte, Wera eine Stelle als Lehrkraft am Moskauer Konservatorium zu geben. Im Herbst 1905 konnte sie dort ihre langjährige fruchtbare Lehrtätigkeit aufnehmen.

Tatjana Fjodorowna litt verständlicherweise sehr unter der unklaren Situation als »illegitime« Frau Skrjabins, dessen Familiennamen weder sie noch ihre bald zur Welt gekommenen Kinder tragen durften. Am meisten aber fürchtete sie natürlich, Skrjabin zu verlieren, und deshalb verhinderte sie auf alle erdenkliche Weise Begegnungen der einstigen Eheleute. Sogar als Skrjabins Liebling, seine älteste Tochter Rimma, plötzlich starb und er zu ihrer Beerdigung fuhr, schreckte Tatjana am meisten die Furcht, der Schmerz könne die Eltern des Kindes erneut zusammenführen. Ohne sich klarzumachen, wie sehr Skrjabin litt und daß ihn der Gedanke quälte, er könne, wenn er bei den Kindern sei, vielleicht eine Katastrophe verhindern, schrieb ihm Tatjana, von Eifersucht getrieben, sie fühle sich schlecht, und bat ihn, so schnell wie möglich zurückzukommen.

Das erzürnte Skrjabin, wie seine Briefe bezeugen, vor allem derjenige, in dem er Tatjana rät, einen Arzt aufzusuchen, wenn sie sich unwohl fühle. In demselben Brief schreibt er: »Ich muß mich unbedingt um die arme Wera und um die Kinder kümmern« (die Kinder hatten Keuchhusten). »Ich möchte sie so gern alle gesund zurücklassen!« rief er aus. Skrjabin konnte sich auch nicht damit abfinden, daß Tatjana, nachdem sie einen gemeinsamen Haushalt gegründet hatten, alle von Frauen geschriebenen Briefe vernichtete, einschließlich der Briefe von seiner früheren Frau (und offenbar auch derjenigen von Natalia Sekerina) und von Margarita Morosowa. Letztere rechnete sie lediglich deswegen sofort zu ihren »Feinden«, weil diese Skrjabins Trennung von seiner Familie nicht befürwortet hatte. Skrjabin war gezwungen, von Tatjana kategorisch zu verlangen, daß sie aufhören solle, in seinen Papieren zu wühlen. In einem halb scherzenden, aber doch in ungewöhnlich heftigem Ton gehaltenen Brief schrieb er: »Solltest Du unter meinen Papieren irgendwelche Porträts finden, dann sei so gut, sie nicht in einem Anfall von Eifersucht zu vernichten.«

Im Mai 1905 reiste Wera auf Bitten Skrjabins nach Paris zur Uraufführung der 3. Sinfonie, die am 29. Mai unter Leitung von Arthur Nikisch stattfand. Sicher dachte sie beim Anhören dieser Musik daran, wie sie erst vor kurzer Zeit diese großartige Partitur, stolz auf ihren Mann, ins reine geschrieben hatte . . .

Die Aufführung des *Divin poème* sowie der vorausgegangene Klavierabend Skrjabins mit eigenen Werken (»dem glänzenden Pianisten wurde stürmisch applaudiert«, schrieb ein Pariser Kritiker) trugen wesentlich zu seiner Anerkennung in Westeuropa bei. Das belegt auch die Veröffentlichung des im Frühjahr 1905 entstandenen *Poème languide* (»Poem der Sehnsucht«) in der Musikbeilage der Pariser Zeitschrift *l'Illustration* (zusammen mit Stücken von Jules Massenet und Gabriel Pierné). (A. W. Kaschperow stellte das Entstehungsdatum anhand eines Briefes des Komponisten an Wera Skrjabina fest und korrigierte damit die früher angenommene Datierung auf 1907.)

Als Skrjabin noch mit seiner Familie in der »Villa Flieder« in der Schweiz lebte und an der Fertigstellung der 3. Sinfonie arbeitete, konnte er auch einige Klavierstücke entwerfen und mit den Skizzen zum *Poème de l'extase* beginnen. Über dieses neue große Vorhaben schrieb er damals an Tatjana, er wolle den ihn verzehrenden Lebensdurst stillen: »Ich bin ganz Verlangen, ein unendliches.« (Diese Worte wählte Jadwiga Ilnicka, die polnische Übersetzerin der Briefe Skrjabins, als Titel der 1976 im Polnischen Musikverlag erschienenen Briefausgabe.)

In den erwähnten Stücken Skrjabins spiegelten sich offensichtlich seine Erlebnisse dieser Zeit wider, und das waren nicht nur solche persönlicher Art. Die revolutionären Ereignisse von 1905 ließen ihn nicht gleichgültig. In einem Brief stellte er Frau Morosowa die Frage: ». . . Welchen Eindruck macht auf Sie die Revolution in Rußland: Sie freuen sich, nicht wahr? Endlich erwacht auch bei uns das Leben!«

In den nach dem *Göttlichen Poem* enstandenen Stücken läßt sich deutlich das weitere künstlerische Suchen des Komponisten (besonders auf dem Gebiet der Harmonik) und das Streben nach maximaler Verdichtung der Klangbilder verfolgen, das ihn zuweilen zu aphoristischer Ausdrucksweise führt. Beispiele dafür sind die beiden *Poeme* op. 44. Das erste, das lediglich eine Notenseite einnimmt, besteht durchweg aus einem Baßrezitativ von wunderbarer Schönheit, das sich von gleichmäßig pulsierendem Figurenwerk abhebt. Dieses Rezitativ trägt – wie für Skrjabin schon typisch – wiederum Aufrufcharakter. Das zweite Poem ist ebenfalls recht kurz, aber dramatischer konzipiert. Im Baß erklingt das nervöse »Zucken« einer hartnäckig wiederholten rhythmischen Figur, die sich fast[36] durch das ganze Poem hindurchzieht. In der Mitte des Stückes ertönt zweimal ein markantes Signalmotiv, gefolgt von einer drohend dahinrollenden Figur.

Das nächste Opus des Komponisten besteht aus drei Stücken: einem lyrischen »Albumblatt« (*Feuillet d'album),* dem äußerst kurzen *Poème fantasque* (»Launenhaftes Poem«) und einem »Prélude«. Wenig später, aber auch in der Schweiz, entstanden ein Scherzo (op. 46) in sehr schnellem Tempo, jedoch mit schwerem akkordischem Satz und dramatischen Steigerungen, und dann ein Stück »Nach Walzerart« (*Quasi valse,* op. 47), in dem sich, ungeachtet des Titels, wiederum erregte, ganz und gar nicht »walzerartige« Stimmungen geltend machen. Die *Vier Préludes* (op. 48) dürfen wohl als deutlichste gefühlsmäßige Reaktion auf die Revolution von 1905 angesehen werden. Während das kurze zweite Prélude als höchst poetische musikalische Meditation aufzufassen ist, tauchen im ersten heroische Gesten auf, der Klang erlangt gewaltige Fülle, und im vierten Prélude (mit der Vortragsbezeichnung »Festivamente«, d. h. »Festlich«) wird ein Bild des Triumphes jener lichten Mächte gezeichnet, an deren Sieg Skrjabin stets geglaubt hat.

Nach dem Tod seiner Tochter war Skrjabin kaum wieder zu sich gekommen, als ihn die Nachricht vom frühzeitigen Tod Sergej Trubezkois, seines treuen Freundes, erreichte, der seiner Musik so feinsinniges Verständnis entgegengebracht und ihm eine ruhmreiche Zukunft prophezeit hatte. Der Komponist dachte in Paris des öfteren an ihn, wenn er den bekannten Maler Nikolai Viktorowitsch Gagarin besuchte, der mit Trubezkois Schwester Marina verheiratet war; Gagarin hatte Skrjabin stets – sowohl in der Fremde als auch in Moskau – Interesse entgegengebracht und freute sich aufrichtig über dessen Erfolge. Unter diesem neuen Verlust litt Skrjabin besonders schwer.

Der Verlag Belaïeff brachte unterdessen weiterhin Skrjabins Werke heraus. 1905 erschienen die Partitur des *Divin poème* und einige neue Klavierstücke. 1906 folgten die *Vier Préludes,* von denen schon die Rede war, und die kurz nach ihnen komponierten drei Stücke op. 49: Etüde, Prélude und *Rêverie* (»Träumerei«). Letztere stellen ebenso wie die *Vier Préludes* Miniaturen dar, die durch konzentrierte Gedanken und Empfindungen gekennzeichnet sind. Im übrigen kann man feststellen, daß die Stücke, die Skrjabin zur Zeit der Arbeit am *Poème de l'extase* komponierte (also 1905–1907 und zum Teil auch noch etwas später), eine offensichtliche Verwandtschaft mit diesem neuen sinfonischen Meisterwerk aufweisen. Der stürmisch »umherflatternde« Gestus der Etüde, die zornigen »beschwörenden« Rufe, die das Prélude aus op. 49 durchziehen (»Bruscamente irato«, d. h. »Barsch, zornig«, lautet die Charakterbezeichnung des Stückes), und das Exaltiert-Verträumte des dritten Préludes aus op. 48 – all diese Stimmungen und Charaktere deuten auf die emotionale Glut des *Poème de l'extase* hin. Im Zuge seiner künstlerischen Bemühungen erweiterte der Komponist ständig den Fonds der musikalischen Ausdrucksmittel und stieß dabei in neue Bereiche vor, für die selbst erfahrene Künstler nicht immer und nicht sogleich Verständnis aufbrachten. So schickte ihm gar der bekannte österreichische Dirigent Felix von Weingartner, der sich für die Partitur der 3. Sinfonie interessiert hatte, diese nach ein paar Tagen zurück, wobei er diplomatisch sein Bedauern ausdrückte, daß er sie »nur flüchtig durchsehen« konnte.

Nichtsdestoweniger fand Skrjabins Schaffen in der Welt immer breitere Anerkennung. Die Voraussetzungen dafür wurden, wie schon gesagt, im Heimatland des Komponisten gelegt. Am 23. Februar 1906 erklang das *Göttliche Poem* in einem der »Russischen Sinfoniekon-

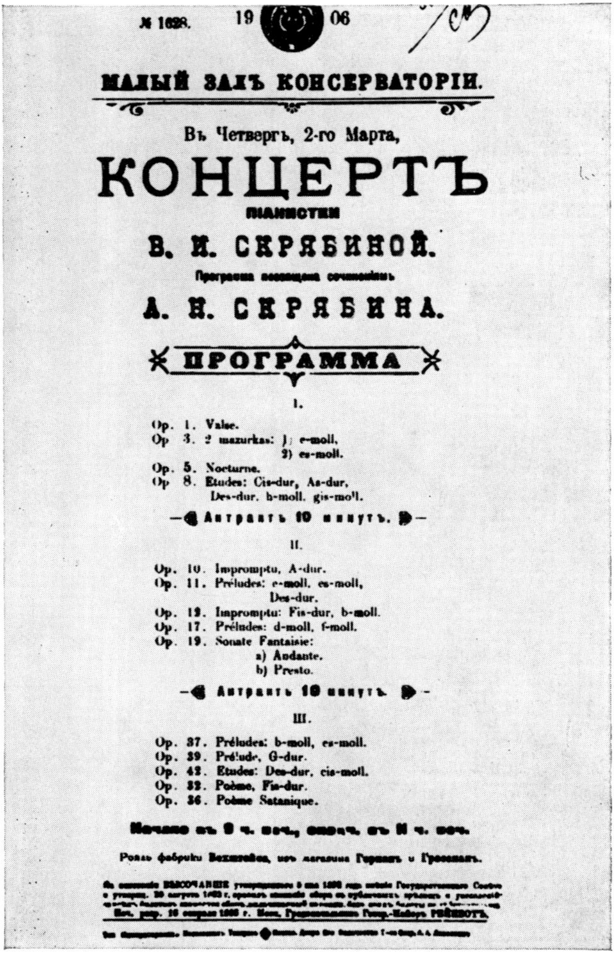

№ 1628. 1906

МАЛЫЙ ЗАЛЪ КОНСЕРВАТОРІИ.

Въ Четвергъ, 2-го Марта,

КОНЦЕРТЪ

ПІАНИСТКИ

В. И. СКРЯБИНОЙ.

Программа посвящена сочиненіямъ

А. Н. СКРЯБИНА.

ПРОГРАММА

I.

Op. 1. Valse.
Op. 3. 2 mazurkas: 1) e-moll,
2) es-moll.
Op. 5. Nocturne.
Op. 8. Etudes: Cis-dur, As-dur,
Des-dur, b-moll, gis-moll.

— Антрактъ 10 минутъ. —

II.

Op. 10. Impromptu, A-dur.
Op. 11. Préludes: e-moll, es-moll,
Des-dur.
Op. 12. Impromptu: Fis-dur, b-moll.
Op. 17. Préludes: d-moll, f-moll.
Op. 19. Sonate Fantaisie:
a) Andante,
b) Presto.

— Антрактъ 10 минутъ. —

III.

Op. 37. Préludes: b-moll, es-moll.
Op. 39. Prélude, G-dur.
Op. 42. Etudes: Des-dur, cis-moll.
Op. 32. Poème, Fis-dur.
Op. 36. Poème Satanique.

Начало въ 9 ч. веч., оконч. въ 11 ч. веч.

Рояль фабрики Бехштейна, изъ магазина Германъ и Гроссманъ.

Programm eines Konzertes von Wera Skrjabina in Moskau (1906)

SALLE DU CONSERVATOIRE

GENÈVE

A 8 1/2 h. du soir

Samedi 30 Juin 1906

A 8 1/2 h. du soir

CONCERT

DONNÉ PAR M.

Scriabine

POUR L'AUDITION DE SES ŒUVRES

PROGRAMME

PREMIÈRE PARTIE

Allegro de Concert en *si bémol* mineur (Op. 18)

Nocturne en *ré bémol* majeur, pour la main gauche seule (Op. 9 nº 1)

Six Préludes

Trois Mazurkas

DEUXIÈME PARTIE

Sonate nº 3 en *fa dièse* mineur (Op. 23)

A *Allegro dramatico* — B *Allegretto*

C *Andante* — D *Presto*

Deux Poèmes (Op. 32)

Trois Etudes (Op. 8, 2)

Valse en *la bémol* majeur.

Piano de concert ERARD aux soins de la maison Ch. BERGUER

PRIX DES PLACES

PAUTEUIL DE PARQUET, 5 FR. — PARQUET, 3 FR.

PARTERRE, 2 FR. — GALERIE, 2 FR.

Billets à l'avance: Magasins de musique HENN, boulevard du Théâtre, 6; ROTSCHY, Corraterie, 22 et chez le concierge du Conservatoire.

BILLETS A L'ENTRÉE DU CONCERT

Ouverture des Portes à 8 heures

Programm eines Konzertes von Alexander Skrjabin in Genf

Georgi Plechanow, der Skrjabin mit Werken von Karl Marx, Friedrich Engels und Wladimir Iljitsch Lenin bekannt machte

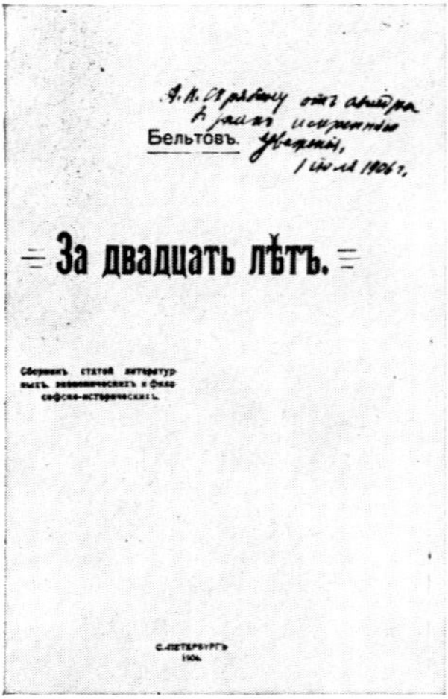

Бельтовъ.

За двадцать лѣтъ.

Сборникъ статей литературныхъ, экономическихъ и философско-историческихъ.

С.-ПЕТЕРБУРГЪ
1906.

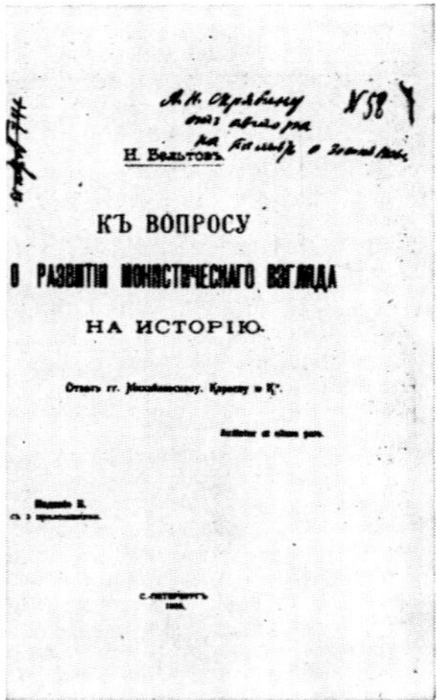

Н. Бельтовъ.

КЪ ВОПРОСУ О РАЗВИТІИ МОНИСТИЧЕСКАГО ВЗГЛЯДА НА ИСТОРІЮ.

Отвѣтъ гг. Михайловскому, Карѣеву и К°.

Audiatur et altera pars.

Изданіе 2.
съ 2 приложеніями.

С.-ПЕТЕРБУРГЪ

Bücher von Plechanow mit handschriftlichen Widmungen an Skrjabin

Le Divin Poème.
TROISIÈME
SYMPHONIE
(Ut)
pour
grand Orchestre
composée
par
A. Scriàbine.
OP. 43.
Partition d'orchestre Pr. [illegible]
Parties d'orchestre Pr. [illegible]
Parties supplémentaires à [illegible]
Propriété de l'Éditeur pour tous Pays.
M. P. BELAÏEFF, LEIPZIG.
1905
[illegible]
Imp. Lith. de C. G. Röder, Leipzig.

Titelblatt der Erstausgabe der Partitur von Skrjabins 3. Sinfonie

Erste Seite der Partitur des *Poème de l'extase* (Autograph)

Umschlag der Erstausgabe der Partitur des *Poème de l'extase*

Felix Blumenfeld, Dirigent der russischen Erstaufführung der 3. Sinfonie

Erste Seite der 5. Klaviersonate von Skrjabin (Autograph)

Sergej Kussewitzky, Verleger und Dirigent von Werken Skrjabins

Mark Mejtschik, der erste Interpret der 5. Klaviersonate

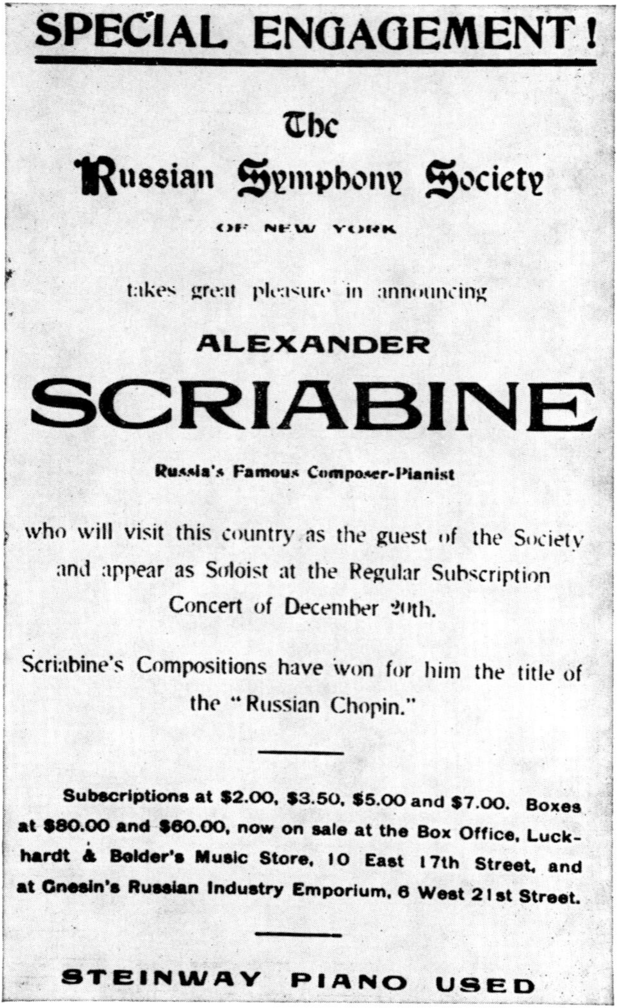

Anzeige einer Aufführung von Werken des »russischen Chopin« in New York

Alexander Skrjabin nach der Fertigstellung der Partitur des *Prometheus*

Leonid Pasternak

Alexander Skrjabin. Zeichnung von Leonid Pasternak

Alexander Siloti, Dirigent von Werken Skrjabins

zerte« in Petersburg unter Leitung von Felix Blumenfeld. Diese Aufführung wurde in der Presse stark beachtet, die, wie gewöhnlich, einander sehr widersprechende Beurteilungen brachte. Während beispielsweise Alexander Schmuller (der später als Professor am Sternschen Konservatorium in Berlin und dann am Konservatorium in Amsterdam wirkte) vorbehaltlos anerkannte, daß »vielschichtige Faktur, erlesene Harmonik, bemerkenswerte Themenvielfalt und künstlerische Folgerichtigkeit der Verarbeitung« besondere Kennzeichen der Sinfonie seien, räumte der Kritiker Michail Nesterow zwar herablassend ein, der Komponist sei »ein großes Talent, das in vieler Hinsicht originell, aber noch nicht voll zur Entfaltung gekommen ist«, kam aber zu dem Schluß, es sei dennoch Skrjabin mit dieser Sinfonie »nicht gelungen, ein neues, klar verständliches Wort auf dem Gebiet der Musik zu sprechen«. Es nimmt nicht wunder, daß Wladimir Stassow auf eine derartige »Rezension« hin betrübt schrieb: »Man muß zugeben, daß es heutzutage bei uns keinen einzigen bedeutenden und begabten Musikkritiker gibt. Alle sind sie Mittelmaß oder Nullen. Nur wenige erheben sich zu dem Niveau, daß man sie als *tüchtig* bezeichnen kann.« Zu diesen »tüchtigen« Erscheinungen gehörte ohne Frage der Artikel von Schmuller, der auch insofern interessant ist, als der Kritiker darin indirekt gegen diejenigen polemisiert, die in Skrjabin um jeden Preis nur den Pianisten sehen wollen, der seine Klavierskizzen instrumentiert. Schmuller betonte: »Der Komponist hat sofort in den Farben des Orchesters gedacht, er versteht, vollkommen frei mit dem Orchester umzugehen.«

Stassow übersandte Skrjabin am 28. Februar 1906 die gesammelten Rezensionen und schrieb ihm dazu: »Liebenswürdigster, teurer Alexander Nikolajewitsch, mit großer Freude habe ich dem Triumph Ihrer 3. Sinfonie beigewohnt ... Schon bei der Hauptprobe, im Saal der Adelsversammlung, am Mittwoch, den 22. Februar, erweckte sie die Sympathien und das Entzücken all der wenigen, aber etwas von neuer Musik Verstehenden, die dort anwesend waren; am nächsten Tage dann, am Donnerstag, den 23., erweckte sie sowohl das Staunen als auch tiefe Sympathien des zahlreich erschienenen Publikums. Der Saal der Adelsversammlung war brechend voll, und ich glaube, daß Sie mit diesem Abend Hunderte neuer Bewunderer und Verehrer gewonnen haben! Anders konnte und durfte es auch nicht sein. Mit dieser Sinfonie sind Sie ein ganzes Stück *gewachsen!* Sie sind bereits ein ganz großer Musiker geworden. In dieser Art, Anlage, Gestalt, Form und mit dem Gehalt, wie diese Sinfonie geschaffen ist, hat bei uns *noch niemand geschrieben!* Zwar ist darin noch manches von *Richard Wagner,* aber es gibt darin schon viel, enorm viel von *Alexander Skrjabin* selbst. Was für Aufgaben! Welche Spannweite! Welch' Kraft und welch logischer Aufbau! Wieviel Leidenschaft und Poesie im 2. Satz ... Und dann das Orchester – wie wundervoll, gewaltig, kraftvoll, zuweilen zart und lieblich, dann wieder strahlend! Ja, Sie haben jetzt unter den Russen schon viele Anhänger und Verehrer.«

Es ist geradezu ein Genuß, diese Zeilen des zweiundachtzigjährigen Weisen zu lesen. Stassow hatte sich bis an sein Lebensende (er starb im Oktober desselben Jahres) klaren Verstand, Fingerspitzengefühl und sicheres Urteilsvermögen bewahrt, was ihm ermöglichte, die Spitzenwerke der russischen Klassik – von Glinkas Opernerstling bis zu Skrjabins *Göttlichem Poem* – zu erfassen und gebührend zu würdigen. Sein Brief war für Skrjabin vermutlich eine große Freude, zumal Stassow sich mit der ihm eigenen Herzlichkeit nicht nur an »das viele Wunderbare«, das Skrjabin ihm einst bei Beljajew vorgespielt hatte, sondern auch an die mit ihm in Petersburg geführten Gespräche »über die Philosophie der Geschichte« erinnerte.

Am 26. Oktober 1905 wurde die erste Tochter von Skrjabin und Tatjana de Schloezer geboren. Sie erhielt den Vornamen Ariadne zu Ehren der Heldin aus der griechischen Sage, die Theseus half, den Weg aus dem Labyrinth zu finden. Die Wahl dieses Namens erfolgte sicher nicht zufällig. Skrjabin und seine zweite Frau brauchten damals tatsächlich einen »Ariadnefaden«. Der Komponist war merklich nervös. Der Vormarsch der Reaktion in Rußland beunruhigte ihn. Seine finanzielle Lage war alles andere als glänzend, und Tatjanas Pläne, diese Lage zu verbessern, waren natürlich reine Illusion. Sie setzte beispielsweise Honorarsummen an, die Skrjabin ihrer Meinung nach für seine (noch unvollendeten!) neuen Werke verlangen sollte: 300 Rubel für jedes Klavierstück, 400 für ein kleines Orchesterstück und 5000 Rubel für das *Poème de l'extase* (während er für die 3. Sinfonie 2000 Rubel bekommen hatte).

Es darf hier nicht unerwähnt bleiben, daß das aufgrund von Beljajews Testament geschaffene Kuratorium zur Förderung von Komponisten und Musikern weiterhin für Skrjabin sorgte. Neben hohen Honoraren für seine Werke erhielt er alljährlich den Glinka-Preis. 1904 wurde ihm der Preis für die 3. und 4. Sonate zugesprochen, 1905 für die 2. Sinfonie und 1906 für die 3. Sinfonie, wobei ihm diesmal die betreffende Summe vorfristig übersandt wurde. Petersburger Freunde des Komponisten hatten nämlich erfahren, daß er in Schwierigkeiten steckte. Diese erklärten sich dadurch, daß die sich in die Länge ziehende Arbeit am *Poème de l'extase* Skrjabin von anderen Kompositionen abhielt und er daher eine Zeitlang keinerlei Honorar (abgesehen von 400 Rubel für die *Vier Préludes)* erhalten hatte. Und nur mit seinem Nervenzustand läßt es sich erklären, daß er plötzlich beschloß, mit dem Verlag Belaïeff zu brechen. Am 5. Januar 1906 telegraphierte er an Glasunow und bat ihn, die Übersendung des Preises zu beschleunigen, und am folgenden Tag schrieb er einen erbosten Brief an das Kuratorium, in dem er erklärte, er halte das ihm angebotene Honorar von 50 Rubel pro Klavierstück für kränkend, er sehe in einem solchen Angebot des Verlages den Wunsch, die Beziehungen zu ihm abzubrechen, er komme daher diesem Wunsch selbst entgegen und bitte, ihm unverzüglich die Manuskripte der Stücke zurückzusenden.

Dazu muß gesagt werden, daß die Initiative zu einer gewissen Verringerung des Honorars für die kurzen Stücke von Nikolai Arzybuschew ausging. Dieser war ein recht mittelmäßiger Komponist, doch ein mit nicht zu leugnendem Organisationstalent ausgestatteter Mann, der aus diesem Grunde zur Mitarbeit im Kuratorium als Stellvertreter Rimski-Korsakows und später (von 1907 an) als Vorsitzender herangezogen worden war (und eben 1907 erhielt Skrjabin erstmals innerhalb von elf Jahren den Glinka-Preis nicht zugesprochen, obwohl der Verlag nach der 3. Sinfonie 19 Klavierstücke von ihm herausgebracht hatte). Von Skrjabins Brief beunruhigt, wandten sich Rimski-Korsakow, Glasunow und Ljadow an ihn mit der Bitte, er möge sie nicht verdächtigen, ihn beleidigen zu wollen, und solle die Beziehungen zum Verlag Belaïeff nicht abbrechen. Bald darauf kam ein herzliches, freundschaftliches Schreiben von Ljadow, in dem er Skrjabin von finanziellen Schwierigkeiten des Verlages berichtete: »Ich glaube, es ist für Dich kein Geheimnis, daß wir nicht gerade reich sind, daß uns verschiedene Komponisten in Stücke reißen und daß wir ihnen aus Geldmangel häufig Absagen erteilen müssen. Wir beschneiden uns selbst die Honorare soviel wie möglich.« Alle drei Meister, die dem Kuratorium vorstanden, waren sich indes darüber klar, daß sie, abgesehen von ihren freundschaftlichen Gefühlen für Skrjabin, ihn nicht mit den »verschiedenen Komponisten« auf gleiche Stufe stellen konnten (zudem war die Veröffentlichung von Skrjabins Werken für den Verlag rentabel, und die Werke wurden mehrfach nachgedruckt). So wurde beschlossen, den Komponisten zu bitten, er möge seine Kompositionen zu den alten Bedingungen einsenden.

Ljadows Brief war Skrjabin nach Amsterdam nachgeschickt worden, von wo aus dieser nun seine neuen Kompositionen nach Petersburg schickte: *Vier Stücke für Klavier* op. 51, die 1906 entstanden, als er hauptsächlich am *Poème de l'extase* arbeitete. Das Heft enthält: das Poem *Fragilité* (»Zerbrechlichkeit«), das, entsprechend seinem Titel, eine Fülle neuer Farbnuancen aufweist; ein Prélude, eines der wenigen Werke, die die gedrückte Verfassung, in der sich Skrjabin befand, widerspiegeln; das *Poème ailé* (»Geflügeltes Poem«) mit den für Skrjabin typischen »umherflatternden« Klängen und schließlich den kurzen, eleganten »Tanz der Sehnsucht« (*Danse languide*). Möglicherweise wollte Skrjabin dieses Stück einem seiner beiden geplanten sinfonischen Tänze zugrunde legen. Für diese hatte er schon die Opusnummer 50 freigehalten, die dann (ebenso wie die Nummer 55) in seinem Werkverzeichnis unbesetzt blieb. Näheres über dieses Vorhaben ist nicht bekannt.

Inzwischen hatte Tatjana Fjodorowna gemeinsam mit einer ehemaligen Schülerin Skrjabins, der Pianistin Maria Nemenowa-Lunz, versucht, die Verlagsangelegenheiten des Komponisten zu regeln, das heißt zu erreichen, daß er für seine künstlerische Arbeit wesentlich mehr Honorar erhielt. Doch der Verleger Boris Petrowitsch Jürgenson antwortete Skrjabin auf einen Brief, in dem dieser ihm das *Poème de l'extase* und andere Werke angeboten hatte, die von ihm genannte Höhe des Honorars (die schon bedeutend niedriger war, als Tatjana sie angesetzt hatte) sei für ihn nicht akzeptabel. Ein anderer Verleger, Julius Heinrich Zimmermann, teilte Skrjabin mit, gewisse Leipziger Professoren hätten sich negativ über seine Préludes geäußert, und schlug ihm deshalb vor, leichte, melodiöse Walzer zu komponieren, für die die Firma ihm je 25 Rubel zahlen werde. Diese wie eine Anekdote wirkende Episode mag als Beispiel dafür dienen, welchem Unverständnis Skrjabin des öfteren ausgesetzt war (ähnlich anekdotenhaft war eine französische Rezension der Pariser Uraufführung der 3. Sinfonie). Es war schwierig, einen Verleger zu finden, der für seine Musik das Verständnis aufbrachte, das Beljajew und die russischen Musiker, in deren Hände die Leitung seines Verlages übergegangen war, an den Tag legten. Der Bruch mit dem Verlag Belaïeff erfolgte zum Glück nicht sofort, sondern erst nach dem Erscheinen der Partitur des *Poème de l'extase* und einiger 1908 komponierter Klavierstücke. Dieser Bruch war jedoch offensichtlich ein schwerer Fehler Skrjabins.

Die bei Belaïeff erschienenen Werke stellen die Früchte eines Schaffenszeitraumes von zwanzig Jahren dar (1888–1908), in welchem Skrjabin eine Entwicklung von enormer Geschwindigkeit durchlaufen und wahrhaft imposante künstlerische Leistungen vollbracht hat, die zum festen Bestandteil der Weltkultur wurden. Diese Entwicklung brachte eine beträchtliche Erweiterung des Fundus an musikalischen Ausdrucksmitteln mit sich und hatte als Ziel die Festigung des unerschütterlichen Glaubens an den Sieg der positiven Kräfte, jenes Glaubens, der zurückging auf das Vermächtnis Puschkins.

Aufgrund der materiellen Schwierigkeiten sah Skrjabin sich veranlaßt, erneut die Konzerttätigkeit aufzunehmen. Er trat in Genf, Brüssel, Lüttich und Amsterdam auf, wobei er nach wie vor nur eigene Werke spielte. Den Pressestimmen zufolge verliefen die Konzerte mit großem Erfolg. In einer Rezension wurde Skrjabin als »wirklich origineller Komponist und erstklassiger Virtuose . . ., als wunderbarer Pianist von großer Ausstrahlungskraft, der über eine vollendete Technik verfügt«, bezeichnet. Die Erträge aus diesen Konzerten waren freilich unbedeutend. Daher ging er, ohne zu zögern, auf einen Vorschlag seines ehemaligen Studienfreundes Modest Isaakowitsch Altschuler (1873–1963) ein. Dieser war nach Abschluß des Studiums im Fach Violoncello zusammen mit seinem Bruder Jakow nach den Vereinigten Staaten ausgewandert und hatte in New York das »Russian Symphony Orchestra« (»Russisches Sinfonieorchester«) gegründet, das erfolgreich russische Musik zu Gehör brachte. Altschuler schlug Skrjabin vor, in Konzerten seines Orchesters und anderer Orchester der USA aufzutreten sowie mit eigenen Klavierwerken eine Konzerttournee durch das Land zu unternehmen. »Im Laufe dieses Jahres sind mir meine geschäftlichen Dinge vollkommen fehlgeschlagen, und ich habe zu einem verzweifelten Mittel gegriffen: einer Reise nach Amerika, wohin ich bereits ein Engagement habe«, schrieb er an Ljadow. Und kurz vor der Abreise dankte er diesem herzlich für alle Bemühungen im Zusammenhang mit der vorfristigen Übersendung des Glinka-Preises und des Verlagshonorars.

Am 1. Dezember 1906 fuhr Skrjabin von Amsterdam nach Rotterdam, von wo aus am gleichen Tag sein Schiff nach Amerika abging. Die Reise dauerte zehn Tage, und obwohl der Dampfer »großartig, riesig und sehr komfortabel« war, klagte der Komponist in einem Brief an seine Frau, die in Amsterdam bei Verwandten blieb: »Die Zeit vergeht langsam! Jede Stunde ist eine Ewigkeit. Die Gesellschaft auf dem Dampfer ist erlesen in bezug auf Liebenswürdigkeit und ... Dummheit. So etwas habe ich in meinem Leben noch nicht gesehen und gehört, weil ich noch nie in so nahe Berührung mit der ›privilegierten‹ Klasse der satten Idioten gekommen bin.« Am 11. Dezember telegraphierte er bereits, daß er wohlbehalten in New York angekommen sei. Er wurde von Altschuler und dem Konzertagenten J. E. Francke empfangen. Bald danach traf er mit Safonow zusammen, der 1906–1909 Direktor des National Conservatory (Staatliches Konservatorium) in New York und Chefdirigent der Philharmonie war. Safonow setzte seine ganze Autorität ein, um seinem Schützling jenseits des Ozeans einen möglichst herzlichen Empfang und Erfolg zu gewährleisten. Eigens zu diesem Zweck vereinbarte er mit Altschuler die Beteiligung an einem »Russischen Sinfoniekonzert«, in dem Skrjabin auftreten sollte. »Er bemüht sich in letzter Zeit um mich wie ein Verliebter. Als ich ihm die 4. Sonate vorspielte, brach er vor Ergriffenheit in Tränen aus, ständig sagte er: ›genial‹«, schrieb Skrjabin an Tatjana.

Am 20. Dezember 1906 spielte der Komponist sein Klavierkonzert in der Carnegie Hall, dem größten New-Yorker Konzertsaal. Unter Leitung von Modest Altschuler erklangen die 3. Sinfonie von Glasunow und das *Capriccio bohémien* (»Capriccio über Zigeunerthemen«) von Rachmaninow, während Skrjabins Konzert von Safonow dirigiert wurde. Am 3. Januar 1907 fand ein Klavierabend von Skrjabin in der Mendelssohn Hall statt, der ihm wie das vorherige Konzert großen Erfolg brachte. Den tiefsten Eindruck hinterließ wie stets die 3. Sonate.

Einige Tage darauf spielte er in Cincinnati wiederum sein Klavierkonzert, dann trat er nochmals in der Mendelssohn Hall auf, gab einen Soloabend in Chicago und spielte in Detroit sein Konzert mit dem dortigen Sinfonieorchester. Am 28. Februar führte Altschuler in New York die 1. und am 14. März die 3. Sinfonie auf. Doch genau eine Woche nach der amerikanischen Erstaufführung des *Divin poème,* die den Ruhm des großen russischen Komponisten jenseits des Ozeans weiter ausbreitete, telegraphierte er an Glasunow: »Muß Amerika sofort verlassen, bitte sendet telegraphisch 600 Rubel . . .« Natürlich wurde das Geld geschickt, und Skrjabin reiste zusammen mit Tatjana, die – trotz all seiner Warnungen und der Ratschläge von Safonow und Altschuler – nach Amerika gekommen war, nach Paris ab.

A. W. Kaschperow gibt dazu folgende Erläuterung: »Die plötzliche Abreise der Skrjabins aus Amerika erfolgte deshalb, weil in New York Gerüchte über die ›Illegitimität‹ der Ehe von Tatjana Schloezer-Skrjabina mit dem Komponisten verbreitet wurden. Da sie befürchten mußten, daß man sie aus dem Hotel jagt, in den Zeitungen Skandal macht und dergleichen, verließen Skrjabins Amerika in aller Eile.« Weiter stellt der Herausgeber der Briefe Skrjabins fest: »Skrjabins Befürchtungen, die hohen Ausgaben für die Reise Tatjana Schloezer-Skrjabinas nach Amerika und für den dortigen Aufenthalt könnten die gesamten Einkünfte aus der ihm lästigen Konzerttätigkeit verschlingen, erwiesen sich in vollem Umfang als berechtigt; eine Folge war auch das Telegramm an Glasunow.« Man kann sich vorstellen, was der Komponist in diesen Tagen durchzumachen hatte . . .

Von New York aus reisten die Skrjabins nach Paris, wo sie nach langem Suchen eine Wohnung fanden und die Geldsorgen eine Weile aufhörten, da die »Rente« von Frau Morosowa eingetroffen war. Wesentlich trugen zur Hebung von Skrjabins Stimmung Begegnungen mit russischen Freunden bei, die in Paris weilten. Besonders freute er sich über die Begegnungen mit Nikolai Rimski-

Korsakow und dessen Familie: seiner Frau Nadeshda, den zwei Söhnen und der Tochter. Skrjabin konnte nicht wissen, daß er den großen russischen Komponisten, den die französische Hauptstadt feierte, zum letztenmal sah. Nadeshda Rimskaja-Korsakowa berichtete später in ihren Erinnerungen über den Besuch bei den Skrjabins: »Wir verbrachten bei ihnen einen sehr angenehmen und interessanten Abend. Alexander Nikolajewitsch war damals mit großer Begeisterung bei der Arbeit am ›Poème de l'extase‹. Er zeigte uns sein Werk, erläuterte, was er mit dem Orchester vorhatte, erklärte die Bedeutung der einzelnen Themen und trug zuerst einzelne Teilstücke vor, zu denen er dann sagte, welche Rolle im Gesamtwerk sie spielen sollten, mit einem Wort, er war bemüht, soweit dies ohne die Farben des Orchesters möglich war, einen klaren Begriff von seinem neuen Werk zu vermitteln.« In den »Russischen Konzerten«, die im Mai 1907 in Paris veranstaltet wurden, erklangen Werke russischer Komponisten von Glinka bis Skrjabin. Letzterer war mit der 2. Sinfonie unter Nikisch und dem Klavierkonzert vertreten (den Solopart spielte Josef Hofmann, es dirigierte ebenfalls Nikisch). Diese Pariser Tage blieben Skrjabin für immer im Gedächtnis. Er empfand, daß sein Schaffen zu einem untrennbaren Bestandteil der russischen Musik geworden war. Er fühlte sich voller Kraft, arbeitete mit Elan an der Vollendung des *Poème de l'extase* und faßte neue Ideen und Pläne. »Er zeigte uns sein ›Poème de l'extase‹, das herrliche Musik enthält, und entwickelte den Plan zu seinem nächsten Werk, das grandiose, einzigartige, ja, nicht zu verwirklichende Maßstäbe haben soll«, schrieb Nadeshda Rimskaja-Korsakowa an ihren ältesten Sohn Michail. Dies war wahrscheinlich die erste Erwähnung der Idee zum *Prometheus.*

In Paris traf Skrjabin auch mit Glasunow, Schaljapin,

Rachmaninow und zahlreichen anderen russischen sowie mit französischen Musikern zusammen. Von hier aus ging es in die Schweiz. Den Sommer verbrachte er mit seiner Frau in St. Beatenberg, wo er eifrig an der Partitur des *Poème de l'extase* arbeitete. Später ließen sie sich in Lausanne nieder. Dort wurde am 3. Dezember 1907 die Partitur endgültig abgeschlossen und am gleichen Tage nach Leipzig abgeschickt, wo die Belaïeff-Ausgaben gestochen und gedruckt wurden. In einem Brief an Nikolai Arzybuschew schrieb Skrjabin diesem von nachträglichen Änderungen der Instrumentation und von der Umarbeitung eines großen Abschnittes der Partitur. Dazu hebt A. W. Kaschperow in seinem Kommentar hervor: »Der eigentliche Grund für diese Verzögerungen war das strenge Bewußtsein der Verantwortung des Künstlers für seine Werke, für die Makellosigkeit ihrer endgültigen Gestalt. Nicht von ungefähr stellte ein so feinsinniger Meister und Kenner der Kompositionstechnik wie Anatoli Ljadow Skrjabin in bezug auf Vollkommenheit des Tonsatzes in eine Reihe mit Mozart und Bach.« Aus Petersburg wurde Anweisung gegeben, die Partitur »beschleunigt« zu stechen, und bereits Anfang 1908 erschienen sowohl die Partitur als auch die Stimmen des Skrjabinschen Meisterwerkes. Am 27. November 1908 fand in New York die Uraufführung des *Poème de l'extase* unter Leitung von Modest Altschuler statt.

»LE POÈME DE L'EXTASE«

Skrjabins neues Werk, an dem er mehrere Jahre gearbeitet hatte, fand in der Heimat des Komponisten hohe Anerkennung. Im gleichen Jahr 1908 erhielt er dafür den Glinka-Preis (zum elften Mal!). Die geplante Aufführung fand allerdings zunächst nicht statt. Felix Blumenfeld wagte es nicht, dieses komplizierte Werk ohne Hinweise des Komponisten, die er für eine richtige Deutung für notwendig hielt, aufzuführen; bei Skrjabin aber fügten sich die Umstände so, daß er sich erst ein Jahr später loßreißen konnte, um nach Petersburg zu fahren. So erklang das *Poème de l'extase* in Rußland erstmals in einem Konzert des Petersburger Hoforchesters unter Leitung von Hugo Warlich am 19. Januar (1. Februar) 1909. Und am 31. Januar (13. Februar) wurde es in Anwesenheit des Komponisten unter Blumenfeld in einem »Russischen Sinfoniekonzert« aufgeführt, in dem außerdem Skrjabin selbst eigene Klavierstücke spielte.

In den musikalischen Kreisen Petersburgs und in Pressestimmen war von der Bedeutsamkeit des neuen Werkes, der Kühnheit der Konzeption, der großen Meisterschaft und dem Farbenreichtum der Orchestrierung die Rede. Das herausfordernd Neuartige dieser Partitur stieß jedoch teilweise auch auf Befremden und sogar auf Ablehnung. Im Laufe der Zeit setzte sich freilich eine gerechtere Beurteilung durch, und das Werk fand breite Anerkennung. Bereits 1924 schrieb der namhafte deutsche Musikwissenschaftler Adolf Aber in seinem Vorwort zu einer Partiturausgabe, die in Deutschland mit hoher Auflage erschien[37]: »Mit diesem Werk reiht sich Skrjabin den ganz großen Sinfonikern, die unsere Musikgeschichte kennt, würdig an.«

Zu diesem Werk existiert ein Programm, das Skrjabin erstmals in Genf auf eigene Kosten drucken ließ (1906). Aber schon im folgenden Jahr schrieb er an Arzybuschew: »Den Text möchte ich nicht in der Partitur abgedruckt haben. Den Dirigenten, die das ›Poème de l'extase‹ aufführen wollen, kann man jederzeit mitteilen, daß es einen solchen gibt, aber eigentlich möchte ich, daß sie sich zunächst mit der reinen Musik auseinandersetzen.« Es ist bekannt, daß Skrjabin bald nach Erscheinen des in Versform gehaltenen Textes vorhatte, dazu bestimmte Kommentare zu verfassen (was er aber nicht getan hat). All dies legt, insbesondere wenn man dem seine späteren Äußerungen gegenüberstellt, den Gedanken nahe, daß der Text des Programms den Komponisten schon sehr bald nicht mehr befriedigt hat. Trotzdem darf dieser Text, wenn von der Musik dieses Werkes die Rede ist, nicht übergangen werden. Obwohl sein Aussagegehalt gewisse Beziehungen zum dichterischen Stil des russischen Symbolismus erkennen läßt, ist er vor allem von der künstlerischen Persönlichkeit Skrjabins geprägt und trägt zum Verstehen der Idee des sinfonischen Werkes bei, das übrigens für immer ein Meisterwerk der »reinen Musik«[38] geblieben ist. Was das Programm anbelangt, so ist es für den Historiker lediglich als Quelle von Bedeutung, die in gewissem Maße das Erfassen der Triebkräfte für die Schaffung des *Poème de l'extase* und vor allem des festen Glaubens an die umgestaltende Kraft der Kunst fördern kann. Bekanntlich wird diese Kraft der Kunst bereits im Schlußchor von Skrjabins 1. Sinfonie besungen.

Im Grunde bildet das gedichtete Programm des *Poème de l'extase* einen Hymnus auf die alles besiegende Macht des menschlichen Geistes, der »vom Lebensdurst beflügelt«[39] ist, in ganz unterschiedlichsten Zuständen verharrt, alle Zweifel und Hindernisse überwindet und nach der »Höhe des Seins«[39] strebt, wohin den Menschen »des freien Willens unendlicher Strom«[39] führt. Die Schlußzeilen des Textes bekräftigen die Allmacht des menschlichen Willens und unterstreichen die Menschenwürde, zu deren Verteidigung sich in den Jahren der Entstehung des *Poème de l'extase* die besten und unbesiegbaren Kräfte Rußlands erhoben hatten:

»Und es hallte das Weltall
Vom freudigen Rufe
ich bin!«[39]

Derselbe Ruf ertönte auch in der letzten Strophe des Gedichts *An die Glücklichen* von Valeri Brjussow (1905), in dem der Dichter, an die künftigen Generationen gewandt, seine feste Überzeugung von der sozialen Befreiung der Menschheit zum Ausdruck brachte:

»Die Zeilen erfüllen sich: Das Zeitalter entflammt,
Dessen Strahl auf der Stromschnelle der Jahrhunderte erglänzt,
Und fest stellt sich der freie Mensch hin
Vor das Antlitz des Himmels auf seinem Planeten.«[40]

Skrjabin war sich jedoch darüber im klaren, daß die Gestaltung dessen, was er in seiner Dichtung sagt, mit musikalischen Mitteln eine unausführbare Aufgabe war. Wenn man sich eingehend mit seinen Äußerungen befaßt, gewinnt man den Eindruck, daß er diesen Text letzten Endes gar nicht als Programm seines Poems betrachtet hat. Übrigens bezeichnete er seine Komposition zunächst als 4. Sinfonie. Den späteren Titel wählte er, was die gattungsmäßige Zuordnung anbelangt, offenbar mit dem Ziel, den »Poemcharakter« des neuen Werkes zu betonen, und nicht aus dem Grund, weil es einsätzig war, denn das reiche Themenmaterial, die Vielfalt, mit der es entwickelt wird, und die Kraft der künstlerischen Gestaltung des Ganzen wären Grund genug gewesen, das Werk als einsätzige Sinfonie gelten zu lassen.

Skrjabins künstlerische Entwicklung vollzog sich so stürmisch, daß jedes neue Werk etwas ganz Neues bot, sogar im Verhältnis zu seinen eigenen früheren Werken. Zugleich war seine Entwicklung jedoch von erstaunlicher Gesetzmäßigkeit und ideelicher Zielstrebigkeit gekennzeichnet, so daß sich anhand derselben die Weltanschauung des Komponisten viel eher beurteilen läßt, als es die Texte der Programme (die keineswegs immer von ihm selbst stammen) und die Versuche einer Deutung seiner Werke erlauben.

Im *Poème de l'extase* werden unbestritten völlig neuartige Ausdrucksmittel verwendet. Andererseits sind hier aber auch einige klangliche Momente weiterentwickelt, die emotional den Sinfonien, Sonaten und sogar manchen frühen Etüden Skrjabins nahestehen. Das gilt vor allem für das Lyrisch-Kontemplative zu Beginn des Poems. Das »Thema der Sehnsucht« (diese Bezeichnung geht auf Skrjabin zurück), das von der Flöte zur Solovioline übergeht und über einer transparenten »bebenden« Begleitung der geteilten Streicher erklingt, macht einer träumerischen Klarinettenmelodie Platz, die allerdings durch ein gebieterisches Signal der Hörner und Trompeten angekündigt wird. Die Aktivierung dieser Elemente führt zu dem für Skrjabin typischen »flugartigen« Klangcharakter. Dieser Abschnitt wird von beiden Themen der langsamen Einleitung durchzogen, die sich beharrlich weiterentwickeln, wobei sie gewissermaßen in der Erinnerung Gedanken wachrufen, denen sie entsprungen sind. Skrjabins Meisterschaft im polyphonen Satz offenbart sich hier in vollem Glanz und erreicht echt Tanejewsches Niveau.

Unerschöpflich ist auch der Themenreichtum dieses Werkes. Die zehn Themen verkörpern unterschiedliche Gedanken und Gefühlsgehalte, die in ihrer Gesamtheit ein durch seine Schönheit und Harmonie eindrucksvolles Bild von der Tiefe des menschlichen Geistes, der Willensstärke und Größe der Taten des Menschen im Kampf um hohe humanistische Ideale ergeben. »Ein Flammenmeer erfaßt das Weltall«[41], schrieb Skrjabin im Text des Programms mit feinem Gespür für die gespannte Atmosphäre seiner Zeit und deren »erregende Rhythmen«[41], die sich auch im *Poème de l'extase* niederschlugen. Die titanischen Anstrengungen in dem Kampf, der sich in dieser Musik abspielt, empfindet man besonders deutlich in der vielseitigen Entwicklung des »Themas des Willens« und des »Themas der Selbstbehauptung«.

Die Form des *Poème de l'extase* ist so kompliziert aufgebaut, daß darüber unter den Musiktheoretikern keine einheitliche Meinung herrscht. Ohne uns in diese

Diskussion einzuschalten, sei nur bemerkt, daß sich die Dramaturgie des Werkes einerseits aus der Vielfalt der Themen und der Aspekte ihrer Wechselwirkung, andererseits aber aus dem Bestreben des Komponisten ergibt, die ganze Intensität des Kampfes für den Sieg des Guten und für die Überwindung der passiven Kontemplation wie der »erregenden Rhythmen« zu demonstrieren. Diese Überwindung empfindet man auch in der Umgestaltung der Themen der Kontemplation und der Unruhe, die in die »flugartigen«, freudig-bewegten Partien eingeflochten werden. Und der erste Sieg, den der Mensch erringen muß, ist der »Sieg über sich selbst«, der die Anspannung aller seiner Geisteskräfte verlangt. Deshalb gewinnt die im Programm enthaltene Anrufung der Kräfte, die der Mensch noch nicht klar erkannt hat, die aber in ihm verborgen sind, besondere Bedeutung:

»Ich rufe euch zum Leben auf,
Verborgene Bestrebungen!
Ihr in dunklen
Tiefen des schaffenden
Geistes versunkenen,
Ihr ängstlichen
Keime des Lebens,
Kühnheit
Bringe ich euch!«[42]

Es liegt Grund zu der Annahme vor, daß Skrjabin diesen Zeilen des Programmtextes besondere Bedeutung beigemessen hat, denn er stellte eben diese der 5. Sonate für Klavier, die unmittelbar nach Abschluß des *Poème de l'extase* entstand, als Motto voran. Offenbar hat ihn der Gedanke von der Weckung der im Menschen schlummernden Kräfte und von der edlen Aufgabe des Künstlers, die Menschen zu furchtloser Verwirklichung der

»verborgenen Bestrebungen«, zu Freiheit und Glück aufzurufen, nicht losgelassen. Und diesen Gedanken bekräftigte er auch in den überwältigenden Höhepunkten des *Poème de l'extase.* Ebenso wie die 3. Sinfonie schließt das Werk mit einer feierlichen Apotheose des gesamten riesigen Orchesters.

Das *Poème de l'extase,* zu dem Skrjabin durch den Aufschwung der Befreiungsbewegung in Rußland inspiriert wurde, stellt die wohl markanteste künstlerische Gestaltung des Ideengehalts dieses Aufschwungs dar. Doch die Bedeutung des Werkes reicht, obwohl es zu einem Denkmal dieser Epoche wurde, weit über deren Grenzen hinaus. Jeder wirklich große Künstler hat nicht nur ein feines Gespür für die Anliegen seiner Zeit, sondern besitzt auch die Gabe der Verallgemeinerung. Dante »bevölkerte« die jenseitigen Welten der *Göttlichen Komödie* mit den Schatten seiner Zeitgenossen, die jedoch den Charakter unsterblicher Verallgemeinerungen annahmen. Die Verse, mit denen sich Puschkin an die Dekabristen wandte, klingen bis heute als Verherrlichung jener »guten Gefühle«[43] eines hohen Humanismus, von dem in dem Gedicht vom Denkmal die Rede ist. In den Werken der Begründer der russischen musikalischen Klassik – von Glinka bis zu Rimski-Korsakow – sind großartige Verallgemeinerungen enthalten, die wohlbekannt sind und keiner weiteren Ausführungen bedürfen. Solche Verallgemeinerungen sind auch kennzeichnend für die Musik Skrjabins, deren Eigenart durch sie bedingt wird und die unvergänglichen Wert besitzt.

Ein so namhafter Skrjabinforscher wie S. E. Pawtschinski schließt seine Analyse des *Poème de l'extase* mit den schönen und treffenden Worten: »Auf immer neue Generationen von Hörern wirkt das ›Poème de l'extase‹ bezwingend durch seine ›Gewitteratmosphäre‹, die Romantik der darin geschilderten großen Ereignisse und die feierliche Verkündung und Bestätigung der Kraft der heroischen Persönlichkeit. Der Kampf selbst entspringt dem Wirkens- und Tatendrang, und das verleiht der ganzen musikalischen Konzeption jugendliche Züge und bringt das Poem besonders jungen Hörern nahe, die sich von der emotionalen Ausstrahlungskraft der Musik angesprochen fühlen und in ihr gar nichts abstrakt Philosophisches empfinden.«

Der Schluß dieses Zitats wirkt wie eine Polemik gegen solche Äußerungen, die Skrjabin als einen von der Wirklichkeit isolierten, Visionen verhafteten Mystiker charakterisieren und sich dabei weniger auf seine Musik als vielmehr auf die berüchtigten »Programme« stützen; diese aber befriedigten den Komponisten so wenig, daß er sie den Ausgaben seiner Werke nicht beifügen wollte (es sei daran erinnert, daß alle zu seinen Lebzeiten erschienenen Orchesterpartituren ohne irgendwelche Programme und Erläuterungen herauskamen und von den zahlreichen Klavierwerken lediglich die Ausgabe der 5. Sonate das oben angeführte Motto trug).

Versuchen wir daher, den Schöpfer des *Poème de l'extase* als Menschen und Denker genauer zu betrachten. Erinnern wir uns vor allem nochmals der Worte seiner Erzieherin Ljubow Alexandrowna Skrjabina: Skrjabin »liebte die Menschen überhaupt und beurteilte sie nach ihrem Wert und ihrer Begabung, ohne Rücksicht auf Titel und Herkunft«. Die biographischen Fakten des Komponisten bestätigen dies vollauf. Er war mit der Familie Trubezkoi befreundet – und zwar nicht deshalb, weil dieses Fürstengeschlecht zu den höchsten Kreisen der russischen Aristokratie gehörte, sondern deshalb, weil er in Sergej Trubezkoi den hervorragenden Philosophen, allseitig gebildeten Menschen und echten Humanisten schätzte. Zu seinen Freunden und Schülern zählten Menschen unterschiedlicher Anschauungen, Überzeugungen und Nationalitäten. Der unermüdliche Erkenntnisdrang, das Interesse für philosophische, soziale, ethische und ästhetische Probleme – all das bestimmte seine Lektüre, wobei er insbesondere das Studium der Geschichte der Philosophie systematisch betrieb. Hatte er sich unter dem Einfluß Trubezkois für die antike Philosophie begeistert und verschiedene Abhandlungen zur Geschichte der »Königin der Wissenschaften« gelesen, so begann er 1906, als er in der Schweiz Georgi V. Plechanow kennengelernt hatte, eingehend Schriften von Marx, Engels und Lenin zu studieren. Plechanow schenkte ihm auch einige seiner Arbeiten und diskutierte häufig mit ihm.

Über die erste Begegnung mit Skrjabin berichtet Plechanows Frau: »Es stellte sich heraus, daß Alexander Nikolajewitsch, der Rußland schon lange verlassen hatte und ganz in seine neuen musikalischen Werke vertieft war, mit großem Interesse den heldenhaften revolutionären Kampf verfolgte und sein Mitgefühl für die Revolutionäre äußerte.« Skrjabin spielte bei dieser Begegnung Ausschnitte aus seiner 3. Sinfonie und dem *Poème de l'extase* vor, und seine Musik machte auf alle, besonders auf Plechanow, starken Eindruck. Plechanow, dessen Schriften Skrjabin damals zu studieren begann, sorgte dafür, daß dieser Kontakte zu russischen Emigranten aufnahm. Am 30. Juni 1906 gab Skrjabin im Saal des Genfer Konservatoriums ein Konzert, dessen Ertrag für die Familien russischer politischer Emigranten bestimmt war. Wir wissen auch von Beziehungen Skrjabins zu einer russischen Emigrantengruppe in Belgien und von seiner Bereitschaft, sie materiell zu unterstützen.

Als Skrjabin in der Schweiz lebte, hielt er sich gern unter Fischern auf. Er traf sie häufig am Ufer des Genfer Sees und schätzte die Gespräche und die freundschaftlichen Beziehungen, die sich mit diesen arbeitsamen Menschen, besonders mit Otto Hauenstein, bald ergaben. In einem Brief, den er an Wera Iwanowna im September 1905 vor ihrer Abreise aus der Schweiz nach Moskau schrieb, bat er: »Vergiß nicht, Dich von allen zu verabschieden, auch von Otto« (diese Worte sind in dem Brief unterstrichen). Und zwei Jahre später schrieb er an Frau Morosowa, daß er unterwegs von St. Beatenberg nach Lausanne mit seiner Frau etwa zwei Wochen bei Otto in La Belotte bei Genf Station gemacht habe. Wie eine Postkarte zeigt, die er im Sommer 1908 aus dem »lieben Belotte« an Maria Nemenowa-Lunz schickte und die auch von seiner Frau, anderen Gästen sowie Otto unterschrieben ist, war dieser Schweizer Fischer Skrjabins richtiger Freund geworden. Aus ganz fragmentarischen Angaben läßt sich schließen, daß der Komponist sich mit ihm und seinen Kollegen sogar über seine Kunst und seine Schaffenspläne unterhalten hat und sich ihrer Überzeugung anschloß, daß die soziale Ungleichheit verschwinden müsse und eine Zeit kommen werde, in der es keine Armut mehr gibt und sogar das Geld außer Gebrauch kommt.

Die Träume von einer schönen Zukunft verbanden sich für Skrjabin und offenbar auch für seine Gesprächspartner mit keinerlei konkreten Vorstellungen, aber seine Musik war erfüllt von Aufrufen zum Kampf für diese Zukunft. Und zu einer Zeit, als in der Dichtung der russischen Symbolisten so häufig Motive der Bestürzung und Trauer vorkamen, als Alexander Block »den ganzen Horizont in Flammen« sah, dabei aber seine Furcht vor kommenden Erschütterungen nicht verbarg (»doch es macht mir Angst, daß du dein Aussehen verändern wirst«), riefen die Fanfaren der 3. Sinfonie und des *Poème de l'extase* zum Kampf für das Glück auf, das, wie der große und weise Dante im 14. Jahrhundert feststellte, dem Menschen zuteil werden muß.

Heinrich Neuhaus, der Skrjabin zeit seines Lebens verehrte, charakterisierte dessen Musik treffend und in aphoristischer Kürze wie folgt: »›Poeme der Ekstase‹ – so würde ich den ganzen Schaffens- und Lebensweg Skrjabins nennen. Er brannte und verbrannte – das ist der Grund, warum seine Musik wie ein Stern, wie eine Sonne Licht ausstrahlt.« Selbst die aufreibende Arbeit an der Vollendung der Partitur des *Poème de l'extase,* als der Komponist tagelang immer nur zwei Stunden schlief, unterbrach sein schöpferisches Brennen nicht. Fünf Tage nach Absendung der Partitur nach Leipzig schrieb Tatjana Fjodorowna tief beeindruckt an Maria Nemenowa-Lunz: »Sascha hat es schon geschafft . . . die 5. Sonate zu komponieren!!! Ich traue meinen Ohren nicht, so unwahrscheinlich ist das!«

Wie schon gesagt, wählte Skrjabin als Motto der 5. Sonate, seiner ersten einsätzigen Sonate (die er deshalb eine Zeitlang als Poem bezeichnen wollte), Zeilen aus dem Programm des *Poème de l'extase.* Thematisch weist die Sonate jedoch keine Beziehung zum *Poème* auf, und sie stellt, wie aus ihrer inneren Struktur ersichtlich ist, eine ganz selbständige künstlerische Gestaltung des Appells an die »verborgenen Bestrebungen« dar. Allenthalben ertönen Ruf- und Signalmotive (mit den Vortragsbezeichnungen »quasi trombe«, »imperioso«, d. h. »wie Trompeten«, »gebieterisch«), und die Stellen, die von ruhig-heiterer Lyrik getragen sind, erinnern an die Träume von einem fernen Stern, die dem langsamen Satz der 4. Sonate solchen Reiz verleihen. Diese Träume rufen in beiden Sonaten die Vorstellungen vom unaufhaltsamen »Flug zum Stern« hervor, freilich mit dem Unterschied, daß in der 5. Sonate die emotionale Spannung (mit der Vortragsbezeichnung »con furia«, d. h. »mit Wut«) durch die Verwendung komplizierter harmonischer Mittel und besonders markanter Rhythmik sowie durch eine »ekstatische« (auch das eine Vortragsbezeichnung in der Sonate: »estatico«) Steigerung des »Themas des Sterns« im »leuchtenden« Diskant (»con luminosità«) erreicht wird, in Höhenlagen, in die auch die letzten, die Sonate abschließenden Passagen enteilen.

»Leben, Licht, Kampf, Wille – darin liegt Skrjabins wahre Größe.« Diese Worte von Wladimir Sofronizki, der sein Konzert zum 30. Todestag Skrjabins mit dessen 5. Sonate beschloß, erlangten in den letzten Kriegstagen 1945 besondere Bedeutung, als der Wille, die Entschlossenheit und die Kraft des sowjetischen Volkes das Leben auf der Erde gegen Anschläge auf die lichten Ideale verteidigte, nach denen zu streben der Komponist des *Poème de l'extase* beständig aufgerufen hatte. Es muß unbedingt betont werden, daß Skrjabins stilistische Entwicklung nicht nur auf der konsequenten Erweiterung der Ausdrucksmittel, sondern vor allem auch auf der Entwicklung des geistig-künstlerischen Gehalts seiner Werke beruhte. So kann man zum Beispiel eine Entwicklung von der 3. über die 4. bis zur 5. Sonate oder von der 2. über die 3. Sinfonie bis zum *Poème de l'extase* feststellen, zu dem die 5. Sonate in engem Zusammenhang steht.

In den großen Werken der Musik besonders der nachklassischen Periode beherrscht häufig eine bestimmte Idee das Geschehen und verkörpert sich in einem Thema, das fortschreitend entwickelt und umgestaltet wird. Bei Skrjabin dürfen wir mit Fug und Recht von einem »Generalthema« seines Schaffens im ganzen sprechen, worunter selbstredend nicht irgendeine melodisch-rhythmische Folge zu verstehen ist, sondern eine übergeordnete Idee, die der Komponist mit ganz verschiedenen musikalischen Ausdrucksmitteln, derer er sich zur Veranschaulichung dieser Idee durch den jeweiligen inhaltlichen Aufbau des einzelnen Werkes bedient, gestaltet. Es ist die Idee von der Macht des Menschen, von der Dante und Puschkin sprachen. Beide Dichter waren davon überzeugt, daß der Mensch, wenn er sich seiner Stärke bewußt ist, ein sicheres Unterpfand seines Sieges im Kampf um das Glück besitzt. Erinnert sei nochmals an die Worte des jungen Skrjabin, die er an die Menschen richtete: »Ich will ihnen sagen, daß sie stark und mächtig sind.« Etwas später schrieb er: »Das Leben ist die Überwindung von Widerstand.« Und mit diesen kurzen Notizen verbindet sich in harmonischer Weise der Appell an die »verborgenen Bestrebungen«, die er im gleichen Text auch »*reine* Bestrebungen« nannte. Aus ethischem Denken und echter Lauterkeit entsprang Skrjabins Bestreben, den Menschen mit seiner Kunst zu dienen, sie zu lehren, »Widerstand zu überwinden«, und ihr Sinnen und Trachten zu den Sternen zu lenken, deren Bilder seine Musik erleuchteten.

»PROMETHEUS«

Bevor Skrjabin nach Rußland fuhr, schrieb er an Frau Morosowa aus Biarritz, wo er und seine Frau bei der Familie Kussewitzky zu Gast waren: ». . . wir haben beschlossen, nach Brüssel zu ziehen, das die Vorzüge der Hauptstadt mit fast dörflicher Ruhe und Billigkeit verbindet. Außerdem liegt es nicht weit von Paris und London, wo ich häufig sein muß.« Es ist anzunehmen, daß dieser Entschluß auf Anregung von Tatjana gefaßt wurde, deren Verwandte in Brüssel lebten. Ihre Mutter, Marie de Schloezer (Maria Alexandrowna), zog später zu den Skrjabins nach Moskau und übernahm die Führung des Haushaltes der Familie, die 1908 durch die Geburt des Sohnes Julian und 1911 durch die Geburt der Tochter Marina, des letzten Kindes Skrjabins, größer wurde.

Skrjabins Bekanntschaft mit Sergej Alexandrowitsch Kussewitzky (1874–1951) kam durch Olga Monighetti zustande. Kussewitzky, einem begabten Musiker, Kontrabaßvirtuosen und später hervorragenden Dirigenten, stand infolge seiner Ehe mit einer reichen Frau, der Tochter des Millionärs Uschkow, ein bedeutendes Vermögen zur Verfügung. Einen Teil der Gelder verwendete er für die Gründung eines Musikverlages und eines eigenen Sinfonieorchesters, das er von 1909 an leitete. Im gleichen Jahr begann das Wirken des »Russischen Musikverlages«[44], über den Kussewitzky mit Skrjabin in Biarritz detaillierte Gespräche führte. Er schlug ihm vor (da Skrjabin zu dieser Zeit die Beziehungen zu Belaïeff abgebrochen hatte), in diesem Verlag alle seine Werke herauszubringen, und wollte ihm dafür jährlich 5000 Rubel zahlen.

In den Jahren, die zwischen dem *Poème de l'extase* und dem *Prometheus* liegen, entstanden nur relativ wenige kleinere Klavierstücke. Das Heft, das die Opuszahl 56 erhielt, umfaßte ein von heroischen Aufrufen erfülltes Prélude, das bizarr-groteske Stück *Ironies,* die lyrisch-besinnlichen *Nuances* und eine kurze Etüde mit leicht und rasch dahinjagendem Figurenwerk. Kürze und ausgesuchte ornamentale Gestaltung kennzeichnen die Stücke *Désir* (»Wunsch«) und *Caresse dansée* (»Liebkosung beim Tanz«) op. 57 (beide ohne Tempobezeichnung). Das »Albumblatt« *(Feuillet d'album,* op. 58) sowie die beiden Stücke op. 59, *Poème* und *Prélude,* erschienen bereits im »Russischen Musikverlag«. Skrjabin schrieb diese Stücke während der Arbeit an der *Prometheus*-Partitur. Unter ihnen ragt insbesondere das stürmisch-bewegte, leidenschaftliche *Prélude* mit der Vortragsbezeichnung »Sauvage, belliqueux« (»Wild, kriegerisch«) hervor.

Es liegen keine zuverlässigen Angaben vor, wann die

Idee des *Prometheus* bei Skrjabin aufgetaucht ist. Auf jeden Fall arbeitete er bereits im Frühjahr 1909 intensiv am »Poem des Feuers« *(Poème du feu)*, wie der andere Titel des *Prometheus* lautet, der Skrjabins letztes sinfonisches Werk werden sollte. Im April dieses Jahres erhielt der Komponist die für ihn erfreuliche Mitteilung, daß seine 1. Sinfonie in Moskau unter Leitung Rachmaninows eine erfolgreiche Aufführung erfahren hatte. Diesem Konzert waren andere vorangegangen, in denen die 3. Sinfonie und *Le poème de l'extase* unter Leitung von Emil Cooper erklangen sowie die 3. und die 5. Sonate und viele andere Klavierstücke von Skrjabin selbst gespielt wurden. »Das hervorragendste Ereignis am Ende der gegenwärtigen Saison war die Ankunft A. N. Skrjabins in Moskau und sein mehrmaliges Auftreten als Interpret eigener Klavierwerke«, schrieb Tschaikowskis Freund Nikolai Dmitrijewitsch Kaschkin, der mit besonderer Aufmerksamkeit verfolgte, wie das weltweite Ansehen der Tanejew-Schule wuchs. Der Zeit vorausgreifend, sei hier erwähnt, daß im darauffolgenden Jahr das fünfzigjährige Bestehen der Moskauer Sektion der Russischen Musikgesellschaft mit einem Festkonzert im Großen Saal des Konservatoriums begangen wurde, in dem die Kantate *Johann von Damaskus* von Tanejew und Werke von zwei seiner Schüler aufgeführt wurden: das 3. Konzert für Klavier und Orchester von Rachmaninow (mit dem Komponisten als Solisten) und die 3. Sinfonie von Skrjabin.

Als Skrjabin im Frühjahr 1909 nach dreimonatigem Aufenthalt in Rußland, nach einem bewegenden Wiedersehen mit Verwandten und Freunden und nach triumphalen Erfolgen in Moskau und Petersburg nach Brüssel zurückkehrte, verbarg er gegenüber Menschen, die ihm nahestanden, nicht, daß ihm, obwohl er sich befriedigt fühlte, dennoch »vor starker Erschöpfung übel« war.

Wir erfahren das unter anderem aus einem Brief an Ljadow, dem er auch schrieb, daß er nichtsdestoweniger viel am *Prometheus* arbeite, sich auf einen Klavierabend in London vorbereite (der dann allerdings nicht stattfand) und außerdem »einen Teil des Textes zum Mysterium« beende. Kaschperow schreibt in einer Anmerkung zu diesem Brief: »Der Text des ›Mysteriums‹ ist nicht gefunden worden.« Es ist aber auch möglich, daß in dem Brief an Ljadow von dem überlieferten Text der *Vorbereitenden Handlung* die Rede ist, zu der der Plan gerade während der langen Überlegungen zum *Mysterium* entstanden war. Mit diesen Überlegungen hing zweifellos auch die Konzeption des *Prometheus* zusammen. Die Partitur dieses Werkes stellte Skrjabin erst im Sommer 1910 fertig, als er wieder in der Heimat war. Der nächste Glinka-Preis, den er für die 5. Sonate erhielt, entlastete ihn etwas von seinen mit dem Umzug verbundenen Sorgen. Die Verzögerung aber, die die Fertigstellung der Partitur des *Prometheus* (ebenso wie seinerzeit die der 3. Sinfonie und des *Poème de l'extase*) erfuhr, erklärt sich durch die Spezifik der Arbeit an der Orchestrierung des Werkes. Dazu muß hier kurz etwas gesagt werden. Wenn Skrjabin die notwendige Zeit für die Fertigstellung eines sinfonischen Werkes ins Auge faßte, ging er gewöhnlich davon aus, wie weit die Idee in ihm bereits ausgereift war. Im Lauf des Instrumentierens tauchten bei ihm mitunter – auf den ersten Blick zweitrangige – Probleme auf, die indes für ihn sehr große Bedeutung erlangen konnten, zumal er hohe Ansprüche an sich stellte. Bei der Analyse der *Prometheus*-Partitur kann man sich von dem ungeheuren Aufwand an Zeit und Mühe ein Bild machen, der nötig war, um der Idee dieses beispiellosen Werkes künstlerische Gestalt zu verleihen.

Die aus der griechischen Mythologie stammende Gestalt des Titanen Prometheus kann mit Recht die edelste genannt werden, die aus ferner Vergangenheit bekannt ist und bis heute lebt und fortwirkt. Natürlich sind uns zahlreiche Helden aus den Mythen von Hellas und Rom von Kind an bekannt, und viele sind in Bildern und Plastiken der Meister der Renaissance und späterer Zeiten dargestellt. Von allen mythologischen Gestalten ist Prometheus aber diejenige, mit der sich die Menschen bis hin zur Gegenwart am intensivsten beschäftigt haben. Bekanntlich wird in der ältesten Fassung dieses Mythos von einer unendlich fernen Vergangenheit berichtet, als die Menschheit ihr Leben in Finsternis verbrachte und der Titan Prometheus (der zum ältesten Göttergeschlecht mit dem Stammvater Uranus gehörte) aus Liebe zu den Menschen das Feuer vom Himmel stahl und es den Menschen brachte. Dadurch konnten sie verschiedene Handwerke erlernen und ihr Leben anders gestalten. Zeus, der Mächtigste eines neuen Göttergeschlechts, verdammte den Titanen, weil er das Verbot gebrochen hatte, zu einer furchtbaren Strafe. Prometheus wurde an einen Felsen des Kaukasusgebirges geschmiedet, und ein von Zeus gesandter Adler fraß ihm die nachts wieder nachwachsende Leber bei Tage immer wieder ab. So mußte Prometheus schreckliche Qualen erdulden, bis Herakles den geflügelten Räuber mit einem wohlgezielten Pfeil tötete.

Im Unterschied zu allen anderen Titanen, die die Macht des Zeus anerkannten, war Prometheus der einzige, der sich gegen die Götter auflehnte. Zu seiner Tat entschloß er sich im Namen der Liebe zu den Menschen, jener Liebe, die, wie Dante sagt, »die Sonne und die übrigen Gestirne bewegt« und auf ewig mit verwandelnder, *göttlicher* Kraft ausgestattet sein wird, worüber Sergej Trubezkoi so wunderbar geschrieben hat.

Von Hesiod und Aischylos bis zu Tanejew und Skrjabin haben sich viele Denker mit dem feuerbringenden Titanen befaßt und ihn in Werken der Literatur und Kunst gestaltet. Das sinfonische Monument, das Skrjabins Orchesterschaffen krönt, war von ihm freilich nicht als Werk der Programmusik mit tragischer Handlung konzipiert, sondern ähnlich wie das *Poème de l'extase* als Gestaltung einer von Kraft und Lebendigkeit getragenen Idee. Diese Idee ist der Wille und die Energie, womit die Erstarrung des Daseins überwunden wird; sie ist die in der Natur des Menschen liegende Aktivierung der Kräfte, sie ist der Sieg über die Mächte der Finsternis, die dem Schein des in der Hand des Titanen lodernden Feuers weichen, jenes Feuers, das zu einem Symbol des Guten wird. Nicht ohne Grund verkündeten einige im Mittelalter von der Kirche grausam verfolgte »Irrlehren« den magischen und vieldeutigen Satz: »Durch das Feuer erneuert sich alle Natur.« So ist auch der zweite Titel zu verstehen, den Skrjabin seiner *Prometheus*-Partitur gab: *Le poème du feu* (»Das Poem des Feuers«).

Um den Ideengehalt dieses Poems darzustellen, benötigte der Komponist nicht nur eine große Orchesterbesetzung wie im *Poème de l'extase*, sondern darüber hinaus noch ein Klavier, einen großen gemischten Chor, der ohne Worte singt, und, was besonders hervorzuheben ist, eine Lichtklaviatur, auch Farbenklavier genannt.[45] Letzteres ist eine Vorrichtung, mit deren Hilfe der Saal in verschiedene Farben getaucht werden kann, wobei auch Farbmischungen möglich sind. Leider hat der Komponist keine vollständige Erläuterung der Notation, in der die Partie des Farbenklaviers dargestellt ist, hinterlassen, und niemand aus seiner Umgebung hat sich der Mühe unterzogen, seine Äußerungen zu systematisieren. Diese sind aber um so wichtiger, als die sogenannte Tabelle des Skrjabinschen »Farbengehörs« nur Angaben darüber enthält, in welchen Farben er sich die verschiedenen *Tonarten* vorstellte (in einigen Fällen decken sich diese Vorstellungen bei Skrjabin und Rimski-Korsakow). Im *Prometheus* kommt indes *ein völlig neues harmonisches System zur Anwendung,* das nicht auf dem traditionellen Tonartensystem beruht. Zu dieser Neuerung gelangte der Komponist, indem er geistvoll und konsequent seine künstlerischen Bestrebungen weiterentwikkelte, die nicht nur durch kühne Neuerungen, sondern auch durch zwingende Logik beeindrucken.

»Welche Tiefe, welche Kühnheit und welche Harmonie« – diese Puschkinschen Worte über die Musik Mozarts kommen einem unwillkürlich in den Sinn, wenn man sich in das Studium der *Prometheus*-Partitur vertieft und wenn man die Musik hört, die unerforschte Bereiche der »wunderbaren Kunst« eröffnet, mit welcher die höchsten Ideen, die die Menschheit im Laufe der Jahrtausende bewegt haben, ausgedrückt werden können. Die Grundidee dieses Werkes von Skrjabin ist die Idee von der Befreiung aller treibenden Kräfte der geistigen Entwicklung der Menschen, eine Idee, die den Beschwörungsworten des *Poème de l'extase* und der 5. Sonate nahesteht: »Ich rufe euch zum Leben auf, verborgene Bestrebungen.« Doch im *Prometheus* wird ein Begriff von der *Kraft* vermittelt, die diese Bestrebungen zum Leben erweckt und ihnen erstmals in der Musikgeschichte den Charakter einer die ganze Welt betreffenden, *kosmischen* Verallgemeinerung verleiht. Dieses Werk hat keine »Handlung«. Vom Raub des Feuers, vom Urteil des Zeus, den Qualen des Titanen und seiner Befreiung durch Herakles, wie es dem traditionellen Schema entspräche, ist hier keine Rede.

Die vielthemige Anlage des *Poème du feu* erklärt sich keineswegs durch den »Handlungsablauf«, sondern, wie gesagt, durch die innere Entwicklung der Themen. Für das erste hat sich die Bezeichnung »Prometheus-Thema«

eingebürgert, obwohl es in Wirklichkeit ein musikalisches Abbild der schlummernden kosmischen Kräfte ist. Schon im 5. und 6. Takt dieses Themas sind die für Skrjabin charakteristischen Aufrufe zu vernehmen, die das Willenshafte, Impulsive der folgenden Themen vorbereiten.

Diese beiden Themen, sowohl das erste, von vier Hörnern vorgetragene (mit der Vortragsbezeichnung »calme, recueilli«, d. h. »ruhig, konzentriert«), als auch das zweite, das gewöhnlich »Thema des Willens« genannt wird und das eine Solotrompete vorträgt, erklingen über einem dumpfen Rollen von Pauken und großer Trommel und der tremolierenden Streichergruppe, die zu Beginn von Flöten, Klarinetten und Fagotten unterstützt wird. Der Gesamtcharakter der ganzen, ziemlich kurzen, aber ihrem Themengehalt nach höchst bedeutsamen Einleitung wird durch die Vortragsbezeichnungen »Lento, brumeux« (»Langsam, nebelartig«) und etwas später »avec mystère« (»geheimnisvoll«) bestimmt. Das Ungewöhnliche der klanglichen Untermalung, die mit ihrem zauberischen Charakter selbst einen Musiker wie Rachmaninow stark beeindruckte, wurde durch die Verwendung eines komplizierten und eigenartigen harmonischen Systems erzielt, dem der sogenannte »prometheische Akkord« oder »prometheische Sechsklang« zugrunde liegt. An dieser Stelle sei mit aller Entschiedenheit festgestellt, daß die mehrfach unternommenen Versuche, Parallelen zwischen Skrjabins künstlerischen Lösungen und den Experimenten westeuropäischer Modernisten zu ziehen, vorsichtig ausgedrückt, als nicht stichhaltig anzusehen sind. Der Untergrund, über dem die beiden Themen der Einleitung erklingen, ist auf der Grundlage eben dieses neuartigen Systems der »prometheischen Harmonik« gebaut. Es sei nochmals betont, daß bereits im ersten Thema die Elemente des Aufrufens enthalten sind, die bestätigen, daß Skrjabin den menschlichen Willen nicht im Sinne der

П Р О Г Р А М М А:

Сочиненія **А. Скрябина:**

1. «Прометей» («Поэма огня») для оркестра, ф.-п. и хора. соч. 60.

   Партію ф.-п. исп. **авторъ.**

Антрактъ 15 минутъ.

---

2. Концертъ для ф.-п. съ оркестромъ. fis-moll, соч. 20

   a) Allegro.

   b) Andante.

   c) Allegro moderato.

Авторъ.

Антрактъ 15 минутъ.

Programm des Petersburger Konzertes unter Leitung von Alexander Siloti, in dem Skrjabins *Prometheus* zweimal aufgeführt wurde

Jewgeni Gunst, ein Freund Skrjabins, der dessen Familie nach dem Tode des Komponisten unterstützte

Margarita Morosowa, die Mäzenin und Gönnerin Skrjabins

Der Komponist Nikolai Mjaskowski, der nachdrücklich auf die Weltbedeutung Skrjabins hinwies

Sir Henry Wood

QUEEN'S HALL
Sole Lessees—Messrs. Chappell & Co., Ltd.
SEVENTEENTH SEASON, 1912-13
SATURDAY, FEB. 1st, 1913,
AT 3 O'CLOCK
Solo Violin:
Herr CARL FLESCH.
Solo Pianoforte—
Mr. ARTHUR COOKE.
THE QUEEN'S HALL ORCHESTRA.
Prin. Violin - Mr. MAURICE SONS.
Celesta - Mr. FREDK. B. KIDDLE.
Organist Mr. STANLEY MARCHANT.
Conductor:
Sir HENRY J. WOOD.
SYMPHONY CONCERTS
BACH
HANDEL
SCHUBERT
BRAHMS
LISZT
WAGNER
BERLIOZ
MOZART
HAYDN
WEBER
258
LYTICAL PROGRAMME, PRICE SIXPENCE.

PROGRAMME.

SYMPHONY No. 8, in B flat (B. & H. New Edition, No. 98) — *Haydn*

" PROMETHEUS " (The Poem of Fire), for Orchestra, Pianoforte, and Organ — *Scriabine*

(*First performance in England.*)

Solo Pianoforte - MR. ARTHUR COOKE.
Grand Organ - MR. STANLEY MARCHANT.

CONCERTO in D for Violin and Orchestra - - *Beethoven*

Solo Violin - HERR CARL FLESCH.

" PROMETHEUS " (The Poem of Fire) - - *Scriabine*

(*Repetition Performance*)

CHAPPELL GRAND PIANOFORTE.

Programm des Londoner Konzertes unter Leitung von Henry Wood, in dem zweimal der *Prometheus* erklang

Alexander Skrjabin an Bord des Dampfers »Perwy« während der Konzertreise auf der Wolga (1910)

Umschlag zur 6. Sonate von Skrjabin nach einem Entwurf von Iwan Bilibin

Jelena Beckmann-Schtscherbina, erste Interpretin vieler Klavierwerke von Skrjabin

Erste Seite der 7. Sonate von Skrjabin (Autograph)

Alexander Skrjabin mit seiner zweiten Frau
und dem Sohn Julian

Alexander Skrjabin (1913)

Erste Seite der 9. Sonate von Skrjabin (Autograph)

19 КІЕВЪ 15 г.

ЗАЛЪ КУПЕЧЕСКАГО СОБРАНІЯ

Понедѣльникъ, 9 марта

2-ой КОНЦЕРТЪ

КОМПОЗИТОРА-ПІАНИСТА

А. Н. СКРЯБИНА.

Начало въ 8½ час. веч.

БЮРО ПО УСТРОЙСТВУ КОНЦЕРТОВЪ И ЛЕКЦІЙ

Ч. А. ЯЩЕВСКАГО.

При [illegible] Л. [illegible], Кіевъ, [illegible]

Programm des Abschiedskonzertes von Skrjabin in Kiew

Reinhold Glière

idealistischen Konzeption von der »Vergeistigung der Materie« behandelt, sondern lediglich im Sinne einer Aktivierung der Kräfte der Natur oder, anders ausgedrückt, des Kosmos. In unserer Zeit des furchtlosen Vordringens des Menschen in den Kosmos dürfen wir, indem wir die künstlerischen Absichten Skrjabins so interpretieren, den Komponisten des *Prometheus* als »Propheten« ansehen, wenn auch die Konzeption des Werkes lediglich die verallgemeinerte philosophische Idee der Allmacht des menschlichen Willens und der menschlichen Vernunft enthielt.

Der Hauptsatz beginnt mit einem kurzen Thema meditativer Versenkung, die von Willensimpulsen verdrängt wird. Der Einsatz des Soloklaviers (mit der Vortragsbezeichnung »impérieux«, d. h. »gebieterisch«) erfolgt, wenngleich anfänglich im Klang gedämpft, mit entschlossenem Schwung, dessen emotioneller Ursprung im »Thema des Willens« liegt, das übrigens wieder in der Trompete und dann in veränderter Gestalt in den Hörnern erklingt. Der Klavierpart nimmt mehr und mehr Züge des »Flughaften« an, die auch bei der Aufstellung einer neuen Themengruppe, die die das ganze Poem durchdringende Aktivierung des Willenshaften manifestiert, beibehalten wird.

Im weiteren Verlauf tauchen noch andere neue Themen auf und nehmen an der sinfonischen Entwicklung teil. Zu den bereits genannten thematischen Gebilden gesellen sich solche, die die Spannung steigern, und die kontrasthafte Gegenüberstellung aller Themen führt zu dem wahrhaft »kosmischen« Konflikt, der sich im Mittelteil der Sonatenform, der Durchführung, abspielt. Dieser musikalische Terminus kann allerdings auf die Form des *Prometheus* nur bedingt angewendet werden, da die Entwicklung und Auseinandersetzung der gegensätzlichen Themen – Kennzeichen der Durchführung in der traditionellen Sonatenform – lange vor dem Mittelteil des *Prometheus* beginnt, der sich durch maximale, selbst für Skrjabin einmalige emotionale Spannungsgeladenheit auszeichnet. Gerade hier aber erreichen die Willensimpulse all der zahlreichen Themen der Einleitung und der Exposition ihre höchste Intensität. Die Mittel, die der Komponist zur Erzielung dieser Spannung einsetzt (bis hin zum vorbereiteten Becken-Tremolo beim Aufflug des »Themas des Willens« und einem scharfen Akkord, der den aufsteigenden Passagen der Streicher und Oboen vorangeht – mit der Vortragsbezeichnung »déchirant, comme un cri«, d. h. »herzzerreißend, wie ein Schrei«), verdienen freilich eine spezielle Analyse nicht nur der Harmonik, sondern auch der Instrumentierung.

Das Grundprinzip im Aufbau der Sonatenform besteht darin, daß gerade in der Durchführung ein dramatischer Konflikt entsteht, der durch Verändern und Aufzeigen eines neuen Aspektes (oder, wie in den Sonaten von Chopin, durch Verschwinden) der Themen der Exposition zum Schlußteil der Komposition (d. h. der Reprise) führt. Bei Skrjabin erklingen zu Beginn der Reprise – diesmal nicht mehr gedämpft, sondern in voller Stärke – die »gebieterischen« Klavierakkorde im Wechsel mit »flugartigen« Passagen. Die Musik wird »immer heller und funkelnder« (»de plus en plus lumineux et flamboyant«). Doch die Steigerung der Kulminationen setzt sich fort.

Mit dem Klang des Orchesters verschmelzen Chorstimmen. Zuerst sind dies geteilte Altstimmen und Bässe, von denen die eine Gruppe mit geschlossenem Mund und die andere auf den Vokal a singt. Dann intoniert der gesamte Chor den wie eine uralte Beschwörung wirkenden Ruf »E - a - o - ho - a - o - ho - e - a - . . .«, der mit dem durch brausenden Orgelklang verstärkten Orchester verschmilzt. Doch bevor es zu einem mächtigen Schlußakkord kommt, der den Sieg der schöpferischen Kräfte feierlich verkündet, gewinnt die Musik einen aufgehellten Charakter, der durch einen Glockenschlag, das »Läuten« des Glockenspiels und das Glissando der Harfen vorbereitet wird. Skrjabin ging hier eigene Wege, indem er den letzten sieghaften Höhepunkt nicht durch Steigerung der Klangfülle, sondern umgekehrt durch deren freudige Aufhellung vorbereitete und damit noch stärker die enorme Gewalt des Schlusses hervorhob.

Nach der ersten Aufführung des *Prometheus* in Petersburg, die am 9. (22.) März 1911 (eine Woche nach der Moskauer Uraufführung) unter Leitung von Kussewitzky und Mitwirkung des Komponisten, der den Klavierpart spielte, stattfand, schrieb Nikolai Mjaskowski in seinem ersten Überblick über das Musikleben der »nördlichen Hauptstadt« (unter der Überschrift *Petersburger Briefe)* in der Zeitschrift *Musyka:* ». . . Und zum Abschluß ein ganz außerordentliches Phänomen des menschlichen Geistes, der unerreichbare, tiefgründige ›Prometheus‹ von Skrjabin.«

Etwa ein halbes Jahr nach diesem im Herbst 1911 erschienenen Überblick ging dessen Verfasser, der junge Mjaskowski, der in der Folgezeit zum Begründer der sowjetischen Sinfonik werden und Tanejew als Haupt der Moskauer Komponistenschule ablösen sollte, in seinem Artikel *Tschaikowski und Beethoven* näher auf das Schaffen des Komponisten des *Prometheus* ein. Dabei stellte er erstmals mit aller Entschiedenheit fest, daß das Schaffen Skrjabins Weltbedeutung hat und einzigartig ist.

»Vor allem ist Skrjabin kein Vollender, sondern ein genialer Sucher neuer Wege, und obgleich er seiner Weltanschauung nach von dem gleichen, jedoch noch stärker beflügelten Optimismus ausgeht wie Beethoven, eröffnet er uns mittels einer völlig neuen, einmaligen Sprache so erstaunliche, noch nicht einmal klar erkennbare emotionale Perspektiven, solche Höhen geistiger Klarheit, daß er in unseren Augen zu einer Erscheinung von Weltrang wächst . . .«

Die Partitur des *Prometheus* erschien Anfang 1911 im »Russischen Musikverlag«, doch die erste Ausgabe enthielt so viele Druckfehler, daß Kussewitzky kurz danach anordnete, eine neue, verbesserte Auflage herauszubringen, die in den Musikalienhandlungen des Verlages gegen Exemplare der ersten Ausgabe umgetauscht wurde. Am 5. November 1911 gab Alexander Siloti in Petersburg ein Konzert mit Werken Skrjabins. Der Komponist selbst spielte den Solopart in seinem Klavierkonzert und den Klavierpart im *Prometheus.* Für den *Prometheus* wurde Skrjabin in diesem Herbst – zum dreizehnten und letzten Male – der Glinka-Preis zuerkannt. Im darauffolgenden Jahr erklang das Werk in Amsterdam unter Leitung von Willem Mengelberg, und in England dirigierte Sir Henry Wood eine Aufführung des *Poems des Feuers.* So fand Skrjabins letztes sinfonisches Werk noch zu Lebzeiten des Komponisten als ein klassisches Meisterwerk der Tonkunst internationale Anerkennung.

DEM »HERANSCHLEICHENDEN TOD« ENTGEGEN

In Skrjabins letzten Lebensjahren entstanden fünf Sonaten (6. bis 10.), mehrere Poeme, Etüden, Préludes und andere Werke für Klavier. Es war die Schaffensperiode, die als die »prometheische« oder »nach-prometheische« bezeichnet wird, weil sich an das *Poem des Feuers* in den Jahren 1911 bis 1914 Werke anschlossen, die ihm nicht nur zeitlich, sondern auch inhaltlich und stilistisch nahestehen. Die darin verwendeten Mittel, die sich nach und nach herauskristallisiert hatten, hatten im *Prometheus* die Gestalt eines logisch aufgebauten neuartigen Systems angenommen.

Der Plan zur 6. und 7. Sonate reifte offenbar schon im Frühjahr 1911, als Skrjabin mit seiner Familie nach Obraszowo-Karpowo (an der Bahnlinie über Rjasan nach Uralsk) fuhr, wo sie bis Mitte August in einem Landhaus lebten. Vorher hatte der Komponist sich anderthalb Jahre lang intensiver Konzerttätigkeit gewidmet. Am 17. Februar 1910, kurz nach seiner Ernennung zum Ehrenmitglied der St.-Petersburger Sektion der Russischen Musikgesellschaft, wirkte Skrjabin in einem der regelmäßig stattfindenden »Russischen Sinfoniekonzerte« mit, in dem er nach der Aufführung seiner 1. Sinfonie unter Leitung von Glasunow einige seiner Klavierstücke spielte. Im April und Mai unternahm er mit Sergej Kussewitzky, dessen Orchester und einigen Solisten eine Schiffsreise auf der Wolga. Während dieser Konzerttournee spielte er sein Klavierkonzert in Twer[46], Jaroslawl, Kostroma, Simbirsk[46], Zarizyn[46], Nishni-Nowgorod[46], Kasan, Samara[46], Saratow und Astrachan.

Der Empfang, der dem Komponisten in all diesen Wolgastädten bereitet wurde, legt beredt Zeugnis davon ab, daß seine Musik die Anerkennung eines breiten Publikums gefunden hatte. Das bestätigten auch die von Matwej Presman (einem ehemaligen Mitschüler Skrjabins bei Swerew und Safonow) im Januar des folgenden Jahres veranstalteten Konzerte, die der Komponist in Nowotscherkassk, Rostow und Jekaterinodar[46] gab. Das Publikum feierte Skrjabin, obwohl einige lokale Rezensenten gelegentlich die »Kompliziertheit« der Skrjabinschen Musik »bedauerten«. Im ganzen gesehen, enthielten die Pressestimmen, unter denen sich viele begeistert zustimmende fanden, zwar auch kritische Bemerkungen, waren aber in der Regel korrekt. Vielleicht die einzige Ausnahme bildeten die boshaften Schreibereien und Angriffe des heute fast ganz vergessenen Kritikers und Komponisten Juri Sergejewitsch Sachnowski. Dieser veröffentlichte beispielsweise nach einem Konzert im Dezember 1911, in dem Skrjabin unter Leitung Rachmaninows sein Klavierkonzert gespielt hatte, einen Schmähartikel, und etwas später versuchte er unter Ausnutzung seiner Stellung bei der Direktion der Moskauer Sektion der Russischen Musikgesellschaft, die Aufführung von Werken Skrjabins in Moskau zu hintertreiben.

Unterdessen nahm Presman von Skrjabin ein Stück nach dem anderen in das »Unterrichtsrepertoire für Klavier aus Werken russischer Komponisten« auf, das bei Jürgenson in Moskau herauskam. So begannen nach und nach auch junge Pianisten, Werke von Skrjabin zu spielen. Die Zahl berühmter Künstler, die seine Musik – Orchesterwerke wie Klaviermusik – aufführten, nahm ständig zu. Schon Ende des 19. Jahrhunderts wurden Skrjabins Werke von so bedeutenden Pianisten wie Fjodor Könemann (der, wie schon erwähnt, als erster in Moskau die 1. Sonate bei einem Abschlußkonzert im Konservatorium vortrug), Wsewolod Bujukli, Josef Lhévinne (der später ebenso wie Josef Hofmann im Ausland häufig Werke von Skrjabin zu Gehör brachte), Felix Blumenfeld, Nikolai Lawrow, Alexander Goldenweiser und Gawriil Romanowski gespielt. Im Sommer 1908 lernte Skrjabin Safonows Schüler Mark Naumowitsch Mejtschik (1880–1950) näher kennen. Beide wurden nicht nur Freunde, sondern Mejtschik nach Skrjabins eigenem Urteil auch einer der besten Interpreten seiner Werke. Mejtschik war es, dem Skrjabin die Uraufführung der 5. Sonate anvertraute, die am 18. November 1908 in Moskau erfolgte. Auch später hielt der Komponist sehr viel von ihm. Als Antwort auf einen Brief von Wladimir Wladimirowitsch Dershanowski (1881–1942), dem namhaften Förderer des russischen öffentlichen Musiklebens, der an der Gründung des Moskauer »Skrjabinisten-Zirkels« aktiv beteiligt war und sich an den Komponisten mit der Bitte gewandt hatte, Pianisten zu empfehlen, deren Mitwirkung an den Musikabenden des Zirkels er sich wünschen würde, schrieb Skrjabin aus Brüssel: »Was nun Pianisten betrifft, die ich als Interpreten meiner Werke empfehlen könnte, so muß ich vor allem M. N. Mejtschik nennen, den ich im vorigen Sommer gehört habe und der sehr großes künstlerisches Temperament besitzt.« An dieser Stelle sei kurz erwähnt, daß Mejtschik, der Skrjabin in dessen letzten Lebensjahren oft besucht hat, wertvolle Erinnerungen an den Komponisten hinterließ, die dazu beitragen, daß Skrjabin-Bild von Entstellungen zu befreien.

Zu den Interpreten, die Skrjabins Werke ständig im Repertoire hatten, gehörte seine begabte Schülerin Maria Solomonowna Nemenowa-Lunz. Auch die junge, hochbegabte Pianistin Jelena Alexandrowna Beckmann-Schtscherbina, die 1899 das Moskauer Konservatorium bei Safonow absolviert hatte, spielte häufig Werke von Skrjabin. Mit viel Feingefühl erfaßte sie das Neuartige der Musik Skrjabins bis hin zu seinen letzten Werken. Sie war auch die erste Interpretin seiner 6. Sonate (am 6. März 1915 in Moskau) und der 8., die erst nach seinem Tode, am 5. November 1915 in Petrograd[47], erstmals erklang.

Die großen russischen Musiker wußten Skrjabins Musik und seine künstlerischen Bestrebungen immer zu schätzen. Als es zwischen dem Komponisten und Kussewitzky zum Bruch gekommen war, schrieb Ljadow an Skrjabin im Namen des Kuratoriums des Verlages Belaïeff: »Das Kuratorium hat mich beauftragt, Dir zu schreiben, daß es immer Deine Werke geschätzt hat und schätzt und Dir daher vorschlägt, wieder damit zu beginnen, sie in der Firma ›M. P. Belaïeff, Leipzig‹ drucken zu lassen.«

Fast zur gleichen Zeit, ebenfalls im Mai 1911, erhielt Skrjabin ein Telegramm von dem Dirigenten und Konzertunternehmer Alexander Iljitsch Siloti (1863–1945), einem Schüler von Swerew, Nikolai Rubinstein und Liszt. Siloti hatte von Matwej Presman erfahren, daß Skrjabin von seinen Verpflichtungen, die ihn an den »Russischen Musikverlag« von Kussewitzky und dessen Konzertagentur banden, frei sei. Er schrieb: »Ich bin unendlich glücklich, da ich von Presman erfuhr, daß Sie frei sind. Ich träume davon, daß Sie meinen Konzerten die Ehre erweisen werden und sie Ihnen von nun an jederzeit und vollständig zu Diensten stehen werden. Ich gestatte mir, Sie noch heute zu bitten, in meinem Abonnement am 22. Oktober oder 5. November das Klavierkonzert und den Klavierpart im ›Prometheus‹ zu spielen. Als Honorar schlage ich tausend Rubel vor, und außer diesem Konzert möchte ich Ihnen einen oder zwei Klavierabende mit Ihren Werken im Kleinen Saal des Konservatoriums in der Reihe meiner Kammermusikveranstaltungen arrangieren, wobei ich Ihnen pro Abend sechshundert Rubel garantiere.«

Der freundschaftliche Ton dieser beiden Angebote mußte Skrjabin natürlich erfreuen. Der Wahrheit halber sei jedoch hinzugefügt, daß Kussewitzky in seinen Sinfoniekonzerten weiterhin Werke von Skrjabin aufführte. Der »Russische Musikverlag« brachte in dem Zeitraum, in dem mit dem Komponisten vertragliche Beziehungen bestanden, die Partitur des *Prometheus,* die 5. Sonate (die Skrjabin 1908 zunächst auf eigene Kosten hatte drucken lassen), die 6. und 7. Sonate, »Drei Stücke« (*Poème, Enigme* und *Poème languide,* op. 52), das »Albumblatt« (*Feuillet d'album,* op. 58), »Zwei Stücke« (*Poème* und *Prélude,* op. 59), *Poème-Nocturne* (op. 61) und »Zwei Poeme« (*Masque* und *Etrangeté,* op. 63) heraus. In den Jahren 1913–1914 erschienen alle Werke Skrjabins (außer der 7. Sonate), entsprechend dem vom Komponisten am 2. März 1912 unterschriebenen Vertrag, im Verlag P. Jürgenson in Moskau.

Die Liste dieser Werke zeigt, wie intensiv Skrjabin in diesen letzten Lebensjahren schöpferisch tätig war, als er sich überdies mit dem Plan der *Vorbereitenden Handlung* trug und es ihm gelang, den Text dieses ungewöhnlichen Werkes zu verfassen und im Geiste dessen Musik zu entwerfen. Sie niederzuschreiben war ihm freilich nicht mehr vergönnt. Doch ehe wir uns den letzten Werken Skrjabins zuwenden, sei darauf hingewiesen, daß sie in einer Zeit entstanden, da die materiellen Bedürfnisse seiner Familie gewachsen waren und er sich genötigt sah, in verstärktem Maße zu konzertieren. Das strengte ihn an und war ihm nicht selten auch lästig. Seinen Freunden konnte sein Zustand nicht verborgen bleiben, und sie machten sich Sorgen um ihn. Sinaïda Monighetti sah sich schließlich berechtigt, ihm aufgrund ihrer langjährigen Freundschaft offen darüber zu schreiben, zumal nachdem Skrjabin ihr eingestanden hatte, daß er sich erschöpft fühle.

Dieser Brief geriet offenbar Tatjana in die Hände, die die Korrespondenz ihres Mannes aufmerksam verfolgte, und sie fühlte sich verletzt. Was gäbe es sonst für eine Erklärung für die so scharfe Antwort Skrjabins an Sinaïda Monighetti: »Sie geben mir Ratschläge, mich nicht mit Reisen zu übernehmen, die Kerze nicht an beiden Enden zugleich anzuzünden usw., dazu sagen Sie, daß bei einer solchen wahnsinnigen Verschwendung der psychischen und physischen Kräfte von mir nichts übrigbleiben werde und daß dies alles den Herzen aller mich *wirklich Liebenden* Schmerzen bereite. Geht nicht aus den angeführten Worten hervor, daß Sie annehmen, ... ich sei umgeben von Menschen, die meine ›Überanstrengung‹ nicht sehen oder nicht sehen wollen, die meine seelische und körperliche Ruhe völlig ignorieren und mich, ungeachtet meines langsamen Absterbens, für ihre egoistischen Ziele immer weiter ausbeuten ... Ihr Brief ist die direkte Beschuldigung des mir nächsten Menschen, er begehe ein Verbrechen an meinem Schaffen, und der

Wunsch, meinen Glauben an seine Hingabe für mich zu erschüttern ... Tatiana Feodorowna[48] beweist ihre Hingabe für mich und meine Kunst in jeder Minute ihres Lebens nicht mit Worten, sondern mit Taten, und meine wahren Freunde könnten das am ehesten merken.«

Die Befürchtungen der Familie Monighetti waren nicht unbegründet. In dem Zeitraum zwischen zwei Konzerttourneen, als Skrjabin im September 1913 für etwa drei Wochen in die Schweiz zu seinem dort lebenden Vater fuhr, um gemeinsam mit ihm das Grab der Mutter zu besuchen, schrieb er von dort aus an seine Frau: »Gestern fühlte ich mich so erschöpft, daß ich beschloß, die Reise zu unterbrechen.« Zur gleichen Zeit führte Tatjana Verhandlungen über eine weitere Konzertreise ihres Mannes, die diesmal ein privates Büro in Kiew organisierte: nach Wilna, Minsk, Kiew, Jelisawetgrad[49], Charkow und Poltawa – alles innerhalb von rund zwei Wochen! – Wie immer enthielten Tatjanas Briefe nicht nur sachliche Mitteilungen, sondern auch eifersüchtige Verdächtigungen. Darauf bezog sich Skrjabins Erwiderung: »Mach Dir bitte keinerlei abwegige Gedanken wegen meiner Reise! Nötig ist sie nur für Mama, an deren liebem Grab ich noch kein einziges Mal war! Nur deshalb bin ich gefahren.« Die Nacht in Mailand, das am Weg nach Tirol lag, verging ohne Schlaf, Skrjabin hatte »in den letzten Tagen viel gelitten«, aber die Fahrt nach Arco, wo seine Mutter begraben lag, brachte ihm, seinen eigenen Worten nach, »ein wenig Beruhigung«, und er schrieb an seine Frau, er wolle ihr das eigenartige Gefühl mitteilen, das ihn erfaßt habe. »Es ist eigenartig und für mich neu. Aber wie? Ich kann darüber nicht sprechen. Möchte es anders wiedergeben«, fügte er hinzu. Anders – das heißt, wie wir annehmen dürfen, in der Musik, obwohl natürlich keinerlei konkrete Anhaltspunkte dafür vorliegen. Bekannt ist nur, daß über dem Arbeitstisch des Komponisten in Moskau ein Bild seiner Mutter hing, das ihr Bruder S. P. Schtschetinin gemalt hatte.

Wenn wir uns nunmehr jenen Werken zuwenden, die Skrjabin nach dem *Prometheus* geschaffen hat, so müssen wir zunächst feststellen, daß das künstlerisch Neue, das diese großartige Partitur auszeichnet, in allen darauffolgenden Klavierwerken eine Weiterentwicklung erfahren hat. Bereits mit dem *Poème-Nocturne*, das der Komponist erstmals im Dezember 1912 in Petersburg spielte, demonstrierte er, daß die komplizierten »prometheischen« Harmonien zum Ausdruck feinster lyrischer Stimmungen verwendet werden können. In mancher Beziehung erinnern die Klänge dieses Poems an den langsamen Einleitungssatz der 4. Sonate mit seiner »Betrachtung des fernen Sterns«, und die Bezeichnung »Nocturne« hängt zweifellos mit diesem »Träumen von den Sternen« zusammen, das so oft in Skrjabins Musik eine Rolle spielt. Bilder dieser Art tauchen auch in der 6. und 7. Sonate (ebenfalls 1911–1912 entstanden) auf und kontrastieren in poetischer Weise mit den Willensimpulsen, aus denen in diesen neuen großen Werken Skrjabins die appellartigen Aufrufe entspringen, die bis zum Ende seines Schaffensweges für seine stets durch und durch individuell geprägte Musik charakteristisch blieben.

Über die 6. Sonate schrieb Jewgeni Ottowitsch Gunst (1877–1938): »Der Stärke der Inspiration, der frappanten Neuartigkeit der harmonischen Strukturen und der meisterhaften Satztechnik nach ist diese Sonate eines der größten Werke der musikalischen Kunst.« Skrjabins treuer Freund, von Haus aus Jurist, der sich ganz der Musik verschrieben hatte und durch Unterricht bei Reinhold Glière, Nikolai Shiljajew[50] und Alexander Goldenweiser in ihre Geheimnisse eingedrungen war, wußte alle drei Grundzüge des Skrjabinschen Schaffens treffend einzuschätzen: die geniale Idee, die neuartigen

Ausdrucksmittel und das hervorragende satztechnische Können. Als Skrjabin im *Prometheus* ein neues harmonisches System schuf, in dem die Dissonanzen keine sofortige »Auflösung«, das heißt kein sofortiges Übergehen in Konsonanzen verlangen, verlieh er ihm makellose Ausgewogenheit und erschloß dadurch neue Perspektiven für einen erweiterten Umfang der durch die Harmonik, aber auch durch die Melodik ausdrückbaren Gefühle.

Andererseits verzichtete Skrjabin nicht auf Ausdrucksmittel, die bereits von seinen Vorgängern entwickelt worden waren. Er verband sie aber geschickt mit seinen Neuerungen auf dem Gebiete der Harmonik und machte außerdem meisterhaft vom polyphonen Satz Gebrauch. Ein Beispiel dafür bildet die 7. Sonate, die er erstmals am 21. Februar 1912 in einem von der Moskauer Philharmonischen Gesellschaft veranstalteten Konzert, wo er nur eigene Werke spielte, vortrug. Jewgeni Gunst schrieb darüber, wobei er auf die Ausgewogenheit und Logik der künstlerischen Bestrebungen des Komponisten hinwies: »Die Prinzipien der neuen harmonischen Errungenschaften sind in der 7. Sonate von Anfang bis Ende mit einer Konsequenz durchgehalten, die in ihrer Strenge einzigartig ist.«

Verbindet sich in der 6. Sonate das Lyrische mit dem in Skrjabins Werken schon oft angetroffenen »Flugartigen« (die Vortragsbezeichnung »ailé«, d. h. »beflügelt«, taucht gleich im dritten Takt des ersten Themas auf), so führen in der 7. (die offenbar etwas früher abgeschlossen wurde) die sich ungestüm emporschwingenden Passagen zu starker emotionaler Spannung mit deutlichem Fanfarencharakter und ekstatischer Kulmination. Sämtliche »nach-prometheischen« Sonaten Skrjabins sind wie die 5. einsätzig. Ihr vielgliedriger Aufbau berechtigt indes nicht dazu, sie der Gattung des Poems zuzurechnen, so stark sind die durch den Charakter des Themenmaterials bedingten Konflikte. Die Gegensätzlichkeit dieses Materials ergibt sich aus der spannungsgeladenen Entwicklung und wird durch eingefügte Abschnitte konzentrierter Reflexion noch hervorgehoben. Der für den Komponisten in dieser letzten Schaffensperiode kennzeichnende Reichtum an emotionalen Nuancierungen verbindet sich allenthalben mit dem Streben nach Vertiefung des geistigen Gehalts, wie das schon in der 2. Sinfonie zu beobachten ist, die, wie oben beschrieben, mit einem eindrucksvollen »Thema des Grübelns« beginnt.

Auch das Einleitungsthema der 8. Sonate, die 1912 bis 1913 gleichzeitig mit der 9. und 10. komponiert wurde, kann man mit Fug und Recht als »Thema des Grübelns« bezeichnen. Jedenfalls schrieb Skrjabin am 7. Juni 1913 an Siloti, er habe »erst vor drei Tagen die Sonaten beendet« (gemeint sind die 8., 9. und 10.), die offenbar in gewissem Maße einen inneren Zusammenhang aufweisen.

Die 8. Sonate beginnt mit einem reizvollen, ausdrucksstarken Rezitativ, dessen Melodie in der Mittelstimme über komplizierten Akkorden erklingt und sich dann im Laufe das gesamte Werk fortspinnt, wobei beispielsweise das tragische Seitenthema, welches das rasche Hauptthema ablöst, auf dem Einleitungsthema basiert. Dieses gewinnt in einigen Episoden fanfarenhafte Züge, die mehrfach die Aufrufe an die »verborgenen Bestrebungen« in Erinnerung bringen, welche in Skrjabins Musik eigentlich nie aufhören zu erklingen. Trotzdem begegnen aber auch in dieser Sonate tragische (durch eine entsprechende Vortragsbezeichnung hervorgehobene) Momente, und das gilt noch mehr für die 9. Sonate, die wegen ihrer unheildrohenden Stimmung die Bezeichnung »Schwarze Messe« erhalten hat: Diese Stimmungen sind zahlreichen Anwesenden bei der ersten Aufführung des

Werkes durch den Komponisten am 30. Oktober 1913 in Moskau aufgefallen.

Am 12. Februar 1915 spielte Skrjabin seine 9. Sonate in Petrograd. Nadeshda Rimskaja-Korsakowa, die Skrjabins Bedeutung schon eher als ihr genialer Mann erkannt hatte, war von diesem Werk tief beeindruckt. Sie stellte dem Komponisten die Frage, welchen Inhalt er dem zweiten Motiv des Hauptthemas (mit der Vortragsbezeichnung »mystérieusement murmuré«, d. h. »geheimnisvoll murmelnd«), beigelegt habe, das das zu Beginn erklingende »Thema des Grübelns« ablöst und den Eindruck erweckt, als würde ein Unheil heraufbeschworen. Skrjabin antwortete kurz: »Das ist das Thema des heranschleichenden Todes.« Diese Äußerung wurde den Freunden des Komponisten bekannt, und sie mußten daran sehr häufig denken, als Skrjabin zwei Monate später starb. Offenbar ist die Äußerung durch seinen schlechter gewordenen Gesundheitszustand zu erklären, der der ganzen Familie Monighetti und auch anderen Freunden schon seit längerem aufgefallen war: Jewgeni Gunst, Mark Mejtschik, Nikolai Shiljajew und den Komponisten Alexander und Grigori Krein, kurz, all denen, die Sinaïda Monighetti in dem oben erwähnten Brief zu den ihn »wirklich Liebenden« zählte.

Es wäre freilich naiv, die 9. Sonate allein mit dem verschlechterten Befinden des Komponisten in Zusammenhang zu bringen, ebenso wie es falsch wäre, die Äußerung gegenüber Nadeshda Rimskaja-Korsakowa als »*mystisches* Vorgefühl des Todes« zu erklären. Dennoch wirkt gerade das unheildrohende »Thema des heranschleichenden Todes« in dieser Sonate besonders eindrucksvoll. Viktor Delson schreibt in seiner Skrjabin-Monographie über das emotionale »Fazit« der Sonate: »Die das Werk abrundenden ruhigen sieben Takte aus dem Thema des Prologs (Coda) machen den Eindruck eines Nachwortes. Sie ›lösen‹ nichts, sie ziehen nicht Bilanz, sondern sie führen den Hörer zurück zu der Gestalt des Erzählers. Das Thema des Märchenhaften erstirbt langsam und verschwindet, und das Beschwörende, Geheimnisvoll-Dämonische der finsteren Mächte hinterläßt in der Erinnerung eine unauslöschliche Spur ...«

Die 10. Sonate wurde von Skrjabin erstmals am 12. Dezember 1913 in Moskau vorgetragen. In diesem Werk sind deutlich Anklänge an die »Vogelkonzerte« in Skrjabins Sinfonien zu vernehmen; es tauchen Themen und Motive auf, wie er sie ähnlich schon früher unter dem Eindruck des Erlebens der russischen Natur komponiert hatte. Oftmals hatte ihn dieses Naturleben in einen Zustand freudiger Gehobenheit versetzt, und auch die Höhepunkte der 10. Sonate sind davon geprägt. Die freudige Erregung äußert sich sowohl in der Rhythmik der Sonate als auch in dem »Flugartigen« der Passagen.

Das letzte Werk, dem Skrjabin Prinzipien der Sonatenform zugrunde legte, war das Poem *Vers la flamme* (»Zur Flamme«), das 1914 entstand und im Druck erschien. Zunächst sei bemerkt, daß das Bild des Feuers, das im *Prometheus* »von der Hölle zu den Himmeln emporstieg«, mit anderen Worten, der Wille, der die dunklen Mächte überwindet, der aus der Finsternis zum Licht hinführt, in Skrjabins Schaffen auch in der »nach-prometheischen« Periode eine Rolle spielt. Das markanteste Beispiel dafür stellt gerade dieses Poem *Vers la flamme* dar. Das erste Thema besteht aus gedämpften »dunklen« Akkorden (dieses »Dunkle« wird durch die entsprechende Vortragsbezeichnung »sombre« unterstrichen), die nach einiger Zeit im Baß fortgeführt werden. Nach deren Abstieg beginnen gleichsam Flammen aufzuzüngeln, die Musik wird hell strahlend und plötzlich von energischen

Signalmotiven durchschnitten (»comme une fanfare«, d. h. »wie eine Fanfare«, lautet die Vortragsbezeichnung), die im weiteren Verlauf immer wiederkehren und bis zum Schluß den Charakter des Werkes bestimmen.

Das Poem *Vers la flamme* bildet eines der bemerkenswertesten Beispiele Skrjabinscher Tonmalerei. Unter virtuoser Verwendung verschiedenster musikalischer Ausdrucksmittel ruft der Komponist fast optisch wahrnehmbare Vorstellungen eines Feuers hervor, das siegreich aus dunklen Tiefen hervorbricht und strahlende Helligkeit erreicht. Doch diese bewundernswerte Tonmalerei ist zugleich von tiefem Gefühlsgehalt erfüllt, sie zeigt das hohe Streben des Menschen und die Macht seines Willens und ruft zu Ruhmestaten auf. Skrjabin blieb bis ans Ende seines Lebens sich selbst und seiner Auffassung von der hohen Pflicht des Künstlers treu, die er bereits in jungen Jahren formuliert hatte, als er den Menschen verkündete, »daß sie stark und mächtig sind«.

Der große Künstler und Humanist, der Skrjabin war und zeit seines Lebens blieb, setzte seine künstlerischen Bestrebungen unablässig fort und entwickelte auch seine philosophisch-ethischen Anschauungen weiter. Geradezu symbolisch wirkt die den Inhalt und die Vortragsweise charakterisierende Bezeichnung zu Beginn des abschließenden der fünf Préludes, die seine letzten bei Lebzeiten erschienenen Werke bildeten: »Fier, belliqueux« (»stolz, kriegerisch«). Diese Worte, die wie die Erwiderung auf den Schlachtruf eines Ritters klingen, erinnern unwillkürlich an Puschkins Zeilen (aus dessen Gedicht *Vorahnung*) von den »stolzen Jugendjahren« und »Festigkeit und Langmut« des Dichters, Eigenschaften, die auch für Skrjabins »kühnen Weg« kennzeichnend waren.

Schon in jungen Jahren hatten philosophische Gedankengänge des Komponisten mehrfach dichterische

Form gefunden. In seiner Vorstellung waren Sterne und leuchtende Fernen aufgetaucht. Dabei bildeten sich nach und nach die Prinzipien einer Synthese von Tönen, Sprache, künstlerischer Bewegung und Farbenspiel heraus, und der Gedanke an eine Verbindung all dieser Dinge, der Wagners Träumen von der »Kunst der Zukunft« nahekommt, führte Skrjabin zu der Überzeugung, daß das Überschreiten der Grenzen des spezifisch Musikalischen die Möglichkeiten seiner Kunst im Sinne einer die moralischen Qualitäten der Menschheit verwandelnden Kraft erweitere. In einem Brief vom 4. September (22. August)[51] 1907 an Margarita Morosowa äußerte sich Skrjabin über die Arbeit mit Modest Altschuler bei der Vorbereitung der Uraufführung des *Poème de l'extase*. In diesem Zusammenhang teilte er ihr mit: »Er will es mit aller nur möglichen Pracht aufführen und sogar zum erstenmal Lichteffekte verwenden.« Es gibt keine näheren Angaben über diese Idee Skrjabins, und bekanntlich fand sie in der Partitur des *Poème de l'extase* keinen Niederschlag. Offenbar ist sie aber in den Gesprächen mit Altschuler recht eingehend erörtert worden. Wir wissen auch nicht, ob es diesem treuen Freund des Komponisten gelang, »zum erstenmal Lichteffekte zu verwenden« (und was für welche). Aber es ist natürlich höchst bedeutsam, daß diese Idee Skrjabin mindestens zwei bis drei Jahre vor Beginn der Arbeit am *Prometheus* vorgeschwebt hat, also bevor er jene Partitur schrieb, in der erstmals in der Musikgeschichte eine »Lichtklaviatur« notiert ist.

Die Idee eines neuen, synthetischen Werkes[52] reifte bei Skrjabin ständig weiter, sowohl nach der Fertigstellung des *Prometheus* als auch nach der Aufführung dieses in neue Bereiche vorstoßenden *Poems des Feuers* in vielen Ländern der Welt. Kurz nach der Darbietung des Werkes unter Leitung von Willem Mengelberg in Den Haag,

Amsterdam und Frankfurt am Main führte es Sir Henry Wood, ein großer Freund der russischen Musik, in London auf (den Klavierpart spielte Arthur Cooke). Dieses Konzert war dadurch bemerkenswert, daß der Dirigent, der Skrjabins Musik sehr schätzte, sich aber auch über die Schwierigkeit, das Werk zu erfassen, im klaren war, beschlossen hatte, es am gleichen Abend zweimal aufzuführen. Außerdem wurde für diesen Abend eine Broschüre mit einer Analyse des Poems von Rosa Newmarch gedruckt. An Skrjabin schrieb die Verfasserin nach dem Konzert unter anderem: »Ich muß Ihnen sagen, daß ich, da ich die Londoner Musikwelt gut kenne, sehr erstaunt war beim Anblick dieses zahlreichen Publikums, das bei der Wiederholungsaufführung auf seinen Plätzen geblieben war ... Beim zweiten Mal ging alles *viel besser* als beim ersten ... Man empfand eine ganz aufgeschlossene und lebhafte Atmosphäre. Im Orchester herrschte gute Stimmung. Der Eindruck war wirklich groß und schön. Nach der Aufführung war der Beifall richtig herzlich und begeistert. Wood mußte dreimal hervorkommen (bei einem neuen Werk ist das eine ganz ungewöhnliche Sache). Es ist für Sie vielleicht interessant zu wissen, daß ich unter denen, die bei beiden Aufführungen zugegen waren, Mr. Bernard Shaw bemerkt habe, der einer der größten Enthusiasten war und mit aller Kraft applaudierte ...«

Im Herbst 1913 hielt Alexander Siloti, nachdem er von der zweimaligen Aufführung des *Prometheus* durch Henry Wood gehört hatte, dessen Beispiel für nachahmenswert und führte das große Poem in einem Konzert in Petersburg ebenfalls zweimal auf. Dazwischen spielte Skrjabin, der auch beim *Prometheus* mitwirkte, sein Klavierkonzert. Die gleiche Programmfolge hatte ein weiteres Sinfoniekonzert in London in der Queen's Hall am 14. März 1914, wo wiederum unter Leitung von

Henry Wood zweimal der *Prometheus* und dazwischen Skrjabins Klavierkonzert erklang. Den erstmals in England weilenden Komponisten begrüßte Wood mit einem herzlichen Brief. Skrjabin spielte mit ungeheurem Schwung, und zweieinhalb Tausend Engländer bereiteten dem großen russischen Komponisten stürmischen Applaus. Dabei war er von den täglichen zweifachen Proben überanstrengt und fühlte sich nicht wohl, da sich bei ihm auf der Oberlippe ein Furunkel gebildet hatte, der ihm starke Schmerzen verursachte. »Und obgleich ich wohl noch nie unter so ungünstigen Umständen konzertiert habe, hatte ich auch noch *niemals* einen solch wirklich grandiosen Erfolg«, schrieb er an seine Frau.

Im gleichen Monat gab Skrjabin in der englischen Metropole zwei Klavierabende, in deren Programme er bewußt Werke der letzten Schaffensperiode aufnahm. Unter anderem erklang hier die 9. Sonate. Danach spielte er dieselbe im November 1914 in Moskau, im Februar 1915 in Petrograd und im März in Charkow und Kiew. Das Thema des »heranschleichenden Todes« verfolgte den Komponisten. Die Sonate enthält aber auch etwas Bezauberndes, das trotz aller Kompliziertheit dieser Musik auf die verschiedensten Menschen bis heute anziehend wirkt, einschließlich solcher Künstler, denen Skrjabins Schaffen eigentlich recht fernstehen mußte. So schrieb im November 1913 der Italiener Ferruccio Benvenuto Busoni, einer der größten Pianisten seiner Zeit, der damals in Rußland konzertierte, vor seiner Abreise nach Petersburg einige Worte an Skrjabin, die es wert sind, daß man sie hier vollständig anführt: »Teurer Maître, ich bin betrübt, daß ich Sie in Moskau nicht angetroffen habe. Erlauben Sie mir, Ihnen zu Ihren letzten Werken zu gratulieren, besonders zur *Neunten Sonate,* die ich für *kostbar* halte! Ich danke Ihnen dafür und verbleibe Ihr ergebener Verehrer.«

Am 2. (15.) April 1915 gab Skrjabin in Petersburg ein Konzert, das das letzte seines Lebens werden sollte. Bald nach der Rückkehr nach Moskau fühlte er sich unwohl und stellte fest, daß auf seiner Oberlippe, an derselben Stelle wie während der Englandreise, eine Entzündung begann. Jewgeni Gunst, der sich in diesen letzten Lebenstagen des Komponisten fast ständig bei Skrjabin aufhielt, erinnerte sich: »Noch am Montag, dem 6. April, fühlte Alexander Nikolajewitsch sich ganz frisch, obwohl er in der letzten Zeit mehr und mehr in einen Zustand grundloser Schwermut verfiel. In Petrograd fiel den ihm nahestehenden Menschen eine gewisse Niedergeschlagenheit auf. Auf die Frage, was mit ihm los sei, antwortete Alexander Nikolajewitsch, daß es keinerlei reale Gründe gebe, die einen solchen Zustand bei ihm hervorriefen, und er sich selbst keine Rechenschaft darüber ablege; er fühle aber klar, daß sich auf ihn etwas Unheilvolles und Dunkles zubewege . . .«

Die Moskauer Freunde, die sein Gesundheitszustand, wie gesagt, schon lange beunruhigt hatte, machten sich diesmal besonders Sorgen und begriffen sogleich, daß dringend ärztliche Hilfe notwendig war. Diese erwies sich jedoch als machtlos im Kampf mit der sich rasch entwickelnden Krankheit und dem unerbittlich »heranschleichenden Tod«.

Trotz der eingeleiteten Maßnahmen bis hin zum qualvollen Schnitt der Lippe stieg die Temperatur auf über 40°. Ein Karbunkel verursachte eine allgemeine Blutvergiftung, an der Alexander Nikolajewitsch Skrjabin am 14. (27.) April morgens um 8 Uhr 5 Minuten starb.

EPILOG

In der russischen und ausländischen Öffentlichkeit rief Skrjabins Tod tiefe Erschütterung hervor, obwohl damals im Mittelpunkt des allgemeinen Interesses das Kriegsgeschehen und das damit verbundene Leid standen. Als Nikolai Mjaskowski nach endlosen Strapazen an der Front in der Etappe endlich einmal etwas Zeit gefunden hatte, schrieb er (am 28. Mai 1915) an die Sängerin Jekaterina Kopossowa-Dershanowskaja: »Ich muß sagen, daß ich über Skrjabins Tod im ersten Moment starr vor Schreck war, obwohl ich die Nachricht in der schlimmsten Zeit erhielt ... Das ungeheure Ausmaß des Verlustes können selbst jene kaum ermessen, die sich der Größe der Erscheinung Skrjabins bewußt waren. Obgleich ich, offen gesagt, nie an die Existenz des Skrjabinschen ›Mysteriums‹ geglaubt habe, meine ich doch, daß einfach die Tatsache, daß Skrjabins Schaffen aufgehört hat – selbst wenn es in der Folgezeit nur noch auf der Stelle getreten hätte –, die Entwicklung unserer Musik für Jahrzehnte zum Stillstand bringt: das Streben nach Neuem wird keinen starken Impuls von außen mehr bekommen. Dieser Tod ist schrecklich und ebenso unsinnig wie der Krieg, den wir führen ...«

Mit diesen Zeilen, die auf den »blutgetränkten Feldern Galiziens«[53] geschrieben wurden, ist wenig und doch viel gesagt. Vor allem zollen sie dem großen Komponisten Tribut und sind Ausdruck des tiefen Schmerzes über »das ungeheure Ausmaß des Verlustes«, den Mjaskowski nicht nur als Tod eines genialen Musikers, der auf der Höhe seiner Schaffenskraft stand, sondern vor allem als einen schweren Verlust für »unsere Musik«, das heißt für die *russische Musik* empfand. Als kluger und weitblickender Musiker, der Mjaskowski schon damals war, sah er in Skrjabins Kunst keinen Gegensatz zur Musik seines Vaterlandes, sondern einen kostbaren Bestandteil derselben. In Gesprächen über Skrjabin betonte er stets dessen nationale Züge. Er nannte ihn einen »Zögling und Schützling russischer Musiker«, wobei er an die Namen von Tanejew und Safonow, Künstlern aus der Umgebung Rimski-Korsakows, erinnerte, und sprach auch mit großer Wärme von Beljajew, dessen Persönlichkeit und Wirken er sehr schätzte.

Was das Neuartige in Skrjabins Schaffen anbelangt, so hob Mjaskowski – ebenso wie zahlreiche andere große Musiker, mit denen der Verfasser des vorliegenden Buches Gelegenheit zu Gesprächen hatte (Boris Ljatoschinski, Reinhold Glière, Alexander Krein, Grigori Beklemischew, Mark Mejtschik) – stets das unerhörte, fast beispiellose Tempo der künstlerischen Entwicklung hervor, das einem bewußt wird, wenn man Skrjabins frühe Werke mit seinen späteren – gar nicht unbedingt den letzten – vergleicht. Aber ungeachtet dieses Entwicklungstempos und der Tatsache, daß er ständig und auf völlig eigenen Wegen neue Ausdrucksmittel suchte und fand, ist doch hervorzuheben, daß seine künstlerische Individualität außerordentlich früh hervorzutreten begann. Schon seine Jugendetüde aus dem Jahre 1887, die berühmte 12. Etüde aus op. 8 sowie zahlreiche andere Frühwerke sind von charakteristischen Zügen dieser Individualität geprägt.

Häufig, wenn vom Stil eines Künstlers die Rede ist (und von den »Einflüssen«, die auf ihn wirkten), hält man sich bei einzelnen Ausdrucksmitteln, einzelnen technischen Merkmalen seiner Schreibweise auf. Das Werk jedes Künstlers, und erst recht jedes großen Meisters, wird jedoch vor allem durch seinen Ideengehalt bedingt. Sprachen Mickiewicz, Gogol und Dostojewski mit vollem Recht von der Einmaligkeit Puschkins, so ist es nicht weniger gerechtfertigt, von der Einmaligkeit Skrjabins zu reden, und zwar nicht nur deshalb, weil er ein eigenes System der Harmonik und anderer Elemente der Tonsprache geschaffen hat.

Viele Autoren, die über Skrjabin schrieben, haben auf die Parallelen hingewiesen, die zwischen seiner Musik und dem Schaffen der russischen symbolistischen Dichter bestehen. Es ist eine Tatsache, daß der Komponist die Gedichte einiger Symbolisten, besonders von Valeri Brjussow und Wjatscheslaw Iwanow, sehr geschätzt hat und zu Ehren Brjussows sogar ein Sonett schrieb.

Gefühle sozialen Protestes und sozialer Unruhe haben in der russischen Literatur ebenso wie in der Musik in starkem Maße ihren Niederschlag gefunden. Brjussows Gedicht *Der Maurer* ging von Hand zu Hand. Der Dichter, der überzeugt war, daß das Joch der zaristischen Herrschaft bereits zum Untergang verurteilt war und daß es *so* wie bisher nicht weitergehen konnte, verhehlte indes nicht seine Angst vor den herannahenden Erschütterungen. Er war freilich bereit, diese zu akzeptieren, selbst wenn sie die von ihm geschaffene, aber ihn ebenfalls nicht befriedigende Welt seiner Kunst zerstören sollte:

»Aber euch, die ihr mich vernichten werdet,
Empfange ich mit einer Begrüßungshymne.«[54]

Später begriff Valeri Brjussow, daß die Revolution eine reinigende und *schaffende* Kraft ist, und trat in die Reihen der Kommunisten ein. In den Dichtungen der Symbolisten dominierten jedoch Bilder und Vorstellungen eines gewissen Geheimnisvollen, Unerklärlichen, das die »schreckliche Welt«, wie Block die ihn umgebende Gegenwart nannte, umwandeln sollte. In Hunderten von Gedichten besang Block die »Schöne Dame«, die kommende Retterin der in »tragischer Alltäglichkeit« versinkenden Menschheit (»Tragische Alltäglichkeit« [»Il tragico quotidiano«] ist der Titel eines auch in russischer Übersetzung bekannt gewordenen Buches des Italieners Giovanni Papini).

Andrej Bely prophezeite:

»O Königstochter! Nah
Ist deine Rettung:
Das eiserne Tor
Ist schon von einer Lanze getroffen . . .«[54]

Doch wer die eingesperrte Königstochter befreien, wessen starker Arm die Lanze gegen ihr Gefängnistor schleudern wird – das wußten die symbolistischen Dichter nicht, und obgleich einige von ihnen, wie Balmont, der von der zaristischen Geheimpolizei bespitzelt wurde, hin und wieder versuchten, aktiv ins Leben einzugreifen, kamen ihnen immer wieder Zweifel:

»Und immer höher stieg ich,
Und die Stufen erbebten,
Und es erbebten die Stufen
Unter meinem Fuß.«[54]

Skrjabin kannte solche Zweifel nicht. Er war überzeugt von der Unbesiegbarkeit jener Waffe, die die Menschheit erlösen, sie von allen Formen der Knechtschaft befreien und die Freude eines neuen Lebens bringen kann. Als eine solche Waffe betrachtete er den allmächtigen menschlichen Willen, und die Appelle an diesen Willen ertönten in seiner Musik mit unerhörter Stärke: im Dröhnen der Sturmglocke in der 12. Etüde und vielen anderen Stücken, in den mit erhobener Stürze geblasenen Trompeten- und Hornstößen sowie in der geballten Klangfülle des großen Orchesters. Der emotionale Reichtum der Musik Skrjabins ist von unerschöpflicher Vielfalt. Heroisch-Energievolles verbindet sich in ihr mit Gedankentiefe, mit Bildern aus der Natur (denken wir an die »Vogelkonzerte« in den Sinfonien) und mit höchst poesievoller Lyrik, die nie ins Sentimentale abgleitet. Einige Forscher weisen darauf hin, daß Skrjabin von den frühen Walzern und Mazurken bis hin zur letzten Schaffensperiode nicht müde wurde, Stücke im »Saloncharakter« zu schreiben. Aber hat nicht der Dichter des *Ehernen Reiters*[55] selbst noch in seinen letzten Lebensjahren Stammbuchverse und lyrische Miniaturen geschrieben?

Doch nicht nur die enorme emotionale Spannweite verbindet Skrjabin mit Puschkin, sondern auch – und vor allem – der philosophische Optimismus, der Glaube an eine schöne Zukunft, die dem Menschen zuteil werden muß, und – was wohl die Hauptsache ist – der Glaube an die verwandelnde Kraft der Kunst, eine Kraft, die dazu beiträgt, die Zukunft zu erobern. Mit anderen

Worten: Skrjabins Auffassung des ethisch-ästhetischen Wesens der Kunst geht auf Puschkin zurück, eine Auffassung, die manchmal *Orphismus* genannt wird, nach dem Namen des legendären Sängers der Antike, der mit der Schönheit seines Gesanges die bösen Mächte und sogar den wachsamen Hüter der Unterwelt besiegte. Und wir erinnern uns an dieser Stelle auch, daß im alten Ägypten das Wort »ma'at«, das von dem Namen einer Göttin kommt, sowohl die Schönheit als auch das Gute bezeichnete.

Kehren wir zurück zu den Worten Mjaskowskis, der von Skrjabins Tod erschüttert war, aber bekannte, daß er »nie an die Existenz des Skrjabinschen ›Mysteriums‹ geglaubt hat«. Diese Worte stehen in unmittelbarem Bezug zu jenen phantastischen Gerüchten, die in Zusammenhang mit Skrjabins letztem geplanten Werk aufkamen und sogar in der Presse verbreitet wurden. Es hieß, der Komponist plane zusammen mit einer Gruppe seiner Anhänger, in Indien eine gewisse mystische Handlung zu vollziehen, nach der die ganze Welt dematerialisiert werde und aufhören werde zu bestehen. Es hieß ferner, Skrjabin habe, da er sich von dem Irrealen dieses Plans überzeugt habe, beschlossen, sich auf die Vollendung einer *Vorbereitenden Handlung* zu beschränken, er sei aber gestorben und habe nichts hinterlassen als einen unfertigen Text und ein paar Skizzen zur Musik.

Unterzieht man die überlieferten Äußerungen und erhalten gebliebenen handschriftlichen Materialien einem kritischen Vergleich, so lassen sich folgende Schlußfolgerungen ziehen, ohne daß der Anspruch erhoben wird, daß alles vollständig erfaßt ist. Vor allem ist es schwer festzustellen, wann die Idee jenes grandiosen synthetischen Werkes, von dem Skrjabin träumte, entstanden ist. Aus den unveröffentlichten Erinnerungen von Margarita Morosowa wissen wir, daß seine erste Frau dem Plan des

Mysteriums »mit Mißtrauen und Furcht« gegenüberstand. Skrjabin hatte sich aber 1905 von Wera Iwanowna getrennt, und folglich muß dieser Plan schon vor dem *Poème de l'extase,* in dem, wie schon gesagt, die synthetische Verbindung von Ton und Farbe vorgesehen war, aufgetaucht sein. Es ist durchaus möglich, daß Skrjabin die Bezeichnung »Mysterium« unter dem Eindruck von Erzählungen von Sergej Trubezkoi über die Eleusinischen Mysterien gewählt hat. Das waren ursprünglich zu Ehren von Demeter, Persephone und Dionysos vollzogene Riten, die später zu kultischen Festen für ganz Athen erweitert wurden, alljährlich viele Teilnehmer anlockten und mit Instrumentalmusik, Gesang, Tänzen und rituellen Handlungen verbunden waren, die das Wiedererwachen der Natur im Frühling symbolisierten (im Mythos war dieses Wiedererwachen mit der jährlichen Wiederkehr der Persephone aus der Unterwelt zu ihrer Mutter Demeter, der Göttin der Fruchtbarkeit, verbunden).

Obwohl unsere Kenntnisse von den Eleusinischen Mysterien unvollständig sind, da die Träger der geheimen Riten (die Mystagogen) über ziemlich lange Zeit hinweg nur zwei Familien angehörten, die die rituellen Texte und den streng geheimgehaltenen Sinn der einzelnen kultischen Handlungen von Generation zu Generation mündlich überlieferten, ist doch mit Sicherheit bekannt, daß diese Mysterien ausgesprochen pantheistischen Charakter trugen und den Glauben an die schaffenden Kräfte der Natur und an deren Macht und Schönheit förderten. Im übrigen waren die Eleusinischen Mysterien im Unterschied zu allen Arten des antiken Theaters durch ihren Massencharakter und die künstlerische Aktivität aller Teilnehmer gekennzeichnet.

Zweifellos geht die Idee des Skrjabinschen *Mysteriums* auf eine ferne Vergangenheit zurück, denn den Erinnerungen von Zeitgenossen sowie der ersten und der unvollendeten zweiten Fassung der *Vorbereitenden Handlung*[56] nach zu urteilen, dachte der Komponist an ein synthetisches Werk, in dem verschiedenste Bilder der Natur, Stimmungen und Zustände des Menschen gezeigt werden sollten. Der überlieferte Text reicht in seiner künstlerischen Qualität allerdings bei weitem nicht an Skrjabins Musik heran. Der Komponist war sich dessen bewußt und allem Anschein nach selbst mit der letzten Fassung nicht zufrieden. Es ist bemerkenswert, daß im Text der *Vorbereitenden Handlung* neben nebelhaften Bildern des Göttlichen, das das Weltall bewegt, »sieben Engel in ätherischen Gewändern« vorkommen, die sich gegen Gott auflehnen:

»Das sind die Himmelsbewohner
Die Feuerträger
Die Schicksalsvollender
Die Welterbauer
Die Hüter der Grenzen
Die Kämpfer gegen Gott
Die Zerstörer der Mauern.«

Das Rätselhafte dieser Gestalten tritt jedoch zurück gegenüber der Zentralidee der Weltanschauung und des Schaffens Skrjabins: der Idee von der Allmacht des menschlichen Willens, einer Idee, die nach und nach in Skrjabins Bewußtsein Platz gegriffen hatte. »Der Religionen wonnevoller Trug / Nimmt mich schon längst nicht mehr gefangen« – diese Zeilen aus der *Vorbereitenden Handlung* gehen zurück auf eine Aufzeichnung aus seiner Jugend.[57] Dieselbe Idee kommt auch an anderer Stelle des von Skrjabin geplanten grandiosen Werkes deutlich in jenen Worten zum Ausdruck, in denen er den bevorstehenden Zusammenbruch der »schrecklichen Welt« verkündet:

»Blitze des Willens sind wir und dürsten nach Vollendungen
Wir werden uns verkörpern in den Schlägen der Entscheidungen
Im Krachen der Explosionen und im Donnern der Zertrümmerungen ...«

Gleichzeitig ist der Text der *Vorbereitenden Handlung* voll von gekünstelten Bildern, nebulosen Ausdrükken und Wortbildungen aus dem Vokabular der Symbolisten, zu denen seine Grundideen und -bestrebungen in paradoxer Weise kontrastieren. Tatjana Grigorjewna Schaborkina[58] zitiert in ihren aufschlußreichen *Bemerkungen zu Skrjabin als Interpret,* in denen sie auf den Zusammenhang zwischen Skrjabins kompositorischem Schaffen und seiner Vortragskunst eingeht, eine seiner Notizen: »Zum Leben, zum Leben, Menschen, Tiere, Blumen und Steine!« Diesen Aufruf könnte man vielleicht als Motto für die *Vorbereitende Handlung,* aber auch für viele andere Werke Skrjabins nehmen.

Im Laufe seines ganzen bewußt erlebten Daseins befaßte sich Skrjabin unablässig mit philosophischen Problemen, verfolgte er die philosophische Literatur, und seine Aufzeichnungen und Äußerungen scheinen uns die Möglichkeit zu geben, uns ein Bild von seiner Weltanschauung zu machen. Man darf jedoch nicht denken, daß ein einziger Versuch genügt, um eine auch nur ganz allgemeine Vorstellung von der Gesamtheit der philosophischen Ansichten Skrjabins zu vermitteln, vor allem deshalb, weil diese Ansichten zweifellos Änderungen unterlagen. Und wenn man zum Beispiel von Skrjabins »religiös-mystischen Verirrungen« lesen muß – wie paßt das mit der Notiz zusammen, die er etwa in der Periode der Arbeit an der 3. Sinfonie gemacht hat: »Ein Gott, der Anbetung braucht, ist kein Gott«?

Wir können uns in diesem kurzen Abriß nicht eingehend mit Skrjabins langem und qualvollem philosophischem Suchen befassen, das bis an sein Lebensende dauerte. Sehr wichtig ist aber, an dieser Stelle an die These des polnischen Kunstwissenschaftlers Wiktor Kiesewetter zu erinnern: »Die Weltanschauung eines Künstlers ist in seinem Werk enthalten.« Auf diesen Satz baute Kiesewetter seine Polemik gegen Benedetto Croce, den bedeutenden italienischen Philosophen und Verfasser von Büchern zur Ästhetik, auf, der versucht hatte, die Bedeutung von Leonardo da Vinci herabzusetzen, indem er behauptete, dieser habe kein geschlossenes philosophisches System geschaffen. Kiesewetter stellte damals fest, daß es Arbeiten über die Weltanschauung vieler großer Meister bislang nicht gibt, und sollten solche Arbeiten in Zukunft entstehen, so müßten sie vor allem von der Analyse des künstlerischen Schaffens dieser Meister ausgehen.

Man kann also, wenn man Skrjabins Musik seinen überlieferten Äußerungen gegenüberstellt, zu folgenden Schlußfolgerungen kommen.

Der Komponist glaubte an die Unerschöpflichkeit der Kräfte und Formen des Lebens und daran, daß die Vereinigung des Menschen mit der Natur ihn stark macht, so wie der Titan Antaios in der griechischen Sage stärker wurde, wenn er die Erde berührte. Diese »Antaioskraft« des Menschen, die Skrjabin in dem *Willen* sah, war das Unterpfand des Sieges im Kampf mit den dunklen Mächten und das Unterpfand für die Umwandlung der Menschheit. Als wirksamstes Mittel im Prozeß dieser Umwandlung betrachtete Skrjabin die Kunst, der er am Schluß seiner 1. Sinfonie einen Hymnus widmete. Die zentralen Themen seiner Werke waren der Wille, Aufrufe zu dessen Aktivierung (denken wir an die »Blitze des Willens«) und die Liebe im Danteschen

Sinne – die Liebe, »die die Sonne und die übrigen Gestirne bewegt«. Im Namen dieses hohen Gefühls vollbringt der feuerbringende Titan seine Tat, und seine Gestalt wird von Skrjabin mit großer Eindringlichkeit im *Prometheus* dargestellt, der gleichsam auf die *Vorbereitende Handlung* vorausweist.

Aus den überlieferten Materialien geht hervor, daß ein wesentlicher Zug dieses Werkes, dessen Idee beim Komponisten im Laufe von mindestens zehn Jahren heranreifte, der moralisch-ethische Aspekt war. Und es ist nicht übertrieben, in dieser Hinsicht die *Zauberflöte* als direkte Vorläuferin der *Vorbereitenden Handlung* anzusehen, denn Mozarts Schöpfung ist unter genau dem gleichen Aspekt aufzufassen: das Reich des weisen und gütigen Sarastro steht dem Reich der Königin der Nacht gegenüber, das heißt dem Reich der Finsternis und des Bösen, das durch den menschlichen Willen besiegt wird. Es besteht Grund zu der Annahme, daß Mozart seine wunderbare Schöpfung als »Vorbereitung« für die von ihm erstrebte Veredelung der Menschheit ansah, der die Freimaurerloge, der er angehörte, dienen sollte. Diese Loge hatte keine Ähnlichkeit mit den Logen mit künstlich aufgemachtem Ritual, die von hochgestellten Persönlichkeiten protegiert wurden und daher keinerlei Interesse an der Verwirklichung sozialer Reformen hatten, wie sie die Statuten der Freimaurer vorsahen.

»Außerordentlich geschadet haben Skrjabin die Mystiker und Dunkelmänner vom Schlage eines L. Sabanejew und B. Schloezer«, hebt Heinrich Neuhaus in seinen *Bemerkungen über Skrjabin* hervor, die er zum 40. Todestag des Komponisten schrieb. Diese Dunkelmänner waren es, die sich das Recht anmaßten, seine Ideen zu deuten, und dadurch ungesunde Sensationen hervorriefen. Sabanejew und Schloezer brachten das Märchen vom »Weltuntergang« auf (das offenbar sogar Mjaskowski

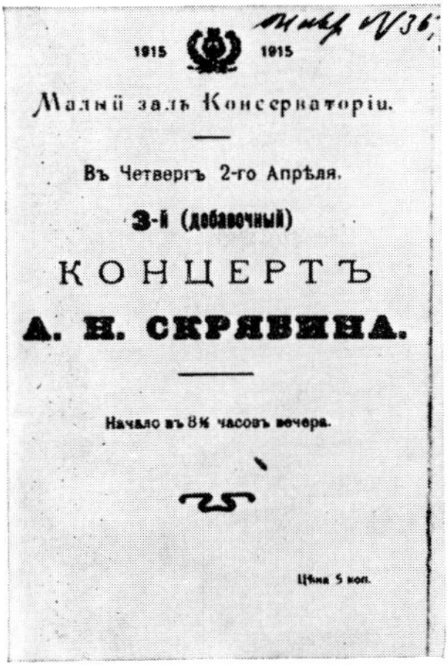

1915 1915

Малый залъ Консерваторіи.

Въ Четвергъ 2-го Апрѣля.

3-й (добавочный)

КОНЦЕРТЪ

А. Н. СКРЯБИНА.

Начало въ 8½ часовъ вечера.

Цѣна 5 коп.

19 15

БОЛЬШОЙ ЗАЛЪ

РОССІЙСКАГО БЛАГОРОДНАГО СОБРАНІЯ.

Вторникъ. 27-го Января

2-й КОНЦЕРТЪ

А. Н. СКРЯБИНА.

50% чистаго сбора поступятъ въ пользу отряда, посылаемаго въ Сербію, организуемаго княгиней Маріей Константиновной Трубецкой.

Начало въ 8½ час. вечера

Programme der letzten Konzerte Skrjabins in Moskau und Petrograd

Konstantin Balmont, einer der Lieblingsdichter Skrjabins

Grigori Beklemischew, der Werke von Skrjabin in seinen »Historischen Konzerten« spielte

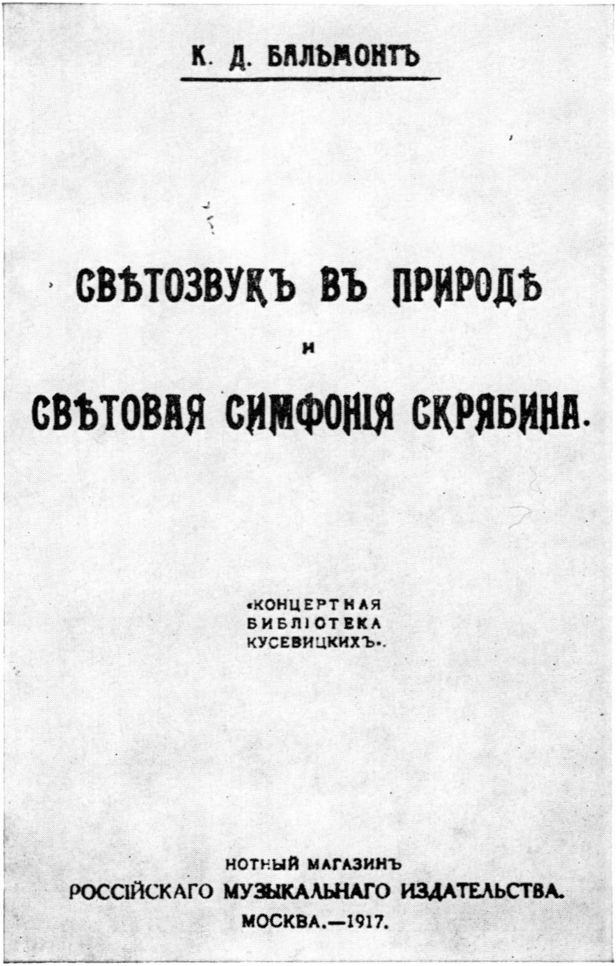

К. Д. БАЛЬМОНТЪ

СВѢТОЗВУКЪ ВЪ ПРИРОДѢ
И
СВѢТОВАЯ СИМФОНІЯ СКРЯБИНА.

«КОНЦЕРТНАЯ
БИБЛІОТЕКА
КУСЕВИЦКИХЪ».

НОТНЫЙ МАГАЗИНЪ
РОССІЙСКАГО МУЗЫКАЛЬНАГО ИЗДАТЕЛЬСТВА.
МОСКВА.—1917.

Umschlag von Balmonts Buch *Der Lichtton in der Natur und die Lichtsinfonie Skrjabins*

Erste Seite eines Préludes aus dem letzten Klavierzyklus Skrjabins

Valeri Brjussow, der auf Skrjabins Tod ein Sonett schrieb

Sergej Rachmaninow, ein Studienfreund Skrjabins und Interpret seiner Klavierwerke

Сезонъ 1915—1916 г.

КОНЦЕРТЫ А. ЗИЛОТИ

XIII-й сезонъ; 171-й концертъ.

МАРІИНСКІЙ ТЕАТРЪ.

Въ Субботу, 26-го Сентября 1915 г.,

ПЕРВЫЙ

КОНЦЕРТЪ ВНѢ АБОНЕМЕНТА.

ПЕРВЫЙ ВЕЧЕРЪ

ПАМЯТИ

А. Н. СКРЯБИНА.

Начало въ 8½ часовъ вечера.

ПРОГРАММА:

Сочиненія А. Скрябина.

1. Симфонія № 1, E-dur, соч. 26.
   - a) Lento.
   - b) Allegro dramatico. } безъ перерыва.
   - c) Lento.
   - d) Vivace.
   - e) Allegro.

Антрактъ 10 минутъ.

2. Концертъ для ф.-п. съ оркестромъ, fis-moll, соч. 20.
   - a) Allegro.
   - b) Andante.
   - c) Allegro moderato.

С. В. Рахманиновъ.

Антрактъ 15 минутъ.

3. *) «Божественная поэма» (3-я симфонія), соч. 43.
   - a) Luttes.
   - b) Voluptés. } безъ перерыва.
   - c) Jeu divin.

Лицъ, желающихъ покинуть залъ до окончанія концерта, покорнѣйше просятъ воспользоваться для того перерывомъ передъ послѣдней пьесой, длительность которой въ точности указана.

Выходить же изъ зала, равно какъ и входить, во время исполненія — воспрещается, дабы не мѣшать прочимъ слушателямъ.

*) Длительность 40 минутъ.

Programm eines Konzertes zum Gedenken an Skrjabin

ПРОГРАММА.

В Среду, 6-го Ноября,

артистами ГОСУДАРСТВЕННЫХ театров

исполнено будет:

I.

ИНТЕРНАЦИОНАЛ,

исп. хор и оркестр под управлением Н. А. Федорова.

II.

ПРОМЕТЕЙ,

поэма огня А. Н. Скрябина.

Хор и оркестр под управлением Эмиля Купера.

Партию фортепиано исполнит А. Б. Гольденвейзер.

Декоративная часть художника А. В. Лентулова.

III.

ВЕЧЕ,

из оперы Псковитянка,

муз. Н. А. Римского-Корсакова.

Участвующие: Туча—Б. М. Евлахов, Кн. Токмаков—В. Р. Петров, Боярин Матута—А. М. Успенский. Гонец-Юшко—Л. Ф. Савранский.

Постановка режиссера Художест. театра А. А. Санина.

Капельмейстер Вячеслав Сук.

Декорации художника А. А. Арапова.

Programm des Festkonzertes im Moskauer Bolschoi-Theater zum 1. Jahrestag der Großen Sozialistischen Oktoberrevolution

Alexander Skrjabin

Anatoli Lunatscharski, der erste sowjetische Volkskommissar für das Bildungswesen. Er bezeichnete Skrjabins Musik als »höchste Gabe der Romantik an die Revolution«

Boris Pasternak, Sohn des Malers Leonid Pasternak, Dichter, der Erinnerungen an Skrjabin und einige Gedichte über ihn hinterließ

Ein Prélude von Julian Skrjabin (Autograph)

Heinrich Neuhaus, Interpret vieler Klavierwerke von Skrjabin

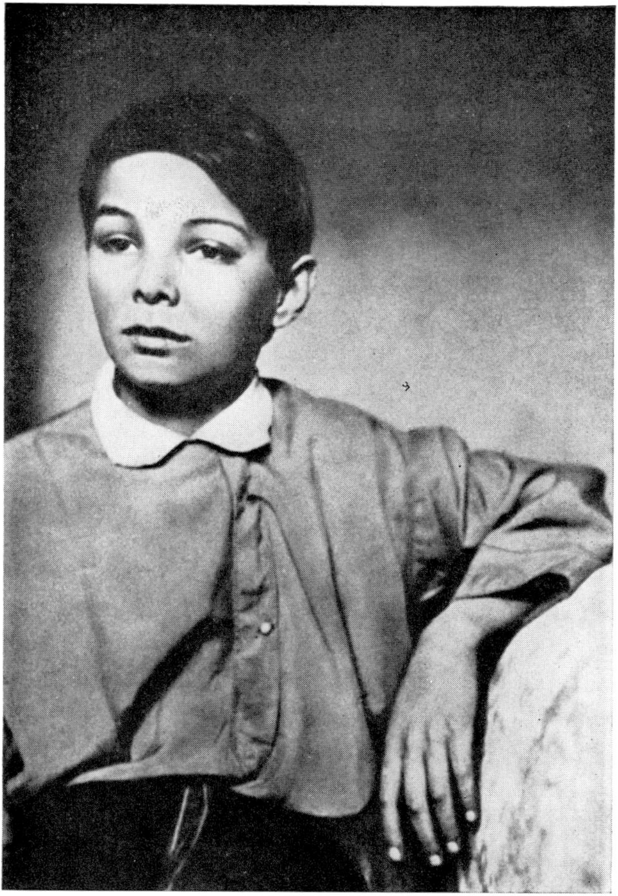

Julian Skrjabin, der Sohn des Komponisten

Alexander Ossowski, korrespondierendes Mitglied der Akademie der Wissenschaften der UdSSR, Verfasser zahlreicher Schriften über Skrjabin

irritierte), mit dem Skrjabins *Mysterium,* die Frucht der Phantasie eines »genialen Wahnsinnigen«, enden sollte. Wir wissen jedoch aus zuverlässigen Quellen (insbesondere aus den Aufzeichnungen von Anna Alexejewna Goldenweiser und den Erinnerungen von Alexander Krein), daß die *Vorbereitende Handlung* als synthetisches Werk gedacht war, das alljährlich in einem dafür errichteten Gebäude in Indien wiederholt werden sollte.

Die Wahl des Ortes erklärten diese »Mystiker und Dunkelmänner« mit Skrjabins »Wahnsinn«. Das »Indien des Geistes« war indes für die russische Kultur von alters her von Zauber erfüllt. In Rimski-Korsakows Oper *Sadko* sang davon der indische Kaufmann, indem er den Zuhörern märchenhafte Bilder von dem »fernen Indien der Wunder« schilderte. Nikolaus Roerich reiste nach Indien auf der Suche nach neuen künstlerischen Entdeckungen, doch weder ihn noch Martiros Sarjan, der das mit den Geheimnissen des Orients lockende Ägypten aufsuchte, bezeichnete man als Wahnsinnigen. Zur Bestätigung des »Wahnsinns« Skrjabins verbreiteten seine berüchtigten »Freunde« (und Kostgänger!) Gerüchte von einer krankhaften Ängstlichkeit des Komponisten: er wasche sich übermäßig häufig die Hände und lege außerhalb des Hauses nie die Handschuhe ab. Solche Hirngespinste kann man auch heute noch in Büchern, die im westlichen Ausland erscheinen, lesen, zum Beispiel in der Monographie des amerikanischen Musikwissenschaftlers und Publizisten Faubion Bowers (1969), obwohl darin ein Foto abgebildet ist, auf dem Skrjabin ohne Jackett und ohne Handschuhe direkt auf der Erde sitzt. Die krankhafte Ängstlichkeit des Komponisten, die ihn angeblich hinderte, mit der Natur in enge Berührung zu kommen, ist eine kleine Sabanejewsche Lüge. Viel schlimmer ist, daß die Hirngespinste von Sabanejew und Schloezer über die *Vorbereitende Handlung* nach wie vor verbreitet werden. Welche Bedeutung der Komponist all diesen »Philosophierereien« beimaß, wird beispielsweise aus einem Bericht von Mark Mejtschik ersichtlich, der einmal bei Skrjabin zum Mittagessen war und eine volle Stunde lang Schloezers »professoralen Baß« vernahm, wie dieser seine mystischen »Konzeptionen« entwickelte. Nach dem Essen gingen Skrjabin und Mejtschik aus dem Zimmer, und der Komponist sagte nach einem tiefen Seufzer: »Ach, Mark Naumowitsch, lassen wir diese ganzen Theorien Theorien sein, die Musik bleibt doch Musik!«

Die Musik der *Vorbereitenden Handlung* war fertig, und der Komponist spielte sie Alexander Goldenweiser, dessen Frau Anna Goldenweiser (die darüber eine Notiz in ihr Tagebuch eintrug), Alexander Krein und anderen vor. Aufgeschrieben hat Skrjabin indes nur einzelne schwer zu entziffernde Teilstücke. Was die Phantastereien von dem eschatologischen (das heißt die erwähnte »Dematerialisierung« und das Ende der Welt verkündenden) Charakter des *Mysteriums* anbelangt, so lehnen ihn die heutigen Forscher, vor allem A. W. Kaschperow, entschieden ab, wobei sie sich besonders auf die Tagebuchnotiz von Anna Goldenweiser berufen, in der diese über ihre Gespräche mit dem Komponisten und über dessen Träume berichtet, ein Gebäude zu errichten, in dem »das Mysterium immer stattfinden wird« und wohin die Menschen kommen werden, »wie sie jetzt nach Bayreuth fahren«. Mochten Skrjabins Träume auch eine Utopie sein (er hatte schließlich keinen König Ludwig von Bayern neben sich, der Wagners Träume, die vielen phantastisch erschienen waren, Wirklichkeit werden ließ!), so waren sie doch nicht vom »Wahnsinn« hervorgerufen, sondern von den edelsten Absichten eines Künstlers, der nach moralisch-ethischer Vervollkommnung der Menschen strebte. Und während die Verwirklichung der Idee der (im Grunde ebenfalls utopischen) Mozartschen Freimaurerloge durch einen »Kelch der Freundschaft«[59] verhindert wurde, den die nicht davor zurückschreckende Hand eines Mörders reichte[60], wurde die Arbeit an der *Vorbereitenden Handlung* durch Skrjabins tödliche Krankheit tragisch abgebrochen. Bei allen Mängeln des Textes (hier sei an die naive Unbeholfenheit der Libretti vieler Opern, die dennoch klassisch geworden sind, erinnert) beeindruckte die Musik der *Vorbereitenden Handlung* alle, die sie – wenn auch nur fragmentarisch – zu hören bekamen, durch ihre außerordentliche Schönheit und Neuartigkeit. Skrjabin war auf der Suche nach neuen künstlerischen Lösungen weiter vorangeschritten und hätte, wie der Held in Hemingways Erzählung *Der alte Mann und das Meer*, auf die Frage »Und was hat dich geschlagen?« antworten können: »Nichts. Ich bin zu weit hinausgefahren . . .«

»Ich glaube, diesen Sommer werde ich den Text abschließen, und einen Teil der ›Vorbereitenden Handlung‹ werde ich schon in den Formen der synthetischen Kunst fertigstellen«, schrieb Skrjabin im zeitigen Frühjahr 1914 aus Paris an seine Frau. Es war das Entstehungsjahr des Poems *Vers la flamme* und der letzten Poeme und Préludes, die im gleichen Jahr bei Jürgenson erschienen und vom Komponisten nach und nach in seine Konzertprogramme aufgenommen wurden. Die Zahl der Konzerte nahm in dieser Zeit ständig zu, denn Skrjabin schrieb, da er ganz in die Arbeit an der *Vorbereitenden Handlung* vertieft war, keine größeren Werke, brauchte aber Geld für den Unterhalt der Familie.

T. G. Schaborkina bietet in ihrem bereits erwähnten Artikel eine interessante Zusammenstellung von Äußerungen über Skrjabin als Pianist, die sehr widersprechend sind, denen zufolge wir aber mit Bestimmtheit annehmen dürfen, daß sein Spiel sich weniger durch virtuosen Glanz (den ja seine Musik eigentlich auch nicht verlangte) als durch poetischen Zauber auszeichnete und daß seine Konzerte nach und nach in breitesten Kreisen der Öffentlichkeit Anerkennung fanden. Die zunehmende Zahl von Konzerten bedeutete für den Komponisten jedoch eine große Anstrengung, und das um so mehr, als er stets hohe Forderungen an sich stellte.

Hinzu kam – und es ist betrüblich, darüber zu schreiben –, daß Tatjana Fjodorowna ihren Mann nicht geschont hat. Ihre Briefe sind voll von Klagen, von Mitteilungen, daß sie sich nicht wohl fühle, und Vorwürfen, daß er sie angeblich nicht mehr liebe. »Deine letzten Briefe haben sich mir mit solcher Schwere aufs Herz gelegt!« schreibt er ihr aus London am 11. (24.) März 1914. Skrjabin seinerseits war dagegen immer bemüht, seiner Frau Aufregungen zu ersparen. Nach dem Konzert in Charkow im März 1915 telegraphierte er ihr: »Erfolg glänzend, Befinden vortrefflich«, obwohl wir aus einem ausführlichen Brief erfahren: »Das Konzert in Charkow verlief gut, obwohl mir auf dem Podium Kraft und Selbstbeherrschung fehlten; der Erfolg war groß.« Wir haben Grund zu der Annahme, daß der 1914 während des Aufenthaltes in London aufgetretene Furunkel der Beginn jener Erkrankung war, die ihn im Frühjahr des folgenden Jahres ins Grab brachte. Die Schwächeanfälle und die Vorgefühle drohenden Unheils, die sich in der 10. Sonate und dem von ihm in der Konzertsaison 1914/15 ebenfalls besonders häufig gespielten zweiten Prélude des letzten Zyklus niederschlugen, waren möglicherweise dadurch hervorgerufen, daß die Infektion, die seinen durch die angespannte Arbeit geschwächten Körper angegriffen hatte, nicht völlig ausgeheilt war, und der Karbunkel, der sich an derselben Stelle auf der Oberlippe bildete und die unmittelbare Ursache der allgemeinen Blutvergiftung und des Todes des Kompo-

Plakat eines Konzertes zum 9. Todestag Skrjabins

Samuil Feinberg, Interpret vieler Klavierwerke Skrjabins

Plakat eines Konzertes zum 10. Todestag Skrjabins

Plakat eines Konzertes des Persimfans (Erstes Sinfonieorchester ohne Dirigenten) mit Werken von Skrjabin

Das Staatliche A.-N.-Skrjabin-Museum. Arbeitszimmer des Komponisten

Eßzimmer im Skrjabin-Museum

Die Töchter des Komponisten Jelena und Maria im Museum

Wladimir Sofronizki, einer der besten Interpreten der Klavierwerke Skrjabins

Nikolai Golowanow, Dirigent, unter dessen Leitung häufig sinfonische Werke von Skrjabin erklangen

Swjatoslaw Richter, der namhafte sowjetische Pianist

Vladimir Horowitz, der amerikanische Pianist, der häufig Werke von Skrjabin gespielt hat

Programm eines Konzertes von Stanislaw Neuhaus mit Werken von Skrjabin

Stanislaw Neuhaus, hervorragender Interpret
von Klavierwerken Skrjabins

Igor Miklaschewski, Dirigent, der Skrjabins Werke aufführte und sich für ihre Veröffentlichung einsetzte

Programm einer wissenschaftlichen Tagung über Leben und Werk Skrjabins

Alexander Goldenweiser, Freund und Wegbereiter Skrjabins

nisten war, stellte nur den katastrophalen Höhepunkt einer langandauernden Infektionserkrankung dar.

Die häufigen anstrengenden Reisen trugen offensichtlich dazu bei, daß Skrjabin in seinen letzten Lebensjahren häusliche Behaglichkeit besonders schätzte. »Das ›Haus‹ begann in diesen Jahren für Skrjabin viel mehr zu bedeuten als je zuvor. Er wurde jetzt, so könnte man sagen, zum Stubenhocker. Nach wie vor liebte er Geselligkeit, aber er zog es vor, daß sich seine Freunde *bei ihm* versammelten – was denn auch fast jeden Tag der Fall zu sein pflegte, nicht selten bis spät in die Nacht hinein. Er liebte ein geselliges ›Mahl‹, den gedeckten Tisch, den in die Gläser eingeschenkten Wein, das Sitzen am Samowar, mit einem Wort, alles Festliche, Erhebende, den ›Lebensschmaus‹«, wie sich Julius Engel erinnert. Viele Personen waren in diesen Jahren bei den Skrjabins zu Gast: Alexander Goldenweiser mit seiner Frau, Alexander Krein, Boleslaw Jaworski, Jelena Beckmann-Schtscherbina, Mark Mejtschik, die Brüder Georgi und Lew Conus sowie Jewgeni Gunst. Letzterer hatte eine sehr kritische Haltung gegenüber Sabanejew, der den Anspruch erhob, Skrjabins »bester Freund« zu sein. Zu den Besuchern zählten auch Wjatscheslaw Iwanow, den Skrjabin besonders gern hatte, Balmont und andere Dichter, Sänger und Maler, darunter Leonid Pasternak, der Vater des Dichters. Häufiger Gast war Maria Nemenowa-Lunz, in deren Haus Skrjabins Freunde ebenfalls zusammenkamen und seine Werke gespielt wurden.

Jewgeni Gunst, der Begründer und Leiter des »Moskauer Vereins zur Verbreitung von Kammermusik«, tat viel für die Popularisierung der Musik Skrjabins und gehörte zu denen, die ebenso wie Nikolai Kaschkin[61] sehr kritisch jenen Programmen gegenüberstanden, die Tatjana und ihr Bruder zu Skrjabins Werken verfaßt hatten, aber als Produkt des Komponisten ausgaben. »Die

Musik von Herrn Skrjabin ist tausendmal reicher an Inhalt, an Gedanken und Poesie als alle derartigen Programme, und es wäre besser, er verließe sich auch in seinem künftigen Schaffen auf seine wirklich große Begabung und setzte keine Hoffnungen auf tote, angeblich philosophische Schemata«, schrieb Kaschkin mit Bezug auf das Programm des Konzertes vom 21. Februar 1909, in dem die 3. Sinfonie und das *Poème de l'extase* aufgeführt wurden.

Es muß allerdings gesagt werden, daß man in Skrjabins Freundeskreis gegenüber Boris de Schloezer[62], seinen »Theorien« und Schriften sehr reserviert war und zeitweilig auch eine ironische Einstellung bekundete. Allem Anschein nach kam es mehrfach vor, daß Skrjabin sich durch Schloezers Gespreiztheit und Selbstsicherheit bedrückt fühlte. Leider werden Schloezers »Arbeiten« über den Komponisten bis auf den heutigen Tag nicht nur im Ausland, sondern auch in der Sowjetunion zitiert und seine Äußerungen und »Konzeptionen«, die sich in die Programme von Werken Skrjabins eingeschlichen haben, für Texte des Komponisten selbst gehalten. Im Hause Skrjabins, aber auch bei Maria Nemenowa-Lunz war Schloezer stets bemüht, im Mittelpunkt der Aufmerksamkeit zu stehen; er gab zu verstehen, daß Skrjabins Musik eigentlich fast so etwas wie eine musikalische Verkörperung seiner, de Schloezers, Philosophie sei, und versuchte davon auch die Leser seines umfangreichen Buches über den Komponisten zu überzeugen.

Tatjana Fjodorowna unternahm alle Anstrengungen, um Skrjabin von all den Menschen fernzuhalten, die die Trennung des Komponisten von seiner ersten Frau als einen Fehler betrachteten. Dazu gehörten diejenigen, die ihm viel Gutes erwiesen hatten. Vor allem waren dies Wassili Safonow, Margarita Morosowa und die Familie Monighetti. Deren Platz nahmen Alexander Nikolajewitsch Brjantschaninow, der Schloezer bei seinen religiös-mystischen Predigten unterstützte, und der berüchtigte Sabanejew ein, den A. W. Kaschperow kurz und treffend wie folgt charakterisiert: »Schrieb in seinen Arbeiten viel über Skrjabins Weltanschauung, wobei er dem Komponisten häufig Dinge zuschrieb, die seine eigenen Erfindungen waren. Trug zusammen mit B. F. Schloezer zur Bildung falscher Ansichten über die objektive Bedeutung des künstlerischen Schaffens Skrjabins bei.«

Solcherart waren die Menschen, die Skrjabin umgaben und die ständig Gäste in seiner letzten Moskauer Wohnung waren, in Nr. 11 der Straße Bolschoi Nikolo-Peskowski pereúlok (Große Gasse zu St. Nikolai auf dem Sande[63]; heute Wachtangowstraße), wo sich gegenwärtig das Staatliche Skrjabin-Museum befindet. Von hier aus wurde am 15. (28.) April 1915 der Sarg mit Skrjabins Leiche in die St. Nikolaikirche auf dem Sande übergeführt. Das Begräbnis fand am folgenden Tage auf dem Friedhof des Nowodewitschi-Klosters statt. Nach einiger Zeit wurde auf dem Grab ein großes Eichenkreuz errichtet; es wurde bald durch ein Kristallkreuz ersetzt, das aber später gestohlen wurde. Heute steht auf Skrjabins Grab ein Denkmal aus Stein.

Als die Agonie bereits eingetreten war, reichte jemand dem Sterbenden ein Blatt Papier. Es sollte so aussehen, als wolle man ihm ermöglichen, seine ihn vor dem Tode bewegenden Gedanken niederzuschreiben. In Wirklichkeit handelte es sich um ein von Jewgeni Gunst aufgesetztes »Gesuch an die Allerhöchste Person« mit der Bitte, Tatjana Fjodorowna und ihren Kindern zu erlauben, Skrjabins Familiennamen tragen zu dürfen. Der Komponist konnte das Gesuch noch unterschreiben, der Bitte wurde jedoch nur teilweise entsprochen: Ariadne, Julian und Marina wurden als »legitime« Kinder ihres Vaters anerkannt.

Tausende von Menschen gaben Skrjabin das letzte Geleit. Die Menge versammelte sich bereits am 14. April vor seinem Hause. Für das Betreten der Kirche, in der eine Seelenmesse gehalten wurde, mußten spezielle Einlaßscheine gedruckt werden. Am 15. April schrieb Wladimir Dershanowski an Jewgeni Gunst, daß der Direktor der Moskauer Synodalschule, der Komponist Alexander Kastalski, dem berühmten Chor dieser Schule die Anweisung gegeben habe, bei der Totenmesse für Skrjabin mitzuwirken: »Sie werden keine Paradeuniform anlegen, daher benötigen sie keinen Raum zum Umkleiden. Sie werden sich in der hinteren, linken Vorhalle (am Eingang) aufstellen und Ihnen so beim Sarg genügend Platz lassen.« Der Chefdirigent des Chores, Nikolai Danilin, traf beizeiten in der Kirche ein, um Hinweise für den Einlaß der Sänger zu geben.

In seinem Sonett *Zum Gedenken an A. N. Skrjabin* schrieb Valeri Brjussow, der damals als Kriegsberichterstatter in Polen weilte:

»Und in den Tagen, da der Krieg Gericht hält
Und der Gedanke sich schon an die Ernte der Leichen gewöhnt hat,
Findet das Herz sich gerade mit *diesem* Tod nicht ab!«[64]

In ganz Rußland war man bemüht, das Andenken des verstorbenen großen Meisters würdig zu ehren. In Moskau wurde eine Alexander-Nikolajewitsch-Skrjabin-Gesellschaft gegründet. Man begann, seine Notenautographe, Aufzeichnungen und Briefe, Konzertplakate und Fotomaterial zu sammeln. Sehr aktiv beteiligte sich daran Ljubow Alexandrowna Skrjabina, für die der Tod ihres Neffen ein schwerer Schlag war. Sie blieb auch dann in der Wohnung, als Tatjana de Schloezer-Skrjabina mit den Kindern eine Zeitlang nach Nowotscherkassk fuhr, nachdem sie einen von Anatoli Lunatscharski provisorisch ausgestellten Schutzbrief erhalten hatte, der der Familie des Komponisten die Wohnung und das gesamte dort befindliche Hab und Gut zusicherte. Die offizielle Eröffnung des Museums fand am 17. Juli 1922 statt. Zu dieser Zeit war Tatjana, die dort die letzten zwei Jahre ihres Lebens verbrachte, bereits gestorben.

Seit der Konzertsaison 1915/16 wurden Skrjabins Werke in Rußland besonders häufig aufgeführt und viele Konzerte zu seinem Gedenken veranstaltet. Unter Leitung von Reinhold Glière, Alexander Siloti, Sergej Kussewitzky und anderen namhaften Musikern erklangen seine sinfonischen Werke in allen großen Städten des Landes. Wera Iwanowna Skrjabina gab weiterhin Konzerte mit seinen Klavierwerken. Im ersten Konzert eines Skrjabin-Zyklus, den Siloti im Petrograder Marientheater veranstaltete, spielte Sergej Rachmaninow den Solopart des Klavierkonzertes. Rachmaninow spielte danach auch in vielen anderen Städten Werke von Skrjabin, wobei er ganze Skrjabin-Programme zusammenstellte.

Zur gleichen Zeit entstand der Gedanke, Faktenmaterial zum Leben und Schaffen des verstorbenen Komponisten des *Prometheus* zu sammeln. Das erste Buch über Skrjabin verfaßte Jewgeni Gunst. Es erschien 1915 unter dem Titel *A. N. Skrjabin und sein Schaffen* und hat bis heute von seiner Bedeutung nichts eingebüßt. Besonders wertvoll ist es dadurch, daß es eine kurze Analyse aller zehn Sonaten enthält, die auf Worten von Skrjabin selbst beruht. »Die Kunst kennt in ihrer Geschichte wenig Propheten, die ihrer Bedeutung nach dem Verstorbenen gleichkommen«, schrieb Gunst, wobei er das Wort »Prophet« im hohen Puschkinschen Sinne gebrauchte. Diesem Buch folgte in Petrograd im gleichen Jahr eine Studie des bedeutenden Musikkritikers Wjatscheslaw Karatygin, der zuvor bereits Dutzende Male über Skrjabin geschrieben hatte. In der erwähnten Studie hob Karatygin hervor, daß von Jahr zu Jahr die Zahl der Menschen zunimmt, die in Skrjabin »den kühnen, genialen Neuerer« sehen, »der einen streng konsequenten Weg der musikästhetischen Entwicklung gegangen ist. Die letzten Etappen dieses Weges sind von bedeutenden künstlerischen Leistungen gekennzeichnet, die uns wirklich Veranlassung sind, die alten musikalischen Normen zu überprüfen und neu zu bewerten, aber nicht, indem wir uns von ihnen abwenden, sondern nur, indem wir uns einen neuen, erweiterten, evolutiven Begriff von ihnen schaffen.« In diesen Worten ist sehr treffend der organische Zusammenhang zwischen dem Neuerertum Skrjabins und dem Entwicklungsprozeß der russischen Musik im ganzen erfaßt.

Bald nach Skrjabins Ableben und dem Tod Tanejews, der sich bei Skrjabins Begräbnis eine Erkältung zugezogen hatte, ging Andrej Nikolajewitsch Rimski-Korsakow (der Sohn und Biograph des Komponisten Nikolai Rimski-Korsakow), der als Chefredakteur der von ihm gemeinsam mit Pjotr Petrowitsch Suwtschinski herausgegebenen Zeitschrift *Der musikalische Zeitgenosse* wirkte, daran, Sonderhefte über Leben und Werk der beiden Meister vorzubereiten. Heft 4/5 (Dezember 1915 bis Januar 1916) enthielt verschiedene Materialien über Skrjabin, von denen natürlich der biographische Abriß des prominenten Musikkritikers Julius Engel am wertvollsten ist. Dieser hatte seit 1899 Material über Skrjabins Leben und Schaffen gesammelt, häufig über ihn geschrieben und war einer der ersten, die nicht nur Skrjabins Musik, sondern auch sein instrumentatorisches Können hochschätzten. Engels unbestreitbares Verdienst war es auch, daß er die Spannweite der philosophischen Interessen Skrjabins und die Rolle Sergej Trubezkois bei deren Entwicklung sowie die Bedeutung der Begegnungen des Komponisten mit Georgi Plechanow aufgezeigt hat. Allerdings wird Engels Behauptung, Skrjabin habe marxistische Literatur »nach seiner Gewohnheit ›gelesen‹, aber nicht ›durchgelesen‹, durchgeblättert, aber nicht studiert«, durch das Zeugnis von Plechanow selbst dementiert, indem dieser am 9. Juni 1916 an den Arzt Wladimir Wassiljewitsch Bogorodski, einen Freund Skrjabins, der ihn in den verhängnisvollen Apriltagen mit behandelte, schrieb: »Als ich ihn in Bogliasco traf, wußte er nicht das geringste von der materialistischen Geschichtsbetrachtung von Marx und Engels. Ich machte ihn auf die große philosophische Bedeutung dieser Betrachtung aufmerksam. Als ich einige Monate später mit ihm in der Schweiz zusammentraf, sah ich, daß es ihm, obwohl er durchaus nicht zu einem Anhänger des historischen Materialismus geworden war, gelungen war, dessen Wesen so gut zu erfassen, daß er mit dieser Lehre viel besser operieren konnte als viele ›sattelfeste‹ Marxisten sowohl in Rußland als auch im Ausland.« Demnach konnte Skrjabin sich wohl kaum auf ein bloßes »Durchblättern« der Bücher, die Plechanow ihm geschenkt oder zum Lesen gegeben hatte, beschränkt haben. Er hatte sie vielmehr aufmerksam studiert.

Plechanow hob in diesem bedeutsamen Dokument, das für jeden wertvoll ist, der sich mit dem Leben und Schaffen Skrjabins befaßt, dessen hohe Intelligenz hervor. Er erinnerte sich, daß der Komponist zu ihren Gesprächen und Diskussionen über philosophische Themen oft den Anstoß gegeben hat und daß die Streitgespräche mit Skrjabin, wie sich Plechanow ausdrückte, »eine angenehme und für mich nützliche geistige Anregung« waren.

Es besteht keine Veranlassung, hier nochmals die Meinungsverschiedenheiten hervorzuheben, die diesen Streitgesprächen zugrunde gelegen haben. Es ist aber sehr wichtig, die Schlußfolgerungen festzuhalten, die Plechanow in so richtiger Weise gezogen hat: Skrjabin befinde sich nicht im Banne eigener subjektivistischer Ansichten, und »wenn Skrjabins Musik so umfassend die Stimmungen eines ganz bedeutenden Teils unserer Intelligenz in einer bestimmten Periode ihrer Geschichte ausdrückte, so geschah das gerade deswegen, weil er Fleisch von ihrem Fleisch und Blut von ihrem Blut nicht nur im Bereich der ›*Emotionen*‹, sondern auch im Bereich der philosophischen *Bedürfnisse* und des unter den Bedingungen der Zeit und des Milieus ›Erreichbaren‹ war.«

Gerade diese philosophischen *Bedürfnisse* der russischen Intelligenz führten zu dem, was Plechanow mit Recht wie folgt formuliert hat: »Skrjabin wollte in seiner Musik nicht diese oder jene Stimmungen ausdrücken, sondern eine ganze Weltanschauung, die er nun allseitig durchzugestalten versuchte.« Plechanow, der die historischen Gesetze und Triebkräfte der Menschheitsentwicklung erfaßt hatte, vertrat die Auffassung: »Skrjabin stellt der Kunst eine für sie unerfüllbare Aufgabe«; er fügte jedoch sogleich hinzu, dieser »Fehler« des Komponisten »war für ihn sehr nützlich, denn er erweiterte beträchtlich den Kreis seiner geistigen Interessen und vergrößerte zugleich bedeutend das ohnehin schon gewaltige spezifische Gewicht seiner künstlerischen Begabung«.

Plechanow bekannte seine persönliche Sympathie für »diesen hervorragenden Menschen« und schrieb als Resümee seiner Gedanken über ihn: »Alexander Nikolajewitsch Skrjabin war ein Sohn seiner Zeit. In Abwandlung eines bekannten Wortes von Hegel, das sich auf die Philosophie bezieht, kann man sagen, daß das Schaffen Skrjabins seine Zeit war, ausgedrückt in Tönen. Aber wenn ein Zeitliches, Vergängliches seinen Ausdruck im

Schaffen eines großen Künstlers findet, erlangt es *dauerhafte* Bedeutung und wird *unvergänglich.«*

Die neue Epoche, die mit den Ereignissen der Oktoberrevolution begonnen hatte, brachte sogleich die Anerkennung der wahrhaft unvergänglichen Bedeutung des künstlerischen Werkes Skrjabins mit sich. Wie schon erwähnt, bezeichnete der Volkskommissar für das Bildungswesen Anatoli Lunatscharski Skrjabins Musik als höchste Gabe der Romantik an die Revolution. Die feierliche Besiegelung dieser Anerkennung bildete das Festkonzert am 6. November 1918 im Bolschoi-Theater in Moskau zu Ehren des ersten Jahrestages der Großen Sozialistischen Oktoberrevolution. Bei diesem Konzert waren bekanntlich Wladimir Iljitsch Lenin und viele seiner Kampfgefährten anwesend. Zu Beginn wurde die *Internationale* von einem Chor mit Orchesterbegleitung gesungen, und anschließend erklang unter Leitung von Emil Cooper, der sich als einer der besten Interpreten der sinfonischen Musik Skrjabins einen Namen gemacht hatte, der *Prometheus.*

In den folgenden Jahren kam Lunatscharski, der häufig Einführungsvorträge zu Konzerten mit Werken Skrjabins hielt, mehrfach auf dieses historische Konzert zu sprechen. Dabei pflegte er zu erzählen, welchen Eindruck das *Poem des Feuers* auf Lenin gemacht hatte und daß dieser ihn damals bat, ihm die erschienenen Bücher über Skrjabin zu besorgen. Lunatscharski sprach auch über das Leninsche Dekret vom 30. Juli 1918, das die Anordnung zur Errichtung eines Skrjabin-Denkmals enthielt. Auf einer Festsitzung der Akademie der Wissenschaften der UdSSR zum 100. Geburtstag W. I. Lenins hob das korrespondierende Mitglied der Akademie Prof. A. A. Sidorow in einem hochinteressanten Vortrag über die Privatbibliothek Lenins hervor, daß dieser mehr Bücher über Skrjabin (darunter die Arbeiten von

Gunst und Karatygin) als über irgendeinen anderen Komponisten besaß.

Seit den ersten Jahren der Sowjetepoche erklingt Skrjabins Musik in der UdSSR in Konzertsälen, in Kulturhäusern der Betriebe sowie in Konservatorien und Musikschulen. Die bedeutendsten Dirigenten des Landes brachten und bringen die sinfonischen Werke des großen Komponisten zu Gehör. Genannt seien hier Nikolai Golowanow, Wladimir Dranischnikow, Jewgeni Mrawinski, Alexander Chessin, Igor Miklaschewski, Karl Eliasberg, Konstantin Iwanow, Wassili Nebolsin, Jewgeni Swetlanow und Wladimir Fedossejew. Es gab und gibt keinen sowjetischen Pianisten, der nicht Werke von Skrjabin in seinem Repertoire hat. Dazu zählen bedeutende Meister, denen Skrjabins Musik ein besonderes Anliegen war und ist. Vor allem sind hier Heinrich Neuhaus, sein Sohn Stanislaw und sein genialer Schüler Swjatoslaw Richter zu nennen, ferner Samuil Feinberg, Grigori Beklemischew, Wladimir Sofronizki, Alexander Kamenski und Tatjana Nikolajewa sowie Margarita Fjodorowa, die sämtliche Klavierwerke Skrjabins gespielt hat.

Skrjabins Ruhm nimmt in der ganzen Welt ständig zu. Von den ausländischen Dirigenten, die seine Werke aufführten, sind besonders Leopold Stokowski, Eugène Goossens und Dimitri Mitropoulos zu nennen. Von den Pianisten Vladimir Horowitz (der beste ausländische Interpret von Skrjabins Spätwerken einschließlich der 9. und 10. Sonate), Walter Gieseking, Samson François und Glenn Gould. In großen Auflagen erscheinen in vielen Ländern Skrjabins Werke in Form von Notenausgaben und Schallplatten, und die Literatur über sein Leben und Schaffen wächst ständig an.

Der 10. Jahrestag seines Todes wurde in allen Republiken des viele Nationalitäten umfassenden Sowjetlandes mit Sinfoniekonzerten und Klavierabenden mit Werken Skrjabins, mit Vorträgen über sein Leben und Schaffen, Veranstaltungen der Studenten der Moskauer Staatlichen Musikfachschule, die seinen Namen trägt, und mit einem Strom von Artikeln in Zeitungen und Zeitschriften begangen. Kurz vor dem Gedenktag wurde im Skrjabin-Museum in Moskau ein weiteres Zimmer der Öffentlichkeit zugänglich gemacht. Das Sammeln von Material wurde fortgesetzt, so daß das Staatliche Skrjabin-Museum dank seiner reichen Bestände zum Zentrum der wissenschaftlichen Skrjabin-Forschung wurde.

In seinem Aufsatz *Skrjabins Bedeutung für unsere Zeit,* der in dem Sammelband *A. N. Skrjabin und sein Museum* (1930) erschien, erinnert Anatoli Lunatscharski daran, daß Lenin dazu aufgerufen hat, das klassische Erbe anzueignen und dessen beste Traditionen weiterzuentwickeln. Lunatscharski wandte sich in diesem Aufsatz indirekt gegen solche Kritiker, die sich, indem sie von Skrjabins idealistischen Anschauungen sprachen, herausnahmen, seine Musik zu verspotten. Er schrieb: »... Skrjabin war dazu disponiert, einen sehr hohen Standpunkt einzunehmen, daß heißt, von der Musik zu verlangen, daß sie ein großer Übermittler von Energie, ein Lehrer des Lebensganzen und die Kampfmusik des echten Fortschritts werde. In diesem Sinne hätte Skrjabin bestimmt unsere Gesellschaft, unsere Revolution begrüßt, und sie hätte in ihm einen ihrer überzeugtesten Herolde gefunden.«

In den Jahren vor dem zweiten Weltkrieg erschienen mehrere Bücher und Aufsätze über Leben und Werk Skrjabins. Der hervorragende Kenner der Briefe russischer Komponisten Wladimir Alexandrowitsch Shdanow hatte die Vorarbeiten für eine Ausgabe der Briefe Skrjabins abgeschlossen, doch der Krieg verhinderte das Erscheinen dieses Bandes.

Mitte der fünfziger Jahre setzte die Forschungsarbeit über Leben und Werk Skrjabins wieder ein. Im dritten Band seiner *Geschichte der russischen Musik* (1954) wies Juri Keldysch energisch die Schmähungen zurück, die in den ersten Nachkriegsjahren unter dem Vorwand des »Kampfes für den Realismus« und der »Entlarvung der Dekadenz« gegen Skrjabin gerichtet worden waren.

Einige Jahre später erschien die überaus wertvolle, ausführlich kommentierte Ausgabe der Briefe Skrjabins (1965), ein Ergebnis langjähriger intensiver Arbeit von Alexej Wladimirowitsch Kaschperow, der das von W. A. Shdanow vorbereitete Material verwendete, jedoch zahlreiche weitere Archivunterlagen heranzog. Einen bedeutenden Beitrag zur sowjetischen Skrjabin-Forschung bildeten auch die Arbeiten von Sergej Erasmowitsch Pawtschinski, der vorbildliche Klavierauszüge der Skrjabinschen Sinfonien anfertigte, neue, sorgfältig revidierte Ausgaben der Partituren besorgte und fundierte theoretische Schriften veröffentlichte, in denen das meisterhafte kompositorische Können und das hohe geistige Niveau der Skrjabinschen Musik erstmals sehr überzeugend aufgezeigt werden. Pawtschinski war auch Herausgeber eines Sammelbandes von Untersuchungen über Skrjabin, der zum 100. Geburtstag des Komponisten erschien. Ein zusamenfassendes Werk über Skrjabin schuf Viktor Juljewitsch Delson aufgrund eingehender Studien des Schaffens des russischen Meisters.

Dank den Bemühungen der sowjetischen Kulturhistoriker wird die Gestalt Alexander Nikolajewitsch Skrjabins nach und nach von Entstellungen befreit, an denen die einschlägige Literatur besonders im Ausland, aber auch die längst vergessene vulgär-soziologische in der Sowjetunion, so reich ist. So ersteht vor uns immer stärker im Glanz des Weltruhms das Bild des großen russischen Künstlers und Denkers, des Schöpfers genialer

Musikwerke, der die Entwicklungswege der synthetischen Kunst abgesteckt hat und deren erstes Beispiel schuf: den *Prometheus.*

In die internationale Musikgeschichte gehört Skrjabin als einer der großen russischen Komponisten, der die klassische Periode in der Entwicklung der russischen Musik vollendete. Er hat die reichen Erfahrungen des künstlerischen Schaffens der Menschheit, angefangen von den antiken Titanen-Mythen bis hin zu den großen Befreiungsbestrebungen der Neuzeit, die den Beginn einer neuen Epoche der Entwicklung der Gesellschaft vorbereiteten, verallgemeinert. Als Unterpfand des Sieges im Kampf um die Durchsetzung hoher sozial-ethischer Ideale galt für Skrjabin der Wille des Menschen. Künstlerische Bilder mächtiger Willensimpulse und nicht allein die neuartigen Ausdrucksmittel waren es, die Skrjabins Wirkung auf das Schaffen vieler Komponisten des In- und Auslandes ausgemacht haben.

NACHBEMERKUNG

Der Komponist, über dessen Leben und Schaffen der vorliegende Band berichtet, gehört bis in die Gegenwart zu den umstrittensten Persönlichkeiten des russischen Musiklebens im ausgehenden 19. und beginnenden 20. Jahrhundert. In der Tat gibt es wenige Musikschaffende, deren musikhistorische Einordnung in ihre Zeit so vielen Schwierigkeiten begegnet, wie das bei Alexander Skrjabin der Fall ist. Die Einschätzungen seiner Werke sind so zahlreich wie verschiedenartig. Bereits zu Lebzeiten des Komponisten setzte eine Aufspaltung der Skrjabin-Rezeption ein, die bis heute anhält. So nimmt es nicht wunder, daß auch in der Musikforschung recht unterschiedliche Skrjabin-Bilder existieren. Manche Autoren bezeichneten ihn als Mystiker, andere als ausgesprochenen Avantgardisten. Einerseits versuchte man, sein Schaffen als einen romantischen Nachklang der Wagner-Epoche zu deuten, andererseits glaubte man, Skrjabins musikalische Gestaltungsprinzipien, wie sie sich insbesondere in seinem Spätwerk manifestieren, als eine geschichtliche Vorform des Zwölftonsystems interpretieren zu können. Nicht wenige sahen in Skrjabins Musik mit ihren enormen klanglichen Aufladungen lediglich einen ekstatischen künstlerischen Rausch, das orgiastische Vorwärtsstürmen eines besessenen Erotomanen und begriffen nicht das eigentliche künstlerische Anliegen des Musikers Skrjabin. Ratlosigkeit über das, was dieser Komponist mit seiner Musik wollte, sowie eine einseitige Hervorhebung der mystisch-religiösen Züge dieser Tonkunst führten zu einer ungerechten, ja fehldeutenden Bewertung des Skrjabinschen musikalischen Wollens, wodurch man der Komplexität des philosophisch-ethisch untermauerten künstlerischen Denkens dieses russischen Meisters, dem in seinem Spätwerk die Vision eines auf allen Künsten basierenden Gesamtkunstwerkes vorschwebte, nicht gerecht wurde.

Dem Verfasser des vorliegenden Bandes, Igor Belsa, der sich übrigens durch zahlreiche Veröffentlichungen auf dem Gebiet der Musikgeschichte der slawischen Völker international einen Namen gemacht hat, kam es darauf an, in populärwissenschaftlicher Darstellungsweise gerade diese Komplexität des Skrjabinschen künstlerischen Denkens und Wollens herauszuarbeiten, das philosophisch-ethische und musikalische Anliegen konsequent verknüpft und nach völlig neuen künstlerischen Mitteln Ausschau hält. Gestützt auf Ergebnisse der jüngeren sowjetischen Skrjabin-Forschung, setzt Belsa sich das Ziel, das Skrjabin-Bild von Entstellungen zu befreien, ohne indes die Widersprüchlichkeit der Erscheinung Skrjabins etwa in Abrede zu stellen. Der Verfasser charakterisiert den Komponisten als Vollender der klassischen Periode in der Entwicklung der russischen Musik und korrigiert damit jenes Skrjabin-Bild, das ihn pauschal als Vertreter der »Moderne« abstempelt, der sich angeblich in die letzte Einsamkeit einer allgemein nicht mehr verständlichen musikalischen Ausdrucksweise verliert.

Ebenso wie die bisher erschienenen Bände der Reihe »Meister der russischen und sowjetischen Musik« enthält der vorliegende zahlreiche interessante zeitgenössische Bilddokumente zum Leben und Schaffen des Komponisten, die eine wertvolle Ergänzung zu den Darlegungen des Verfassers bilden. Der Band wird gewiß einen großen Kreis von Musikfreunden ansprechen, die zwar hier und da den Namen Skrjabin gehört oder gelesen haben, sich aber bislang kein wirkliches Bild von diesem großen russischen Komponisten machen konnten.

Der Herausgeber

ANMERKUNG DES ÜBERSETZERS ZU DEN IN DIESEM BUCH ANGEFÜHRTEN TITELN VON WERKEN SKRJABINS

Entsprechend den Musikverlagsgepflogenheiten vor dem ersten Weltkrieg in Rußland wie auch in Deutschland und in anderen Ländern erschienen viele Notenausgaben im Interesse ihrer internationalen Verbreitung mit französischen Titeln, bei russischen Verlagen zum Teil mit russischen und französischen Titeln. Skrjabin gab vielen seiner Werke selbst französische Titel. Sie werden, wo sie sich bei uns in Musikalien und Literatur so eingebürgert haben, in unserem Buch auch so angeführt; bei ihrem ersten Auftauchen wird jedoch die deutsche Bedeutung hinzugefügt. Das *Göttliche Poem* wird (im Hinblick auf die *Göttliche Komödie* von Dante) vorwiegend mit deutschem Titel angeführt; da es aber in der deutschsprachigen Literatur oft französisch genannt wird, kommt gelegentlich bewußt der französische Titel vor. *Le poème de l'extase* (»Poem der Ekstase«) ist im Text generell französisch angeführt. *Prométhée* (»Prometheus«) ist generell eingedeutscht. Gattungsbegriffe wie Poem (bei Klavierstücken), Etüde, Walzer oder auch Albumblatt werden deutsch angewendet.

Im Werkverzeichnis werden charakteristische Titel einzelner Stücke zuerst französisch und dahinter in Klammern deutsch angeführt.

VERZEICHNIS DER WERKE ALEXANDER SKRJABINS

Wichtigste Quelle für dieses Verzeichnis ist das ausführliche Werkregister in der Ausgabe der Briefe von A. Skrjabin, herausgegeben von A. Kaschperow, Moskau 1965 (russ.). Berücksichtigung fanden u. a.: Die Gesamtausgabe der Klavierwerke Skrjabins, 3 Bände, Moskau – Leningrad 1947, 1948, 1953 (russ.); das kurze Verzeichnis der Hauptwerke in der populären Monographie von M. Michailow, Leningrad 1971, 4. Aufl. 1984 (russ.); das Werkverzeichnis in dem Buch *Alexander Skrjabin und seine Musik* von Sigfried Schibli, München – Zürich 1983.

Unser Verzeichnis enthält alle bei Lebzeiten Skrjabins erschienenen und mit Opusnummern versehenen musikalischen Werke, ferner einige ausgewählte frühe Werke ohne Opusnummer – unter besonderer Berücksichtigung der im vorliegenden Buch genannten – sowie eine kurze Übersicht über Skrjabins Dichtungen, Aufzeichnungen und Briefe.

Die musikalischen Werke sind in jedem Abschnitt chronologisch nach dem Jahr des Abschlusses der Arbeit an dem jeweiligen Werk geordnet.

1. Orchesterwerke

op. 20 Konzert für Klavier und Orchester fis-Moll (1896–1897). 3 Sätze: I. Allegro, II. Andante (Thema mit 4 Variationen), III. Allegro moderato

op. 24 *Rêverie* (Träumerei) für Orchester e-Moll (1898)

Andante für Streichorchester A-Dur (1899)

Scherzo für Streichorchester F-Dur (1899?)

Sinfonisches Allegro für Orchester d-Moll (1896 bis 1899, unvollendet; 1929 und 1949 unter dem Titel *Sinfonische Dichtung* [»Sinfonisches Poem«] erschienen)

op. 26 Sinfonie Nr. 1 für Mezzosopran, Tenor, gemischten Chor und Orchester E-Dur (1899–1900). 6 Sätze: I. Lento, II. Allegro drammatico, III. Lento, IV. Vivace, V. Allegro, VI. Andante mit Soli und Chor, Text vom Komponisten

op. 29 Sinfonie Nr. 2 für Orchester c-Moll (1901). 5 Sätze: I. Andante – Allegro giocoso, II. Allegro, III. Andante, IV. Tempestoso, V. Maestoso

op. 43 Sinfonie Nr. 3 *Le divin poème* (»Göttliches Poem«) für Orchester c-Moll (1902–1904). 3 Sätze: I. »Luttes« (»Kämpfe« oder »Das Ringen«), Lento, II. »Voluptés« (»Genüsse«), Lento, III. »Jeu divin« (»Göttliches Spiel«), Allegro

op. 54 *Le poème de l'extase* (»Poem der Ekstase«) für Orchester (1904–1907). Einsätzig op. 60 *Prométhée. Le poème du feu* (»Prometheus. Poem des Feuers«) für Orchester (einschließlich Klavier, Orgel und Vokalisenchor sowie mit Farbenklavier) (1909–1910). Einsätzig

2. *Klavierwerke*

a) Sonaten

Fantasie-Sonate (1886). Einsätzig

Sonate es-Moll (1887–1889). 3 Sätze (1. Satz siehe op. 4, 2. Satz unvollendet, 3. Satz Presto)

op. 6 Sonate Nr. 1 f-Moll (1892–1893). 4 Sätze: I. Allegro con fuoco, II. ♩=40, III. Presto, IV. Funebre

op. 19 Sonate Nr. 2 *Sonate-Fantaisie* (»Fantasie-Sonate«) gis-Moll (1892–1897). 2 Sätze: I. Andante, II. Presto

op. 23 Sonate Nr. 3 fis-Moll (1897–1898). 4 Sätze: I. Drammatico, II. Allegretto, III. Andante, IV. Presto con fuoco

op. 30 Sonate Nr. 4 Fis-Dur (1901–1903). 2 Sätze: I. Andante, II. Prestissimo volando

op. 53 Sonate Nr. 5 (1907). Einsätzig

op. 62 Sonate Nr. 6 (1911–1912). Einsätzig

op. 64 Sonate Nr. 7 (1911–1912). Einsätzig (genannt »Weiße Messe«)

op. 66 Sonate Nr. 8 (1912–1913). Einsätzig

op. 68 Sonate Nr. 9 (1912–1913). Einsätzig (genannt »Schwarze Messe«)

op. 70 Sonate Nr. 10 (1912–1913). Einsätzig

b) Kleinere Werke und Zyklen

Kanon (1883)

Nocturne (1884–1886)

op. 1	Walzer (1885–1886)
	2 Walzer (1886)
op. 2	3 Stücke: 1. Etüde (1887), 2. Prélude (1889), 3. Impromptu à la mazur (Impromptu in Mazurkaform) (1889)
op. 3	10 Mazurken (1888–1890)
op. 5	2 Nocturnes (1890)
op. 7	2 *Impromptus à la mazur* (1891)
op. 4	Allegro appassionato (1887–1893, Umarbeitung des 1. Satzes der es-Moll-Sonate)
op. 9	2 *Stücke für die linke Hand* (1894): 1. Prélude, 2. Nocturne
op. 10	2 Impromptus (1894)
op. 8	12 Etüden (1894–1895)
op. 12	2 Impromptus (1895)
op. 13	6 Préludes (1895)
op. 14	2 Impromptus (1895)
op. 16	5 Préludes (1894–1895)
op. 11	24 Préludes (1888–1896)
op. 15	5 Préludes (1895–1896)
op. 17	7 Préludes (1895–1896)
op. 18	*Allegro de concert* (Konzert-Allegro) b-Moll (1895–1897)
op. 21	Polonaise (1897–1898)
op. 22	4 Préludes (1897–1898)
op. 25	9 Mazurken (1899)
op. 27	2 Préludes (1900)
op. 28	Fantasie h-Moll (1900–1901)
op. 31	4 Préludes (1903)
op. 32	2 Poeme (1903)
op. 33	4 Préludes (1903)
op. 34	*Poème tragique* (»Tragisches Poem«) (1903)
op. 35	3 Préludes (1903)
op. 36	*Poème satanique* (»Satanisches Poem«) (1903)

op. 37	4 Préludes (1903)
op. 38	Walzer (1903)
op. 39	4 Préludes (1903)
op. 40	2 Mazurken (1903)
op. 41	Poem (1903)
op. 42	8 Etüden (1903)
op. 44	2 Poeme (1905)
op. 45	3 Stücke (1905): 1. *Albumblatt,* 2. *Poème fantasque* (»Launenhaftes Poem«), 3. Prélude
op. 46	Scherzo (1905)
op. 47	*Quasi Valse* (»Nach Walzerart«) (1905)
op. 48	4 Préludes (1905)
op. 49	3 Stücke (1905): 1. Etüde, 2. Prélude, 3. *Rêverie* (»Träumerei«)
op. 51	4 Stücke (1906): 1. *Fragilité* (»Zerbrechlichkeit«), 2. Prélude, 3. *Poème ailé* (»Geflügeltes Poem«), 4. *Danse languide* (»Tanz der Sehnsucht«)
op. 52	3 Stücke: 1. *Poem* (1907), 2. *Enigme* (»Rätsel«) (1907), 3. *Poème languide* (»Poem der Sehnsucht«) (1905)
op. 56	4 Stücke (1908): 1. Prélude, 2. *Ironies* (»Ironie«), 3. *Nuances* (»Nuancen«), 4. Etüde
op. 57	2 Stücke (1908): 1. *Désir* (»Wunsch«), 2. *Caresse dansée* (»Liebkosung beim Tanz«)
op. 58	*Albumblatt* (1910)
op. 59	2 Stücke (1910–1911): 1. Poem, 2. Prélude
op. 61	*Poème-Nocturne* (1911–1912)
op. 63	2 Poeme (1911–1912): 1. *Masque* (»Maske«), 2. *Etrangeté* (»Seltsamkeit«)
op. 65	3 Etüden (1912)
op. 67	2 Préludes (1912–1913)
op. 69	2 Poeme (1913)
op. 71	2 Poeme (1914)
op. 72	*Vers la flamme* (»Zur Flamme«). Poem (1914)

op. 73 2 Tänze (1914): 1. *Guirlandes* (»Girlanden«), 2. *Flammes sombres* (»Dunkle Flammen«)
op. 74 5 Préludes (1914)

3. *Andere musikalische Werke*

Romanze für Singstimme und Klavier Fis-Dur, Text vom Komponisten (1891)
Variation über ein russisches Lied für Streichquartett (1899; nachträglicher Beitrag zu einem Zyklus von Variationen mehrerer Komponisten für M. P. Beljajew zu dessen Namenstag 1898)

4. *Dichtungen, Aufzeichnungen und Briefe*

Text zu einer eigenen Romanze (1891)
Text zum 6. Satz der Sinfonie Nr. 1 (1899–1900)
Fragment des Librettos zu einer geplanten Oper (1900 bis 1903)
Le poème de l'extase (»Poem der Ekstase«; programmartige Dichtung in Zusammenhang mit der gleichnamigen Orchesterkomposition op. 54, 1906 unabhängig von dieser in russischer Sprache gedruckt)
Vorbereitende Handlung (ca. 1913–1914; dichterischer Text zu dem geplanten gleichnamigen Werk, von dessen Musik nur ganz kurze Skizzen niedergeschrieben wurden)
Tagebuchaufzeichnungen (1888, 1900, 1904–1906)
Autobiographische Notiz (1907)
Briefe (laut der vollständigen Ausgabe von A. Kaschperow, Moskau 1965, sind 759 Briefe aus dem Zeitraum von 1891 bis zum Lebensende bekannt)

Das vorliegende Werkverzeichnis wurde von Christoph Hellmundt zusammengestellt.

ANMERKUNGEN

Die Anmerkungen stammen, soweit nicht anders angegeben, vom Übersetzer.

1 Zitiert nach der deutschen Übertragung von Karl Witte, durchgesehen von Berthold Wiese.

2 Schurinka ist eine von Schura abgeleitete Verkleinerungsform zu Alexander.

3 In Rußland galt bis 1918 der Julianische Kalender. Daten, die nach diesem gerechnet sind, stehen hinter dem Gregorianischen Kalender im 19. Jahrhundert um 12 Tage und im 20. Jahrhundert um 13 Tage zurück. In unserem Buch werden Daten von in Rußland spielenden Ereignissen und in Rußland geschriebenen Briefen nach dem Julianischen Kalender, dagegen Daten von ausländischen Ereignissen und von Briefen aus dem Ausland nach dem Gregorianischen Kalender angegeben. Wo zur Vermeidung von Mißverständnissen zwei Daten genannt sind, bezieht sich das frühere auf den alten und das spätere auf den modernen Kalender.

4 Sascha ist wie Schura eine Verkleinerungsform zu Alexander, wobei Sascha häufiger gebraucht wird.

5 Der Ausdruck bezieht sich auf Puschkins Drama *Mozart und Salieri* und bezeichnet die Grundhaltung, die Salieri darin zu Mozart hat, nämlich Neid.

6 Zitat aus dem Anfang von Puschkins Drama *Mozart und Salieri.*

7 Gemeint ist Tanejew.

8 Alle Zitate aus Rimski-Korsakows Buch *Chronik meines musikalischen Lebens* sind nach der 1968 in Leipzig erschienenen Übertragung von Lothar Fahlbusch wiedergegeben.

9 Heute Kuibyschew.

10 Siehe die 1965 in Moskau erschienene neueste und vollständige Ausgabe der Briefe Skrjabins, herausgegeben von A. W. Kaschperow, die in diesem Buch noch mehrfach erwähnt wird.

11 Zitat wörtlich aus dem Russischen übersetzt.

12 Heute Tallinn.

13 Die Handlung spielt im alten Rom zur Zeit Neros und des frühen Christentums.

14 Zitat einer Zeile aus einem Gedicht von Ossip Mandelstam (1891–1938).

15 Die in der russischen Ausgabe des vorliegenden Buches genannte Jahreszahl 1889 ist ein Druckfehler.

16 Die Vortragsbezeichnungen stehen in den späteren Werken Skrjabins in französisch (sonst italienisch, wie es international üblich war und ist). Teilweise wurden sie, wo sie der Komponist nur russisch angegeben hat, später ins Französische übersetzt.

17 Heute Gorki.

18 Gemeint ist Glinkas Oper *Iwan Sussanin,* die kurz vor der Uraufführung auf Befehl des Zaren gegen den Willen des Komponisten in »Ein Leben für den Zaren« umbenannt worden war (Anmerkung des Herausgebers).

19 Pjotr Iwanowitsch Poletika war der Leiter eines größeren Chores in Petersburg.

20 Zitat aus Puschkins Gedicht *An Tschaadajew* (1918), hier wörtlich übersetzt, weil die Worte innerhalb einer Nach-

dichtung des ganzen Gedichtes nicht deutlich genug hervortreten (vgl. Puschkin, Gesammelte Werke in 6 Bänden, Bd. 1, Aufbau-Verlag Berlin und Weimar 1968, S. 113).

21 Eine deutsche Nachdichtung dieses Gedichtes wurde nicht ermittelt; hier wörtliche Übersetzung.

22 Wörtliche Übersetzung; eine deutsche Nachdichtung konnte nicht ermittelt werden.

23 Die Wiedergabe des im Original gereimten Textes erfolgt hier in wörtlicher Übersetzung (eine gereimte deutsche Nachdichtung existiert aus naheliegenden Gründen nicht).

24 »sie« bezieht sich auf besagte Herrscherin. Der Text Skrjabins ist im Original gereimt und wird hier in wörtlicher Übersetzung wiedergegeben.

25 Auch dieser Text Skrjabins ist im Original gereimt (außer den letzten vier Zeilen) und wird hier in wörtlicher Übersetzung wiedergegeben.

26 Alexander Joachimowitsch Gorowiz (1877–1927), ein Onkel des amerikanischen Pianisten Vladimir Horowitz (geb. 1904 in der Ukraine, russisch: Wladimir Samoilowitsch Gorowiz; die Schreibung mit H entspricht der ukrainischen Aussprache).

27 Aus dem Deutschen; Originalausgabe: Berlin 1885–1888, 2 Bände.

28 Zitiert nach der deutschen Übertragung von Karl Witte, durchgesehen von Berthold Wiese.

29 Die Skrjabin-Zitate, die im Original gereimt sind, stehen hier in wörtlicher Übersetzung.

30 Marx/Engels, Werke, Bd. 7, Dietz Verlag Berlin 1960, S. 344.

31 Die Titel der Werke Skrjabins haben sich, ausgehend von den russisch und französisch beschrifteten Ausgaben des Verlages »M. P. Belaieff, Leipzig« und anderer Verlage sowie im Zusammenhang mit Skrjabins langen Aufenthalten in der französischen Schweiz, in Frankreich und Belgien, international weitgehend in ihrer französischen Version eingebürgert.

32 Titel bei Liszt: *Après une lecture du Dante, Fantasia quasi Sonata.*

33 Ein Pauken*schlag,* wovon Belsa schreibt, ist eigentlich nicht extra vorhanden, wenn man nicht den *Einsatz* des Paukenwirbels als »Schlag« auffassen will.

34 Zitat aus Puschkins Drama *Der steinerne Gast*, 2. Szene. Deutsch von Henry von Heiseler. (A. S. Puschkin, Gesammelte Werke in 6 Bänden, Bd. 3, Aufbau-Verlag Berlin und Weimar 1964, S. 318).

35 Zitat aus Puschkins Poem *Die Zigeuner* in wörtlicher Übersetzung.

36 »fast« ist Zusatz des Übersetzers. Der Autor beschreibt das Stück nicht sehr detailliert.

37 Gemeint ist Eulenburgs kleine Partitur-Ausgabe.

38 Hier im Unterschied zur sogenannten Programmusik gemeint (Anmerkung des Herausgebers).

39 Zitate aus dem Text des *Poème de l'extase* nach der deutschen Übertragung von Ernst Moritz Arndt (1885–1962), zit. nach: C. C. J. v. Gleich, *Die sinfonischen Werke von Alexander Skrjabin,* Bilthoven 1963, S. 111–121.

40 Gedicht von Brjussow hier in wörtlicher Übersetzung.

41 Zitate aus dem Text des *Poème de l'extase* (siehe Anmerkung 39).

42 Siehe Anmerkung 39.

43 Zitat aus Puschkins Gedicht ohne Überschrift, das in der deutschen Nachdichtung von Hiller von Gaertringen beginnt: »Ein Denkmal baut ich mir ...«. Hier ist das Zitat nicht aus der Nachdichtung übernommen, sondern wörtlich übersetzt.

44 Der Verlag hatte seinen Sitz in Berlin, Moskau und Petersburg.

45 »Lichtklaviatur« ist die wörtliche Übersetzung aus dem Russischen. In der deutschsprachigen Literatur heißt es im allgemeinen »Farbenklavier«, deshalb wurde diese Bezeichnung hinzugefügt.

46 Twer – heute Kalinin; Simbirsk – heute Uljanowsk; Zarizyn – heute Wolgograd (früher Stalingrad); Nishni-Nowgorod – heute Gorki; Samara – heute Kuibyschew; Jekaterinodar – heute Krasnodar.

47 Petersburg (heute Leningrad) wurde nach Ausbruch des ersten Weltkrieges in Petrograd umbenannt.

48 Skrjabin schrieb den Namen seiner zweiten Frau, wenn er er sie in Briefen an andere erwähnt, meist so.

49 Heute Kirowgrad.

50 Nikolai Sergejewitsch Shiljajew (1881–1938): Pianist, Musikwissenschaftler, Komponist, Schüler von Sergej Tanejew, später Professor am Moskauer Konservatorium, in Skrjabins letzten Lebensjahren einer der Musiker aus seinem engsten Kreis; er erwarb sich nach dem Tode Skrjabins bedeutende Verdienste um die Herausgabe seiner Werke.

51 Es handelt sich um einen aus der Schweiz geschriebenen Brief, der von Skrjabin nach dem modernen Kalender datiert ist, daher steht hier zuerst das September-Datum. Da aber im Kontext das Absendeland nicht genannt ist, wird das Datum nach dem alten Kalender hinzugefügt.

52 Synthetisches oder komplexes Werk: Kunstwerk, in dem verschiedene Kunstgattungen und Ausdrucksmittel ein organisches Ganzes bilden.

53 Die Quelle des Zitats konnte nicht ermittelt werden.

54 Zitate aus Gedichten von Brjussow, Bely und Balmont hier in wörtlicher Übertragung.

55 Poem von Puschkin.

56 So nannte Skrjabin ein geplantes Werk, das er sich als Vorstufe zum *Mysterium* dachte und zu dem er den Text fast fertig hinterlassen hat, vgl. S. 172 des vorliegenden Buches.

57 Sie kommen auch in Skrjabins unvollendetem Opernlibretto vor; in der *Vorbereitenden Handlung* stehen sie jedoch im Zusammenhang nächtlicher Rufe aus der Welt der Verführung und des Lasters.

58 Tatjana Schaborkina ist gegenwärtig Direktor des Skrjabin-Museums in Moskau.

59 Zitat aus Puschkins Drama *Mozart und Salieri,* Schluß der ersten Szene.

60 Die durch Puschkins Drama *Mozart und Salieri* in Rußland bzw. in der Sowjetunion bis heute verbreitete Legende, der italienische Komponist Antonio Salieri habe Wolfgang Amadeus Mozart vergiftet, wird auch von Belsa übernommen, obwohl die internationale musikwissenschaftliche Forschung die Haltlosigkeit dieser Beschuldigung längst nachgewiesen hat (Anmerkung des Herausgebers).

61 Siehe S. 20. Kaschkin war auch Musikkritiker und Professor am Moskauer Konservatorium.

62 Der Name Schloezer kommt in der russischsprachigen Literatur in der Regel ohne »de« vor, ebenso wie deutsche Adelsnamen in der Regel ohne »von« angeführt werden. In der gesamten westlichen Literatur heißt es dagegen immer »de Schloezer«. Da die Familie aus Belgien stammt, erscheinen Zweifel an dem »de« unbegründet; eine andere Frage ist es, inwieweit das tatsächlich einen Adel bedeutet – man denke an das Beethovensche »van«. Belsa führt das »de« nur ein einziges Mal an, und zwar in Anführungsstrichen, also anscheinend ironisch. Vielleicht hat Schloezer, weil er in Rußland ohne »de« genannt wurde, hier und da Wert darauf gelegt, daß er eigentlich »de Schloezer« heißt.

63 Peski (Sand) ist ein alter Name für das Gelände, auf dem dieser Stadtteil steht. Die genannte Straße ist eine Querstraße zu der traditionsreichen Alt-Moskauer Straße Arbat.

64 Zitat aus dem Gedicht Brjussows in wörtlicher Übersetzung.